邓小平的最后岁月

余玮　吴志菲 — 著

天地出版社 | TIANDI PRESS

图书在版编目（CIP）数据

邓小平的最后岁月 / 余玮，吴志菲著 . —成都：天地出版社，2019.1（2022年1月重印）

ISBN 978-7-5455-4260-8

Ⅰ.①邓… Ⅱ.①余… ②吴… Ⅲ.①邓小平（1904—1997）—生平事迹 Ⅳ.① A762

中国版本图书馆 CIP 数据核字（2018）第 247702 号

邓小平的最后岁月
DENG XIAOPING DE ZUIHOU SUIYUE

出 品 人	杨　政
著　　者	余　玮　吴志菲
责任编辑	杨永龙　李晓娟
封面图片	视觉中国
封面设计	思想工社
内文排版	尚上文化
责任印制	王学锋

出版发行	天地出版社 （成都市槐树街2号　邮政编码：610014）
网　　址	http://www.tiandiph.com http://www.天地出版社.com
电子邮箱	tiandicbs@vip.163.com
经　　销	新华文轩出版传媒股份有限公司
印　　刷	河北鹏润印刷有限公司
版　　次	2019年1月第1版
印　　次	2022年1月第11次印刷
成品尺寸	170mm×240mm　1/16
印　　张	21
字　　数	269千字
定　　价	48.00元
书　　号	ISBN 978-7-5455-4260-8

版权所有◆违者必究

咨询电话：（028）87734639（总编室）
购书热线：（010）67693207（市场部）

本版图书凡印刷、装订错误，可及时向我社发行部调换

目 录
contents

第一章 历史拐点 ························· 1

★ 是附和还是反对"两个凡是",关系党和国家的命运,也连接着邓小平的政治命运。粉碎"四人帮"9个月之后,邓小平艰难复出,"轻松亮相"在北京国际足球邀请赛现场

★ 一位普通教师的手,首先牵动历史的帷幕;"特约评论员"的文章打响真理标准讨论的第一枪。"凡是派"震怒发难,大讨论险象环生,危难之时邓小平拍案而起

★ 陈云的率先"一炮",临时改变了中央工作会议的中心思想与会议进程,使闭幕式后会议仍在进行,使新时期"遵义会议"的"主题报告"提前宣读

★ 拨乱是为了反正,把被颠倒的历史颠倒过来。面对世界名记者咄咄逼人的提问,既反右又反"左"的邓小平声称天安门上的毛主席像"永远要保留下去"

第二章 杀出血路 ························· 63

★ 在一间小茅屋签订生死契约的18位社员,扛起了中国改革的第一面大旗,引发了又一次农村包围城市的大变革。总设计师一分钟的沉默之后,勾画出"小康中国"的概况

★ 一位老人在中国的南海边画了一个圈,力主杀开一条血路为打开国门"练兵"。5年后,特区最尊贵的客人发现这里开始创造的是一个新的奇迹

第三章 铁血长城 ····· 95

★ 一个普通院落的院门准时敞开，挂着"辰5"字号车牌的两辆黑色高级轿车正点驶入……沙场秋点兵。看到军姿雄壮的阅兵部队，邓小平笑了

★ 声音此起彼落，由一个方阵到另一个方阵。看到这支经过战火的洗礼、动乱的冲击而重新迈开大步前进的英勇顽强的军队时，他满意地点头微笑

★ "我说（国庆）有个缺陷，就是80岁的人来检阅部队，本身就是个缺陷。"犹如平地惊雷的战略决策已在他心中酝酿成熟——裁军百万以"消肿"，锻造雄师劲旅

第四章 伟大构想 ····· 117

★ 中日邦交正常化，中美握手言和，中苏对峙终归解冻，"世界公民"邓小平一次次向世界展示了自己博大精深的外交思想和传奇精彩的外交实践

★ 在邓小平胸怀的全局里，香港问题被摆在了一个绝妙的位置。经过一番思量，英国外交部最终确定由当时的香港总督麦理浩来担负投石问路的任务

★ 锋芒毕露的"铁娘子"在会谈中碰上硬钉子，以致神思恍惚而在人民大会堂门外摔了一跤。邓小平很清楚地读出了对手立场的微妙变化，适时地给英方一个下台阶的机会

★ 《中英关于香港问题的联合声明》正式签署后，中国政府开始研究如何组织起草香港基本法。1987年4月16日，邓小平在会见基本法起草委员会全体委员时，提醒起草委员会的委员们，起草基本法要从香港的实际出发

★ 1987年4月13日，中葡双方正式签署了联合声明。而在香港、澳门相继确定回归祖国之后，解决台湾问题成了完成祖国统一大业的大结局问题

第五章 政治嘱托 ····· 165

★ "为什么退下来？因为中国现在很稳定。退就要真退，百分之

百地退下来。"这是邓小平的"战略安排"。临别时，江泽民与邓小平的手紧紧地握在一起……

★ 邓小平一边眺望上海中心城区的面貌，一边嘱托身旁的朱镕基："我们说上海开发晚了，要努力干啊！"作为一个战略家，他以其独特的视角看出上海在对外开放方面的优势

★ 车轮滚滚。专列上的主人公，是中华人民共和国一位并不普通的普通公民。车至武昌，他有话要讲，言简意赅。车到长沙，那严肃的眼神隐含着一丝微笑。车抵深圳，老人毫无倦意："想到处去看看。"

★ 他谈笑风生，有时一两句幽默的话语，引得大家发出一阵阵笑声。得知有的竹子是悄悄从成都"弄"来的后，他开玩笑说："这也属知识产权问题啊。我是四川人，要你们赔偿啊。"

★ 邓小平一路风尘仆仆，处处妙语连珠，播下春风万里，使神州大地又一次春潮涌动。群众踮起脚尖欢呼着……一篇文章一炮打响，曾名不见经传的陈锡添因此一跃成为中国新闻界名人

★ 这是他最后一次出现在人民大会堂。也是在这次会议上，开始取消中顾委这个机构。"大会开得很好，希望大家继续努力。"望着年富力强的中共中央总书记江泽民，88岁的邓小平高兴地笑了

第六章 桑榆暮景 225

★ 沉默而幽默的邓小平，个性中却充满着矛盾的和谐。"打牌要和高手打嘛，输了也有味道。"这位乐山且乐水的高级桥牌迷，还是一位地地道道的铁杆球迷

★ 他的生活很有规律，严格按自定的作息制度运行。喝酒可以说是邓小平的一种嗜好，他虽能喝但从不贪杯。这位中国的"头号烟民"说戒就戒，放下就没有再抽

★ 邓家这个大家庭里，老爷子是家庭的核心，背后的"秘书"则是家庭的中心。和孩子们在一起，邓小平总是无比开心。他平常没什么话说，但跟孩子可有话说了，逗呀、抱呀

★ 爱穿"小鞋"的邓小平对工作人员比较随和、关心，对下级他有着同志般的体贴与关照、朋友般的真诚与谅解。如果身边的工作人员经济上有困难，他总是尽力给予帮助

第七章　遗爱九州 ……………………………………………… 261

★ 一代伟人走到了他生命的最后时刻，他的家人与中央高层对此高度保密，医疗专家全力挽救。奇迹到底没有出现，卓琳声声泣喊"老爷子"，可是他什么也听不见了

★ "日子一天一天好起来了，可是他老人家走了。"噩耗随着电波传遍神州，中华儿女一片哀恸。这一刻，多少人的泪水打湿了衣襟，多少人的心灵被深深撼动

★ 周南两度泪洒灵堂，马万祺悲痛之情溢于言表，哀思绵绵绕宝岛。"一国两制"伟大构想的创造者走了，他的心愿变成了遗愿，他的遗愿正在一步步实现

★ 安南久久凝视着邓小平的遗像，默默哀悼。不幸的消息牵动了世界的神经，华人华侨及各国政要、国际友人等纷纷表达缅怀之情，整个世界与中国同哀

★ 人们胸前戴着自制的白花，举着连夜赶制的横幅，在早春的寒风中伫立。从五棵松到八宝山短短两公里多的路程，沿途两侧站满了悲泣的人群，洒满动天撼地的痛惜之情

★ 江泽民挥泪致悼词，胡锦涛悲痛送伟人，卓琳深情唤亲人。以最朴素、最庄严的方式，完成一位彻底的唯物主义者生前的嘱托

★ "到香港自己的土地走一走，看一看"与"亲眼看一看中国人民的小康生活"这两个心愿，成了中国改革开放总设计师邓小平的遗愿。与邓小平相伴一生的卓琳替他实现了这心中的梦想

附一：晚年邓小平大事记 ……………………………………… 311

附二：主要参考文献 …………………………………………… 327

第一章　历史拐点

中共十一届三中全会的召开，使中国的历史出现了大转折，即从以阶级斗争为纲转到以经济建设为中心的轨道上来。为保证这一决策顺利实施，中共高层领导核心做了一系列的调整。

★ 是附和还是反对"两个凡是",关系党和国家的命运,也连接着邓小平的政治命运。粉碎"四人帮"9个月之后,邓小平艰难复出,"轻松亮相"在北京国际足球邀请赛现场

60次、50次、30次……1976年1月8日,人民的好总理周恩来的心率持续下跌。最终,这位为中国人民的事业奋斗了一生的伟人带着全国人民的敬仰离去了。

4月初,全国许多城市的群众利用清明节祭祖习俗,冲破"四人帮"(即"江青反革命集团"。下同)的阻力,举行悼念周恩来的活动。北京群众自发汇集到天安门广场,在人民英雄纪念碑前集会,纪念周恩来,痛斥"四人帮"。4月4日,这一活动达到了高潮。当天晚上,中共中央政治局召开会议,决定清理广场上的花圈、标语。4月5日,愤怒的群众与部分民兵、警察和战士发生了冲突。晚上,群众遭到了驱赶、殴打和逮捕。

这年7月6日,朱德逝世。同月28日,唐山发生大地震。9月9日,改变了中国、影响了整个世界的一代伟人毛泽东的那颗伟大的心脏停止了跳动。

第一章 历史拐点

毛泽东逝世后,"四人帮"迫不及待地要篡夺党和国家的最高领导权。他们盗用中共中央办公厅的名义,要求全国各地重大问题及时向他们请示报告,妄图指挥全国。他们私拍准备上台用的"标准像",唆使一些人写"效忠信",四处游说,制造谣言,攻击邓小平,反对华国锋和党中央。他们还秘密串联,策划武装叛乱,甚至伪造所谓"按既定方针办"的毛泽东临终遗嘱,公开发出夺权的信号。

在党和国家处于危急的时刻,10月6日,以华国锋、叶剑英、李先念等为代表的党中央,采取断然措施,将江青、张春桥、姚文元、王洪文实行隔离审查。

"四人帮"的覆灭,宣告了一个政治集团、一条政治路线的死亡,也宣告了在中国肆虐10年之久的"文化大革命"的完结。饱尝动乱和贫困的中国人民似乎看到了民族振兴的希望之光,似乎感受到了"翻身""解放"的喜悦之情。

这时的邓小平虽被保留党籍,但已在"批邓、反击右倾翻案风"运动中被撤销党内外一切职务。10月10日,邓小平郑重地拿起笔来,致信中共中央,表达坚决拥护中央一举粉碎"四人帮"的果敢行动,信中那一连串热烈的语言洋溢着喜悦和激动之情:"最近这场反对野心家、阴谋家篡党夺权的斗争,是在伟大领袖毛主席逝世后这样一个关键时刻紧接着发生的。以国锋同志为首的党中央,战胜了这批坏蛋,取得了伟大的胜利。这是无产阶级对资产阶级的胜利,这是社会主义道路对资本主义道路的胜利,这是巩固无产阶级专政、防止资本主义复辟的胜利,这是巩固党的伟大事业的胜利,这是毛泽东思想和毛主席革命路线的胜利。我同全国人民一样,对这个伟大斗争的胜利,由衷地感到万分的喜悦,情不自禁地高呼万岁,万岁,万万岁!"

然而，这封热情洋溢的信，经汪东兴转到华国锋的办公桌上后，华国锋却没有给予过多理会，甚至可以说是不予理睬。

当时，叶剑英、李先念等老一代无产阶级革命家对邓小平的处境极为关注，多次提出让邓小平重新出来工作的问题。粉碎"四人帮"后的第3天，当叶剑英得知华国锋将要在中央打招呼会议上的讲话中，要求各省、直辖市、自治区党委负责人，各大军区负责人"要继续批邓、反击右倾翻案风"的情况后，极为焦虑，认为会影响和阻碍邓小平恢复工作。于是，他于次日向华国锋提出："赶快让小平同志出来工作，恢复他原来的职务。"

然而，华国锋的政治日程表上，最重要的问题是如何确立自己作为毛泽东接班人的合法地位和政治权威，而不是早日恢复邓小平工作的问题。鉴于华国锋坚持"继续批邓、反击右倾翻案风"，叶剑英在一次中共中央政治局会议上，郑重提出："我建议小平同志出来工作！"

对于叶剑英的提议，中共中央政治局委员、国务院副总理李先念是坚决支持的。他明确表示自己的态度说："完全同意叶帅意见，应该让小平同志尽快出来工作。"

因为华国锋没有积极的反应，邓小平个人的政治命运在打倒"四人帮"后一时还无转机。尽管"文化大革命"这场人类浩劫已经结束，但是中央还在重申"批邓"，仍不肯为"天安门事件"平反。

12月7日，邓小平患前列腺炎，严重尿潴留。尽管301医院派医生到邓小平住地进行诊视，并做了一些导尿处理，但病情还是不见好转。12月10日晚，邓小平在家人的要求下被送进301医院住院治疗。

因当时邓小平尚处于政治隔离状态，医院为了让邓小平不与外界接触，就安排他住在刚刚改造装配完却没有启用的南楼5层。当然，医院安排有专人看守，甚至还将楼梯也锁上以防止消息"走漏"。一到病房，早已待命多时的301医院主任医师李炎唐愣了：这不就是以前经常在报纸、电视和新闻纪录片中出现，而最近却又了无踪影的那个熟悉的身影？他做梦也没想到会在这里遇到自己所敬佩的人，当时也不理解上面为什么要打倒他。尽管外面一时传说，被打倒后的邓小平在秦城监狱，也有人说他被下放到了外地，但李炎唐没有想到的是心中的伟人就在自己眼前。

邓小平穿着中式棉袄，尽管眉间隐含着一丝丝痛楚，但政治家特有的硬气和傲气跃然在他的举止之间。同他一起来的，还有他的夫人卓琳与女儿，也有他的保健医生和护士等身边工作人员。

从邓小平脸上的一丝凝重中，李炎唐感受到了肯定是"无事不登三宝殿"，便对这位特殊病人单刀直入地问诊："首长，怎么样？哪里不舒服？"邓小平挪了挪身子，用浓重的四川口音说："尿不出来，憋得慌！"

接着，邓小平的家人及身边工作人员补充了一些症状及以往病史。之后，李炎唐摸了摸他的腹部，并敲了敲已鼓起的下腹，浊音上界已到肚脐下，李炎唐感到情况不妙，提出了初步的诊断意见。经请示，并开始再次的摸、查、问，确定初步的治疗方案。李炎唐让护士作好导尿准备后对邓小平说："先给你插根导尿管放尿，有点痛。"邓小平很干脆地说："没事！"

排除积尿后，邓小平的痛楚渐渐消失，眉间渐渐放松。一直守候在病房的李炎唐，悬着的心也开始轻松起来。为了减少邓小平的痛苦，李炎唐于第二天请来著名的泌尿科专家吴阶平一起检查。经会诊，确诊为前列腺肥大造成尿潴留。为此，邓小平主动提出"干脆做手术，免得以后麻烦"。

于是，医院在进行手术方案准备的同时，向中央报告情况，请求批准。12月16日，华国锋和汪东兴批准手术的批示下达。为了保证手术万无一失，医院按常规做抗生素、麻醉药过敏试验，当时氨基类的药物是最好的抗生素，打了两天。手术前，卓琳不放心地问主刀的李炎唐："你看手术后可能会有什么问题啊？"邓小平接过话茬说："你不懂，不要问。要相信医院，天下没有绝对的事情，万一出了问题，由我跟我的全家负责。"这时，李炎唐向邓小平交代这一时期不能抽烟，邓小平果断表态："行！没问题。"

手术进行了一个多小时，邓小平出血很少，没有输血。整个过程中，吴阶平一直在旁督阵。邓小平一直是那么坚定与镇定，连吭都没有吭一声……

手术后的第3天，邓小平的身上出现红疹子，而且越来越多。于是，医院请内科权威张孝骞老教授来确诊。张孝骞曾被人利用，在1975年底的《人民日报》上发表了别人写的署名张孝骞的有关批判邓小平的文章。所以，一到邓小平身边查体，他就感到特别别扭，红着脸、低着头。但没等他开口，邓小平就说："张老，你不要有任何包袱，知道你是不会干那事的，一定是别人干的，我们非常相信你，你不会干那事的。"老教授非常感动，眼泪直流。

最后确诊为药物过敏，于是医院决定停用一切抗生素和所有可能引起过敏的药物。很快炎症消失，邓小平康复得很好。

尽管医院做了不少保密工作，但自手术报告打上去后，中央和军委的首长很快就知道邓小平在301医院就诊。不多久，独臂将军余秋里来了，一进门就嚷："谁说不让看，我就是来看的！"在病房里，两位老人叙旧话新，并大讲令人兴奋的抓"四人帮"的故事。临走时，余秋里说："小平同志，我们都盼着你出来啊！"不多久，徐向前和聂荣臻到医院看望了他们的老战友邓小平，表达了希望邓小平早日出来工作的强烈愿望。

第一章　历史拐点

这一年年底，中共中央军委顾问罗瑞卿与乌鲁木齐军区司令员杨勇、兰州军区司令员韩先楚一起，以高度的历史责任感和对党的事业负责的态度，从北京飞往南方，就如何促成邓小平尽快出来工作与一些负责同志商量。到武汉后，因武汉军区司令员杨得志、政治委员王平刚好出去开会，都不在家，罗瑞卿一行首先同武汉军区副政委王猛等交换了意见，大家都希望邓小平能够早一些出来工作。

随后，罗瑞卿一行飞抵广州，先后与广州军区的一些老同志进行了座谈，绝大多数人提出应当尽快让邓小平出来工作。根据了解到的干部、群众意见，罗瑞卿和杨勇等郑重向中央负责同志提出：建议召开中央工作会议，讨论揭批"四人帮"，请邓小平出来工作……

1977年1月，周恩来逝世1周年的日子到了。由于周恩来逝世的时候，"四人帮"蓄意压制广大人民群众的悼念活动，在清明节后又制造了镇压悼念群众事件，干部、群众心中都憋了一口气。此时，"四害"已经被铲除，人民群众终于可以堂堂正正地悼念人民的好总理周恩来了。于是，天安门广场再一次出现了自发的大规模的悼念活动。北京干部群众涌向天安门，在人民英雄纪念碑和观礼台放上精心制作的周恩来画像和花圈。此刻，充斥在群众内心的，不仅是悼念，更多的是抗议，是要求讨回公正。大字报、小字报、诗词、标语再次出现在天安门广场。在悼念中，人们不仅向周恩来总理的英灵报告"四人帮"已经被粉碎的喜讯，而且表达了要求为"天安门事件"平反、要求让邓小平早日出来工作的强烈愿望。群众的呼声得到了党内许多领导人和干部的支持。

这年春节，邓小平一家是在301医院过的。2月3日，在住院55天后，邓小平康复出院。出院后，在叶剑英的亲自安排下，邓小平住进京郊西山中央军委一个住地的25号楼，叶剑英就住在不远的15号楼。在当时中央还没有作出相应的正式决议的时候，叶剑英对身边工作人员说："凡我看的文件，都要送给小平同志，让他看，熟悉情况。"他派自己的办公室主任王守江和机要秘书亲自转送文件，汇报情况。

一天晚上，邓小平一家正在吃晚饭，叶剑英的小儿子撞进来悄悄地说："我家老爷子想与你家老爷子见面。"于是，邓小平放下筷子，在女儿邓榕的陪同下坐车到叶帅住所外。远远只见由人搀扶着的叶剑英从屋里出来，站在门口迎接，邓小平激动得高声喊道："老兄！"一下车，两位老人热烈地紧紧握手，长时间不放。之后，他们相互搀扶着走进里屋。门紧紧地关着，他们谈了很长、很长时间……

这年2月，《人民日报》、《红旗》杂志、《解放军报》发表社论《学好文件抓住纲》，公开提出"凡是毛主席作出的决策，我们都要坚决维护；凡是毛主席的指示，我们都始终不渝地遵循"（即"两个凡是"）的错误方针，它的实质是要把毛泽东晚年的"左"倾错误延续下来，直接目的是阻挠邓小平出来工作，不许为"天安门事件"平反——因为1975年再次"批邓"，以及把"天安门事件"定为反革命事件，都是毛泽东批准的，所以这两个案不能翻。

"两个凡是"的错误方针公开发表后，立即受到强烈要求纠正"文化大革命"的严重错误、强烈要求为"天安门事件"彻底平反、强烈要求让邓小平早日恢复工作的老一辈无产阶级革命家和广大人民群众的坚决抵制和反对。

社论让罗瑞卿与杨勇敏锐地嗅到了类似当年姚文元的那篇《评新编历史剧〈海瑞罢官〉》的火药味，看出了这篇社论的意图是阻止邓小平出来工作。于是，他们飞抵武汉，开始与杨得志、王平等武汉军区负责同志商谈，强烈表示希望邓小平出山。

李先念在年初的一个招待会上说:"毛主席确实批评过邓小平在管理方面的错误。但是'四人帮'对邓小平的指责毫无根据,他们捏造罪名反对邓小平,所有这些都要澄清。"

1977年3月10日至22日,中共中央召开工作会议。会议之前,叶剑英对华国锋的讲话稿提出两条意见:"一是'天安门事件'是冤案,要平反;二是对邓小平同志的评价,应该把提法换一下,为小平同志出来工作创造有利条件。"

3月13日,陈云在书面发言中指出:"我对'天安门事件'的看法:一、当时绝大多数群众是为了悼念周总理;二、尤其关心周恩来同志逝世后党的接班人是谁;三、至于混在群众中的坏人在极少数;四、需要查一查'四人帮'是否插手,是否有诡计。因为'天安门事件'是群众关心的事,而且当时在全国也有类似事件。邓小平同志与'天安门事件'是无关的。为了中国革命和中国共产党的需要,听说中央有些同志提出让邓小平同志重新参加党中央的领导工作,是完全正确、完全必要的,我完全拥护。"

王震也对阻挠为"天安门事件"平反、阻挠让邓小平复出的人大加抨击,他说:"邓小平政治思想强,人才难得,这是毛主席讲的、周总理传达的。1975年他主持中共中央和国务院的工作,取得了巨大成绩。他是同'四人帮'做斗争的先锋。'四人帮'千方百计地、卑鄙地陷害他。'天安门事件'是广大人民群众反对'四人帮'的强大抗议活动,是我们民族的骄傲,谁不承认'天安门事件'的本质和主流,实际上就是替'四人帮'辩护。"

在会上,陈云、王震等许多老同志相继起来反击"两个凡是",郑重地坚决地提出为"天安门事件"平反,要求恢复邓小平的工作。华国锋有点被动了。他深知粉碎"四人帮"之后，这些身经百战的元老在中国政坛上的分量和巨大的影响力。在形势的压力下，华国锋在讲话中谈到了邓小平问题。他说，批邓、反击右倾翻案风，是伟大领袖毛主席决定的，批是必要的。"四人帮"批邓另搞一套，对邓小平进行诬陷打击，是他们篡党夺权阴谋的组成部分。粉碎"四人帮"之后，中央决定继续批邓，是经过反复考虑的。这样做，就从根本上打掉了"四人帮"及其余党利用这个问题进行反革命煽动的任何借口，从而有利于稳定局势。至于邓小平过去的功过，毛主席早有全面的评价。1973年邓小平同志重新工作后，是有成绩的，也犯有错误。经过5个多月揭批"四人帮"的斗争，解决邓小平同志的问题，条件逐步成熟。要做到瓜熟蒂落，水到渠成。

关于"天安门事件"，华国锋说，在"四人帮"迫害周总理、压制群众进行悼念活动的情况下，群众在清明节到天安门去表达自己对周总理的悼念之情，是合乎情理的。但是，确有少数反革命分子把矛头指向伟大领袖毛主席，趁机进行反革命破坏活动，制造了天安门广场反革命事件。我们的同志应该警惕"四人帮"余党和反革命分子的阴谋，不要在"天安门事件"这样一些问题上再争论了。

华国锋感到自己阻挡不住邓小平的复出了。但是，他附加了一个苛刻条件，就是让邓小平对"两个凡是"表态，对"天安门事件"表态。

这年3月，他派中共中央办公厅的两位负责人汪东兴、李鑫专程找邓小平谈话，提出要邓小平出来之前写个东西，写明"'天安门事件'是反革命事件"。邓小平断然拒绝了这个要求。他说："'两个凡是'不行。我出不出来没有关系，但'天安门事件'是革命行动。""按照'两个凡是'就说不通为我平反的问题，也说不通肯定1976年广大群众在天安门广场的活动'合乎情理'的问题。"

第一章 历史拐点

◇ 邓小平与华国锋

4月10日，邓小平在尚未恢复领导职务的情况下，就"两报一刊"所发表的那篇社论给中共中央写信，从理论上反对"两个凡是"。信中说："我们必须世世代代地用准确的、完整的毛泽东思想来指导我们全党、全军和全国人民，把党和社会主义事业，把国际共产主义运动的事业，胜利地推向前进。"什么是"准确的、完整的"？邓小平说，我们可以看到，毛泽东同志在这一个时间，这一个条件，对某一个问题所讲的话是正确的，在另外一个时间，另外一个条件，对同样的问题讲的话也是正确的；但是在不同的时间、条件对同样的问题讲的话，有时分寸不同，着重点不同，甚至一些提法也不同。所以我们不能够只从个别词句来理解毛泽东思想，而必须从毛泽东思想的整个体系去获得正确的理解。邓小平还指出：毛泽东倡导的作风，群众路线和实事求是，这两条是最根本的东西。这就是"准确的、完整的"。这就驳斥了"两个凡是"。

11

不久，中共中央向全党转发了邓小平的这封信，肯定了邓小平的正确意见。邓小平对"两个凡是"的批评，开了思想解放运动的先河。

5月24日，邓小平同王震、邓力群谈话，直接批判了"两个凡是"。此时的邓小平意气风发，指点江山。他在这个极为重要的谈话中说："毛泽东同志多次说过，他有些话讲错了。他说，一个人只要做工作，没有不犯错误的。又说，马恩列斯都犯过错误，如果不犯错误，为什么他们的手稿常常改了又改呢？……毛泽东同志说，他自己也犯过错误。""一个人讲的每句话都对，一个人绝对正确，没有这回事情。他（毛泽东）说：一个人能够'三七开'就很好了，很不错了；我死了，如果后人能够给我以'三七开'的估计，我就很高兴、很满意了。……马克思、恩格斯没有说过'凡是'，列宁、斯大林没有说过'凡是'，毛泽东同志自己也没有说过'凡是'。"

在党内高层公开讲毛泽东也犯过错误，这在当时，不啻石破天惊。邓小平的讲话，在党内外引起了强烈反响，为批评"两个凡是"提供了有力的思想武器。经过上下结合反复激烈的斗争，党心民心终于占了上风。

经过叶剑英等老一辈无产阶级革命家的反复工作，在全党、全军、全国人民强烈要求邓小平出来工作的情况下，中国共产党于7月16日至21日在北京召开的十届三中全会上，全会一致通过《关于追认华国锋同志任中国共产党中央委员会主席、中国共产党中央军事委员会主席的决议》《关于恢复邓小平同志领导职务的决议》。邓小平恢复了中共中央政治局常委、中共中央副主席、中共中央军委副主席、国务院副总理、解放军总参谋长的职务。这是否定"文化大革命"、否定"两个凡是"的重大胜利，有利于中国开辟新的道路。

邓小平在会上的讲话中说："全会决定恢复我的工作，作为一名老共产党员，还能在不多的余年里为党为国家为人民做一点力所能及的事情，在我个人来说是高兴的，我感谢全会的信任。粉碎了'四人帮'，我实在高兴。我现在73岁了，想再活20年到30年，但自然规律不以人们的意志为转移。……现在我的身体还好，'零件'都还健全，还可以做几年工作。""坦率地说，我自己也考虑了一下，出来工作，可以有两种态度，一个是做官，一个是做点工作。我想，谁叫你当共产党人呢，既然当了，就不能够做官，不能够有私心杂念，不能够有别的选择，应该老老实实地履行党员的责任，听从党的安排。"

在这次全会的讲话中，邓小平再次强调了对毛泽东思想要有一个正确的完整的认识，强调要善于掌握和运用毛泽东思想体系，只有这样，才不至于割裂、歪曲毛泽东思想。邓小平还强调说："对我们党的现状来说，我个人觉得，群众路线和实事求是特别重要。"邓小平的呼吁，得到了老一辈革命家的响应。

会后，聂荣臻撰文说："实事求是的思想是毛主席留给我们党的最宝贵的理论遗产。"徐向前在《人民日报》发表的《永远坚持党指挥枪的原则》一文中说："我们决不可以像有些人那样，不管路线是非，谁的权力大就跟谁跑。""我们一定要恢复和发扬我们党的实事求是的优良作风。"陈云的文章《坚持实事求是的革命作风》指出："实事求是，这不是一个普通的作风问题，这是马克思主义唯物主义的根本思想路线问题。"这些努力，都是在批评"两个凡是"，缩小"两个凡是"的市场。

7月30日晚，邓小平突然出现在北京国际足球邀请赛的主席台上。这是邓小平复职后首次在重要的公开场合亮相，全场掌声雷动。

对7月30日晚邓小平在公众场合的公开露面，外国通讯社迅速作了报道。最快的是法国的法新社，当晚，就作了如下简要报道：

邓小平的最后岁月

◇ 1977年7月30日在北京工体的国际邀请赛上,邓小平等观看比赛并出席闭幕式

中国新复职的副总理今天在北京工人体育场露面,观看中国青年队对香港队的一场足球赛时,引起这里球迷们的轰动和欢迎。邓先生在主席台就座时,8万群众热烈鼓掌。自从他在本月早些时候复职以来,这是外国人在公众场合第一次看到他。

邓先生似乎并没有由于他去年受到贬辱而有什么改变,看上去他比他的实际年龄要年轻10岁。在观看过程中,他不断同坐在他的右边的李先念副总理交谈。

日本的共同社在第二天以《邓先生观看国际足球赛》为题报道,夹叙夹议,使读者犹如身临其境。全文如下:

邓小平副主席30日晚上观看了在工人体育场举行的北京国际足球友好邀请赛的决赛并出席了闭幕式,受到了观众的鼓掌欢迎。邓副

第一章　历史拐点

主席出席了三中全会，发表了讲话，但在群众面前露面则是去年1月在周恩来总理追悼大会上致悼词以来的第一次。

邓先生坐在工人体育场正面的贵宾席上，在其左侧就座的是北京市革委会主任吴德，右侧坐着李先念和陈永贵两位副总理。以不断吸烟闻名的邓先生一就座便点烟，同吴德谈笑。当香港队在前半场30分左右先得1分的时候，他热情鼓掌，从容自若。其后，中国青年队为扳回失利而射门得分时，他赶紧将香烟放在烟灰缸里，起身鼓掌，又露出明快的表情向吴德搭话。

比赛中间休息10分钟，邓先生一度退席。但当他又出席观看后半场比赛的时候，8万观众撇开比赛，霎时都站立起来，向他报以狂热的掌声。

对于观众来说，这是一个不仅观看比赛，而且也是注视约隔一年半之后在公众面前露面的邓先生一举一动的繁忙之夜。

再来看一看新华社发的题为《友好邀请赛闭幕》的电讯（摘录）——

1977年北京国际足球友好邀请赛，7月30日晚上在北京工人体育场闭幕。

中共中央副主席、国务院副总理邓小平同党和国家其他领导人李先念、吴德、陈永贵、吴桂贤、苏振华、李井泉、阿沛·阿旺晋美、胡厥文、王震出席了闭幕式，并观看了香港足球队同中国青年足球队的比赛。

当邓小平副主席等领导人走上主席台时，全场8万观众长时间地热烈鼓掌。

在晚上的比赛中，中国青年队以二比一胜香港队，获得这次邀请赛的第一名，香港队获得第二名。

比赛开始前，邓小平副主席同党和国家其他领导人会见了参加邀请赛的各代表团团长、副团长和领队，以及一些国家的驻华使节。

参加这次国际足球邀请赛的国家和地区的代表队有（按获得名次为序）：1.中国青年队，2.香港队，3.朝鲜大同江队，4.中国一队，5.扎伊尔队，6.伊朗队，7.摩洛哥队，8.中国二队，9.墨西哥国立自治大学队，10.埃塞俄比亚队，11.几内亚二队，12.日本队。

邓小平的一生，充满了传奇色彩。在政治旋涡中，他3次被打倒，又3次神奇地站立起来，而且一次比一次站得高，一次比一次耀眼辉煌。真可谓"打不倒的东方矮个子"。

这次复出后，邓小平站在了一个更广阔的舞台上，指挥着中国这艘巨轮，沿着他设计的航线——建设有中国特色的社会主义道路，驶向小康、富裕的生活。如果说1975年的整顿是对改革道路的探索，而此后的20年，中国历史上的重大事件、普通老百姓的日常生活都与邓小平这个名字密不可分。在叶剑英元帅80寿宴上，叶帅称邓小平是"我们老帅的领班"。何止是老帅们的领班，他是有中国特色的社会主义事业的总设计师。

历史选择了邓小平，人民选择了邓小平。

第一章　历史拐点

★ 一位普通教师的手，首先牵动历史的帷幕；"特约评论员"的文章打响真理标准讨论的第一枪。"凡是派"震怒发难，大讨论险象环生，危难之时邓小平拍案而起

1977年，整个中国依然沉浸在刚刚粉碎"四人帮"的喜悦之中，然而许多觉悟者也深知，当时的中国并没有因为粉碎"四人帮"而真正走出危机。那时中国社会仍然面临着这样一些严峻的政治局势：党内个人迷信、个人崇拜依旧盛行，大量的历史冤假错案尚未得到清理和平反，1976年广大人民群众自发聚集到天安门广场悼念周总理的行动依然被定为反革命事件；更为可怕的是，当时的中央主要负责人不但没有否定和批判给中华民族带来灾难的"文化大革命"，反而认为"粉碎'四人帮'是无产阶级文化大革命的伟大胜利"，今后必须"把无产阶级专政下的继续革命进行到底"。正是在这种背景下，令人更加胆寒的"两个凡是"横空出世了，中国未来的命运一下子又被推到了生死攸关的抉择关头。

1977年的2月和3月间，南京正是春寒料峭的时节，南京大学哲学系教师胡福明正在谋划着写作一篇战斗檄文，从根本上去批判"四人帮"。他心里清楚自己真正要批驳的是"两个凡是"。

胡福明苦苦思索着：判断理论、认识、观点、决策是否正确的标准究竟是什么？判断是非的标准究竟是什么？马克思、恩格斯、列宁、毛泽东在历史上也经常按实践来修改自己的观点，怎么能说句句是真理？怎么能

◇ 邓小平在中共第十一次全国代表大会上（1977年8月）

搞"两个凡是"？这完全是教条主义、形而上学的东西，是宣传个人崇拜，不符合马克思主义的哲学观点。

7月上旬，胡福明的妻子生病住进医院。他白天在大学的讲台上讲课，晚上到医院的病床边陪伴妻子。夏天的南京，素有"火炉"之称。每当夜阑人静时，燥热的气流、病人的呻吟，使他难以入睡。于是，他搬来椅子，摇着蒲扇，借着走廊的灯光看书，对马克思、列宁、毛泽东等有关实践真理标准的内容一边阅读，一边做摘录，一边进行认真研究。当妻子出院时，他写出了文章的提纲。

这年9月，胡福明那篇躁动于腹中的文章《实践是检验一切真理的标准》问世了，文章从哲学理论上论证实践是检验真理的标准，而不是领袖人物的指示。在当时这实在是一个胆大妄为、犯上作乱的举动。

文章写完了，寄给谁呢？想了半天，胡福明想到了王强华。原来在这年5月，江苏省委党校召开过一个理论讨论会，在这次理论讨论会上，胡福明作了《唯生产力论是历史唯物论的基本观点》的发言。当时有一位同志站起来，说胡福明的观点是错误的，认为唯生产力论是修正主义的观点。于是胡福明再一次走上讲台发言，坚持自己的观点——唯生产力论是

第一章 历史拐点

历史唯物论的基本观点，谁要反对唯生产力论，谁就是反对历史唯物主义。在这个会上发生了激烈的交锋，会议结束的时候，有一个同志把胡福明介绍给《光明日报》哲学编辑组组长王强华。王强华说："你帮我们写稿，在北京，一些理论家也赞成你这个观点，跟你是相同的观点。希望你帮我们写稿。"

于是，胡福明将稿件投给了光明日报社的王强华，然而文章寄出去4个月都没有回信，胡福明只能静静地等待。文章投出去后，他不知道等待他的将是一种什么样的命运，也不知道这篇文章将会在中国社会引发一场怎样的地震。

一场伟大的思想解放运动，起源于一个平凡的开端。就在胡福明焦急地等待《光明日报》回信的这段时间里，远在北京的中共中央党校也正在酝酿着一场有关真理标准讨论的斗争，而当时直接领导这一斗争的是时任中共中央党校副校长的胡耀邦。

10月9日，中共中央党校举行复校以后的第一次开学典礼，中央主要领导人都参加了。当时，中共中央副主席叶剑英在讲话中提出："中央党校的同志，来中央党校学习的同志，要认真研究总结第九次、第十次、第十一次路线斗争的经验。"所谓第九次、第十次、第十一次路线斗争是当时的一种说法，实际上就是总结"文化大革命"。12月2日，中共中央党校党委会开会讨论党史党建研究室提出来的"总结"方案。会上，胡耀邦明确提出实践标准。他说："这十几年的历史，不能根据哪个文件、哪个人的讲话，要看实践，要用实践来检验。"在如何对待"三次路线斗争"的问题上，胡耀邦提出了两条原则和标准：第一条是实践标准，第二条则是毛泽东思想。当时"两个凡是"所坚持和维护的实际上是被神话了的毛泽东个人，毛泽东思想与毛泽东个人并没有被严格地区分开来；毛泽东晚年的错误更是一个没有人敢于触及的禁区。于是，胡耀邦要求重新研究路线斗争，并讲："检验路线斗争的标准，一个是要看实践，以实践作为标准；一个是要看完整的、准确的毛泽东思想。"

正是在这个时候，中央党校《理论动态》的孙长江也开始着手写作另外一篇关于真理标准的文章投入战斗；而几乎同时，远在南京的胡福明突然收到了《光明日报》王强华的回信和文章清样。

1978年1月14日，胡福明收到来信与文章清样后，便着手按所提意见修改。从此以后，稿子来来往往好几个来回，每回修改后会再寄回去。

胡福明当然不知道，此时《光明日报》的人事发生了重大变化，那时杨西光已调任《光明日报》总编辑的重要岗位。1978年4月间，胡福明得到一个机会去北京参加一次全国哲学讨论会，他又一次见到了王强华，也见到了当时正在着手写同一论题文章的孙长江。饶有趣味的是，孙长江还是胡福明20世纪50年代在中国人民大学读哲学研究班时的老师。

后来，江苏省委原常委、著名学者胡福明回忆说："我到北京开会当天晚上，王强华就把我接到了光明日报社，接到了杨西光同志的办公室。杨西光同志是《光明日报》当时的总编辑，是胡耀邦同志把他调过去的。那么在他办公室里碰到了马沛文、王强华还有孙长江；孙长江是原来人民大学讲哲学史的老师，我一看见嘛，很高兴，多年不见老师，同是经过了'文化大革命'的劫难，也更亲切一些，于是大家都坐下来。杨西光同志手里拿着《实践是检验真理的标准》的清样，对大家说：各位同志都拿到这份清样了，福明同志这个稿子，今天正要听大家的意见，我们要修改。他说，这篇文章本来在4月2日哲学版要发表了，我看了以后，我认为这篇文章很重要，放在哲学版里发表太可惜了，应该作为重要文章放在第一版去发表。当然，还要修改，文章还要提高质量。"

据《光明日报》原副总编马沛文讲："是胡耀邦亲自点将把杨西光调到《光明日报》的，是胡耀邦决定把他调来的，因为胡耀邦当时不仅是党校副校长，还是中组部的部长，他当然有这个权力调配干部。调配干部的目的，就是要把北京的四大报刊从二比二变成三比一。什么叫二比二变成三比一呢？就是胡耀邦认为《人民日报》《解放军报》是批判'两个凡是'的，反对'两个凡是'的；但是《红旗》杂志和《光明日报》是宣传'两个凡是'的。因为当时这篇文章的意义非常重大，杨西光就是要这篇文章产生比较大的反响，要产生轰动性的效应。他就把这个文章送到党校，为什么送给党校呢？这也是有历史渊源的，因为杨西光来《光明日报》之前就是党校高级班的学员，当时就参加了跟实践（标准）有关的讨论，当时他就认识了理论研究室的主任吴江、理论研究室的干部孙长江。"

据马沛文回忆，当杨西光得知中央党校也在写同一论题的文章时，决定将胡福明的那篇文章的校样稿交给中央党校，由他们去修改完善，然后再定夺发表。中共中央党校原教员孙长江在接受湖北电视台记者采访时说："我写的时候，还没写完，差不多写完了，这个时候杨西光就派王强华把胡福明这篇文章的校样送来了，拿给我看，送给吴江，吴江又给我。吴江看完了说，这篇文章思想跟我们的差不多一样，你把这两篇文章捏在一块，把我的跟他的捏在一块，文章里有用的就拿过来，把它捏成一篇。"

民族危难之时，一南一北几乎同时酝酿出实践标准这一重大论题，而胡福明、孙长江两位主笔居然又有着师生之缘，这恐怕并不仅仅是命运的巧合。中共中央党校原教员沈宝祥接受采访时讲："当时同一个时期有3个地方写出同一主题的文章，一个是《人民日报》，他们发现了这个问题呢，就请哲学家邢贲思写一篇真理标准问题文章；一个呢，中央党校在学员讨论'文化大革命'问题的基础上，觉得是非标准问题需要进一步写文章，所以吴江跟孙长江两个人研究决定要写一篇《实践是检验真理唯一标准》的文章；第三个是南京的胡福明，他是独立地思考，写成了一篇《实践是检验真理的标准》的文章。3个地方写出同一主题的文章，英雄所见略同，这反映了客观需要，大家都想到一块去了，这个问题是共同的问题，也可以说是一种巧合，但是这种巧合背后有必然性。"

5月10日，这篇经过反复修改、定名为《实践是检验真理的唯一标准》的稿子最终在中共中央党校内部刊物《理论动态》上刊出，11日《光明日报》署名"本报特约评论员"公开发表全文，新华社当天即向全国转发，12日《人民日报》《解放军报》又予以全文转载。这篇历史雄文共分为4个部分：一、检验真理的标准只能是社会实践；二、理论与实践的统一是马克思主义的一个最基本原则；三、革命导师是坚持用实践检验真理的榜样；四、任何理论都要不断接受实践的检验。在文章结尾，作者勇敢地宣称："凡是有超越于实践并自奉为绝对的'禁区'的地方，就没有科学，就没有真正的马列主义、毛泽东思想，而只有蒙昧主义、唯心主义、文化专制主义。"文章的发表在当时沉闷窒息的中国社会引起了巨大反响。

11日一早，胡福明听到了中央人民广播电台的广播，随后看到了《光明日报》发表的《实践是检验真理的唯一标准》。这时，胡福明喜不自禁，高兴地拥抱着妻子说："我们终于胜利了！"

然而，文章的发表很快就遭到了严厉批评和斥责，一时间斗争的硝烟四处弥漫。从一开始，这篇文章就被提升到路线问题、旗帜问题上来。

13日，《红旗》杂志负责人质问新华社社长曾涛："新华社向全国转发《实践是检验真理的唯一标准》是错误的，这篇文章理论上是荒谬的，在思想上是反动的，在政治上是'砍旗'的。"国务院研究室一位负责人打电话给《人民日报》总编辑胡绩伟，指责这篇文章犯了方向性的错误。胡

第一章 历史拐点

◇ 1978年5月11日,《光明日报》以特约评论员的名义公开发表《实践是检验真理的唯一标准》

绩伟打电话转告杨西光,杨西光坚定地说:"这篇文章根本没有错!"

不久,有人到胡耀邦家中,很严肃地对胡耀邦说:"文章起了很坏的作用,把党中央主要领导人的分歧,公开暴露在报纸上,不利于党内的团结。"后来,还有人转告胡耀邦:华国锋说理论问题要慎重。

文章发表之时,华国锋正在朝鲜访问,汪东兴似乎嗅出了文章的味道,等不及华国锋回国,马上告诉他。华国锋指示:"不要介入,不要表态。"他采取一种抵制的态度。

汪东兴则要追查,他指示中宣部部长张平化:"查一查,所谓的特约评论员究竟是谁?这篇文章有问题,矛头是对着毛主席,是想砍掉毛泽东同志这面旗帜。"17日,汪东兴公开点名批评此文,质问:"这是哪个中央的意见?"6月15日,汪东兴在新闻工作会议上点名批评了胡耀邦,要他写文章要注意,要处理好个性与党性的关系,以免被敌人利用了。

《实践是检验真理的唯一标准》一文遭到最高领导和宣传部门的一片责难，而此时这篇文章的"始作俑者"也承受了巨大的压力。孙长江的妻子一听文章是"砍旗"，压力很大。胡福明的一位朋友对他说："老胡，你已经转入了中央高层内部的斗争了，风险很大，你知道吗？这可是已经陷进了政治斗争的旋涡了，要有思想准备。"胡福明表示："我已经有思想准备了，我准备要坐牢。"并半开玩笑地说："你呢，我们是老朋友了，你要给我去送饭。"

那些日子里，杨西光整天眉头紧锁，神色严肃。王强华的心里也是沉甸甸的。一天下午下班后，王强华到杨西光的办公室汇报工作，只见杨西光独自坐在办公桌前，喃喃自语："有什么了不起，大不了把'乌纱帽'给摘了！"

《实践是检验真理的唯一标准》一文刚刚发表时，邓小平没有注意。后来，他听说有人对《实践是检验真理的唯一标准》这篇文章反得很厉害，才找来看看。后来，邓小平在接见文化部核心领导小组负责人时即明确表示："文章符合马克思列宁主义嘛，驳不倒嘛！"

于是，在真理标准讨论面临夭折的困境这一关键时刻，刚刚复出的邓小平以一个伟大政治家的气魄和敏锐抓住了这一历史契机，发出了坚毅的声音。5月30日，他在同几位负责人谈话时说："……只要你讲话和毛主席讲的不一样，和华主席讲的不一样，就不行。毛主席没有讲的，华主席没有讲的，你讲了，也不行。怎么样才行呢？照抄毛主席讲的，照抄华主席讲的，全部照抄才行。这不是一个孤立的现象，这是当前一种思潮的反映。这些同志讲这些话的时候，讲毛泽东思想的时候，就是不讲要实事求是，就是不讲要从实际出发。……现在发生了一个问题，连实践是检验真理的标准都成了问题，简直是莫名其妙！"邓小平掷地有声的讲话，给了

《实践是检验真理的唯一标准》以有力的支持。

军队率先支持《实践是检验真理的唯一标准》。中央军委秘书长罗瑞卿在全军政治工作筹备会上说:"《实践是检验真理的唯一标准》是一篇坚持马列主义、毛泽东思想的好文章。它提出了一个牵一发而动全身的大问题,全军政治工作会议就是要宣传实事求是的思想路线,宣传一切从实际出发,宣传实践是检验真理的唯一标准。不从根本上解决这个问题,我们一步也前进不了。"

6月2日,邓小平在全军政治工作会议上发表了重要讲话,严厉批评了个人崇拜、教条主义和唯心论,号召"打破精神枷锁,使我们的思想来一个大解放",要求部队干部要做马列主义、毛泽东思想和革命实践相结合的榜样。

胡耀邦再次组织中共中央党校撰写了《马克思主义的最基本的一个原则》,反驳种种责难《实践是检验真理的唯一标准》的观点,又一次得到罗瑞卿的大力支持。罗瑞卿先后细看了3遍,提出了许多修改意见,要求文章做到无懈可击。在他即将去德国治病之时,还惦记着这篇文章,上飞机之前还指示《解放军报》负责人:"那篇文章,你们放胆发表,可能有人要反对,我负责,打板子打我。""这篇文章如果要挨打,我先挨50板。"遗憾的是,罗瑞卿不久即病逝,没有看到真理标准讨论的最后胜利。可以说,对这篇后来被称为《实践是检验真理的唯一标准》姊妹篇的文章的关心,是他参与的最后一项政治活动,他把最后的生命奉献给了真理,成为真理旗帜上一颗闪耀的明珠。

《马克思主义的一个最基本的原则》发表时,署"《解放军报》特约评论员"。这回,又一次借用"特约评论员"名义,也就绕过了向汪东兴报审这一关!另外,毕竟是《解放军报》,有罗瑞卿支持,汪东兴也不便吱声。

当汪东兴见到这篇"特约评论员"文章时,文章已经同时在《解放军报》和《人民日报》发表。文章虽然批判的是"两个凡是",然而在当时不能不避开正面冲击,通篇没有一句提到"两个凡是",却尖锐地批判了某些人的责难,回敬了"两个凡是"派。

7月21日,邓小平找中宣部部长张平化谈话,指示他:不要再下禁令、设禁区了,不要把刚刚开始的生动活泼的政治局面拉向后退。为了将讨论进一步引向深入,邓小平离开北京,他先后去了四川、广东,9月又到了吉林。用他自己的话说:"我这是到处点火。"所到之处,他都宣讲实事求是的精神。

9月16日,邓小平在听取吉林省委常委汇报工作时指出:"怎么样高举毛泽东思想旗帜,是个大问题。现在党内外、国内外很多人都赞成高举毛泽东思想旗帜。什么叫高举?怎么样高举?大家知道,有一种议论,叫作'两个凡是',不是很出名吗?凡是毛泽东同志圈阅的文件都不能动,毛泽东同志做过的、说过的都不能动。这是不是叫高举毛泽东思想的旗帜呢?不是!这样搞下去,要损害毛泽东思想。毛泽东思想的基本观点就是实事求是,就是把马列主义的普遍原理同中国革命的具体实践相结合。"

邓小平的"到处点火",对于争取各省市对真理标准讨论的支持,起到了极大的推动作用。

这样,从最早响应的甘肃,到最晚的湖南——除台湾省外,全国各省、市、自治区党委纷纷对"真理标准"问题表了态,各地部队首长们也对此表态,都对"实践是检验真理的唯一标准"表示拥护。

然而,斗争依然是艰巨的。就在全国各地广泛开展"真理标准"问题大讨论的时候,在《人民日报》《光明日报》《解放军报》连续报道各地省委、市委、自治区党委对于"实践是检验真理的唯一标准"的种种论述时,作为中共中央权威性的理论刊物,《红旗》杂志却奇怪地保持缄默。人们笑称:"《人民》上天,《红旗》落地!"

原来,《红旗》杂志是要成为坚守"两个凡是"的最后一块阵地。汪东兴曾要求《红旗》要"一花独放,不参与真理标准讨论"。在这场热烈的讨论中,《红旗》置身局外,一声不吭。然后,这最后的沉默还是被谭震林打破,使他们陷入无比的尴尬之中……

为纪念毛泽东诞辰85周年,《红旗》杂志约请谭震林撰文。谭震林欣然应承,对约稿人说:"文章不能只讲历史,要从现实着眼,要我写文章,我就要写实践是检验真理的唯一标准,说明毛泽东思想是从实践中来,又经过革命实践检验的科学真理。"谭震林的文章是支持实践标准的,《红旗》奉行不卷入原则,对此事很为难,尚未决定,谭震林送来了修改稿,并附言说明:原稿对实践是检验真理的唯一标准阐述不透彻,现再作加强。

《红旗》杂志只得告知,中央指示《红旗》不介入讨论。谭震林坚决表示:"文章中材料可以动但观点不能动,实践标准的讨论是全党的大事,有谁来辩论,找我好了。这篇文章我想了两个月,想出了两句话'凡是实践证明是正确的,就要坚持;凡是实践证明是错误的,就要改正'。"

这可击中了《红旗》杂志的"心病"。文章不用吧,作者是德高望重的老前辈,而且稿子是应约而写的;用吧,又违反了杂志的"方针"。这个难题使《红旗》杂志总编辑熊复万分难堪。

在派人直接跟谭震林挑明态度,得到"不客气"的回答后,熊复只得出"下策",即把文章报送中共中央政治局常委会审阅。邓小平在上面批示:"我看这篇文章很好,至少没有错误,改了一点,如《红旗》不愿登，可转《人民日报》登。为什么《红旗》不卷入？应该卷入。可以发表不同意见的文章，看来不卷入本身，就是卷入。"李先念批示："谭震林同志讲的是历史事实，应当登，不登，《红旗》太被动了，《红旗》已经很被动了。"

华国锋也同意刊登。汪东兴无奈，说："那只好这样。"

于是，熊复把谭震林的文章《井冈山的斗争实践与毛泽东思想的发展》发表在《红旗》杂志当年的最后一期上。由此，"三比一"的阵势打破了。

这样，截至1978年12月8日，全国29个省、直辖市、自治区党委第一把手或主要负责人，中国人民解放军各大军区、各总部主要负责人都以不同方式表态，支持关于真理标准的讨论，为十一届三中全会的召开作了充分的准备。

回首往事，著名学者胡福明感慨："这篇文章是顺应时代的需要，顺应人民的愿望而诞生的，它是许多同志共同努力的结果，是个集体创作。邓小平同志也是顺应全党全国人民的要求、顺应历史的要求，来支持这场真理标准大讨论，来领导这场真理标准大讨论，目的是破掉一个唯心主义、形而上学，破掉一个'天才论'嘛。否定多年盛行的个人崇拜、教条主义，重新确立一个解放思想，实事求是，一切从中国实际出发的思想路线，找到一条新的建设社会主义的道路。"

历史需要回眸。同样，回眸历史需要距离。一个人、一本书、一篇文章，要经历史的检验才看得出其真正价值。1998年北京某出版社推出了一本畅销书《影响中国人一个世纪的最重要的文章》，被列入开篇之作的是《实践是检验真理的唯一标准》。的确，此文的发表掀起了社会主义中国新的历史发展时期的崭新篇章，改变了整个中华民族的精神风貌，深刻

第一章 历史拐点

地影响了当代中国。从此,"左"的思想冰封开始解冻。它犹如一株报春花,拥抱社会主义中国经济发展的新春的来到。

★ 陈云的率先"一炮",临时改变了中央工作会议的中心思想与会议进程,使闭幕式后会议仍在进行,使新时期"遵义会议"的"主题报告"提前宣读

1978年12月18日,京西宾馆,十一届三中全会,这次改变中国命运的、实现伟大历史转折的大会隆重举行。

◇ 京西宾馆——中共十一届三中全会在这里召开

全会虽然开了仅仅5天，但其意义在3年后通过的《关于建国以来党的若干历史问题的决议》作了如下评述："全会结束了1976年10月以来党的工作在徘徊中前进的局面，开始全面地认真地纠正'文化大革命'中及其以前的'左'倾错误。这次全会坚决批判了'两个凡是'的错误方针，充分肯定了必须完整、准确地掌握毛泽东思想的科学体系；高度评价了关于真理标准问题的讨论，确定了解放思想、开动脑筋、实事求是、团结一致向前看的指导方针；果断地停止使用'以阶级斗争为纲'这个不适用于社会主义社会的口号，作出了把工作重点转移到社会主义现代化建设上来的战略决策。"

20年后，江泽民在纪念党的十一届三中全会召开20周年大会上的讲话中说："十一届三中全会，是建国以来我党历史上具有深远意义的伟大转折。党的思想、政治、组织等领域的全面拨乱反正，是从这次全会开始的。伟大的社会主义改革开放，是由这次全会揭开序幕的。建设有中国特色社会主义的新道路，是以这次全会为起点开辟的。当代中国的马克思主义——邓小平理论，是在这次全会前后开始逐步形成和发展起来的。十一届三中全会是一个光辉的标志，它表明了中国从此进入了一个社会主义事业发展的新时期。"

30年后，胡锦涛在纪念党的十一届三中全会召开30周年大会上的讲话中说："这次会议，实现了新中国成立以来我们党历史上具有深远意义的伟大转折，开启了我国改革开放历史新时期。从此，党领导全国各族人民在新的历史条件下开始了新的伟大革命……党的十一届三中全会标志着我们党重新确立了马克思主义的思想路线、政治路线、组织路线，标志着中国共产党人在新的时代条件下的伟大觉醒，显示了我们党顺应时代潮流和人民愿望、勇敢开辟建设社会主义新路的坚强决心。"

第一章 历史拐点

这次全会增选了中央领导机构成员，实际上开始形成了以邓小平为核心的第二代中央领导集体。邓小平自己这样说过：我们真正的转折点是1978年底召开的十一届三中全会。

长期以来，中国共产党有个惯例，每次召开中央全会之前都要先召开中央工作会议，作为预备会。全会的议题和议案都须经工作会议充分酝酿，取得共识。说到十一届三中全会，不能不说到在全会前于11月10日召开的中央工作会议。正如十一届三中全会的公报所言："在全会前，召开了中央工作会议，为全会作了充分准备。"

这次中央工作会议的规模比较大，聚集了党、政、军的200多位领导人。走进会议大厅的人们神情庄重，他们大多是饱经沧桑、在"文化大革命"中受过迫害的老同志。当然，在"四人帮"当权时做了令人很不满意的事的人有，站在"两个凡是"立场上的人也有，但他们在人数上不占优势。虽然这时北京已进入寒气袭人的晚秋，但会议大厅却呈现出融融暖意。人们从交谈中隐约感觉到，这次会议预示着一个重要时刻就要到来。

按照原定的安排或设想，中央工作会议和十一届三中全会主要是讨论经济问题。华国锋在中央工作会议开幕式上宣布会议的3项议程是：一是讨论农业问题；二是商定1979年、1980年两年国民经济安排；三是讨论李先念在国务院务虚会上的讲话。

此时已是中国马年的岁末，奔忙一年、"到处点火"的邓小平已经对如何解决中国的问题成竹在胸，他的一些主张业已得到各省、市、自治区负责人的支持。因此，在中央工作会议开幕之前，他在中央政治局常委会上提出，建议在十一届三中全会上讨论自1979年1月1日起实现党的工作重点的转移问题，同时，对"两个凡是"问题和真理标准讨论问题作出结论。邓小平认为，"只有解决好思想路线问题，才能提出新的正确政策"。邓小平的提议得到了中央政治局大多数常委的赞同，华国锋被迫接受，同意工作会议在进入原定议程之前，先用两三天的时间，讨论工作重点转移问题。

在开幕式的讲话中，华国锋代表中共中央政治局常委宣布了会议要先进行关于党的工作重点转移问题的讨论，但只字不提在全国热烈展开的关于"实践是检验真理的唯一标准"的大讨论，也没有表示"两个凡是"应该否定。实际上，这是华国锋对于真理标准问题大讨论又一次采取"不表态、不卷入"的态度，引起了到会代表的不满。

开幕式之后，中央工作会议分为华北、东北、华东、中南、西北、西南等6个小组进行分组讨论。刚刚开始分组讨论，11月12日，在中国政坛沉默已久的陈云在东北组作了第一次发言，便使整个大会为之震动！

陈云在东北组的发言中讲道，从明年起把工作着重点转移到社会主义建设上来，我完全同意中央这一意见。安定团结也是全党和全国人民关心的事，干部和群众对党内是否能够安定团结，是有所顾虑的。对有些遗留的问题，影响大或者涉及面广的问题，是需要中央考虑和作出决定的。

陈云提出要把"文化大革命"大案"六十一人叛徒集团"翻过来，是因为他在延安担任中共中央组织部部长7年，深知这一案件的内情，认定"薄一波等61人出反省院是党组织和中央决定的，他们不是叛徒"。接着，陈云对"文化大革命"中的大案——陶铸以及王鹤寿案件提出尖锐意见："这些同志，现在或者被定为叛徒，或者虽恢复了组织生活，但仍留着一个尾巴，例如说有严重的政治错误。……我认为，专案组所管的属于党内部分的问题应当移交给中央组织部，由中央组织部复查，做出实事求是的结论，这些结论都应该放到当时的历史情况去考察。像现在这样既有中央组织部又有专案组，这种不正常的状态应该结束。"同时，陈云为彭德怀冤案提出平反。随后,他又提及了最敏感的话题——"天安门事件",认为"这是几百万人悼念周总理,反对'四人帮',不同意批判邓小平同志的一次伟大的群众运动,而且在全国许多大城市也有同样的运动。中央应该肯定这次运动"。最后,陈云还提出"康生同志的错误是很严重的,中央应该在适当的会议上对康生同志的错误给以应有的批评"。原来,康生在3年前病死时,中共中央在讣告中给他戴了3顶光辉的桂冠,即"无产阶级革命家""马克思主义理论家""光荣的反修战士"。

在1977年3月,陈云为了支持邓小平复出在中央工作会议上作过一次书面发言,但是他的发言被打入"冷宫"没有在大会简报上登出。这次会议开幕式上华国锋提议"畅所欲言",陈云的发言终于在大会简报上登出,使全体出席者都知道他在东北小组会上的"爆炸性发言"。

一石激起千层浪。陈云的"爆炸性发言"话虽不多,却扔出了5颗重磅炸弹,每一颗都精确地命中了目标。他的发言,使出席会议的代表们意识到,必须解决一系列大是大非的问题,必须解放思想、冲破"左"的禁锢,只有先解决这些问题之后,才能讨论那些具体的工作问题。大家群起响应,会议气氛一下子活跃起来。

华国锋极想尽早让大会按照他的3项议题的轨道"运行",所以在陈云发言后的翌日——11月13日,华国锋要求会议转入农业问题的讨论,并由纪登奎在大会上对两个农业文件进行说明。可是,会议并没有被华国锋"纳入"轨道,各组在讨论时,纷纷对陈云的讲话作出热烈反响,打乱了华国锋的部署。

东北组对陈云的讲话普遍支持,这是因为在东北三省中黑龙江和辽宁在真理标准问题大讨论中是冲在最前面的省份之一,而吉林则是邓小平在前不久作了重要谈话的省份。

陈云提出了"文化大革命"中遗留的一系列大是大非的问题，而他的发言又引发了一系列"文化大革命"遗留的诸多问题。种种问题，几乎桩桩件件都涉及毛泽东。只有冲破毛泽东当年"左"的种种批示，才能彻底加以解决。然而，"两个凡是"成了最大的拦路虎。如果推倒了"两个凡是"，那就什么问题都解决了！

在这许许多多的历史积案中，最为迫切、亟待解决、呼声最高、影响最大的，要算"天安门事件"。邓小平的复出，本来就意味着对"天安门事件"是"反革命事件"的否定。然而，华国锋却硬要解释为"天安门事件"仍是"反革命事件"，邓小平的复出只是由于事实表明邓小平与"天安门事件"无关，不是"天安门事件"的"总后台"。大家都知道，华国锋坚持"天安门事件"不能平反，他打的是"两个凡是"的挡箭牌——"天安门事件"是"反革命事件"，这是"伟大领袖毛主席决定的"。实际上，"天安门事件"与华国锋本人休戚相关——他深知，一旦这道防线被突破，这将直接动摇自己的政治根基。

陈云再次提出要为"天安门事件"平反，他一呼百应，在会上形成了一股强大的声势。许多老同志都坚决支持陈云的发言。这样，华国锋不得不表示接受党内压倒性多数的意见，为"天安门事件"平反。

11月14日，经中共中央政治局常委会批准，中共北京市委郑重宣布："1976年清明节，广大群众到天安门广场沉痛悼念敬爱的周恩来总理，愤怒声讨'四人帮'，完全是革命行动。因参加此事件而被捕的338人中没有一个人是反革命。对于因悼念周恩来、反对'四人帮'，而受到迫害的同志，一律平反，恢复名誉。"

根据与会同志的愿望和提出的意见，中共中央政治局常委会作了认真研究。11月25日，中央工作会议召开全体会议，华国锋代表中共中央政治局在会上正式宣布:"天安门事件"完全是革命的群众运动,为"天安门事件"公开彻底平反;反击右倾翻案风是错误的,有关反击右倾翻案风的文件全部予以撤销。因所谓"二月逆流"一案受冤屈的所有同志,一律恢复名誉,受牵连和处分的,一律平反;薄一波等61人的问题是一重大错案,予以平反;彭德怀、陶铸对党和人民有重大贡献,予以平反;为杨尚昆平反,重新分配工作;康生、谢富治有很大民愤,对他们进行批判是合理的,等等。

会议进行到11月下旬,华国锋建议,从27日起会议转入对1979年、1980年两年国民经济计划和李先念在国务院务虚会上的讲话的讨论。但是,尽管重大的历史遗留问题基本解决了,可是党在指导思想方面的问题并没有得到充分的检讨,如何保证经济工作有一个正确的指导思想,与会同志还是耿耿于怀的。

根据会议的进展情况和历史发展的需要,中央政治局常委会决定放手让大家讲话,真正让大家畅所欲言。与会者对主张"两个凡是"的同志进行了严肃的批评,真理标准讨论再掀高潮。与会者一致认为工作重点转移的条件已经成熟,时机也适当,实行改革开放的方针也进行了初步酝酿。本来这次中央工作会议的议题中没有人事问题一项,但在会议进行中,中央政治局接受了与会者的建议,讨论了人事问题。

中央工作会议开得如此热烈,如此民主,如此富有建设性,是大多数与会者不曾料想到的。这次会议是党内高层一次久违了的真正的民主会议,会议突破了原来的议题,成为全局性的拨乱反正和开创新局面的会议。

12月13日下午4时,中央工作会议举行闭幕式。邓小平作了题为《解放思想,实事求是,团结一致向前看》的重要讲话。他指出:"目前进行

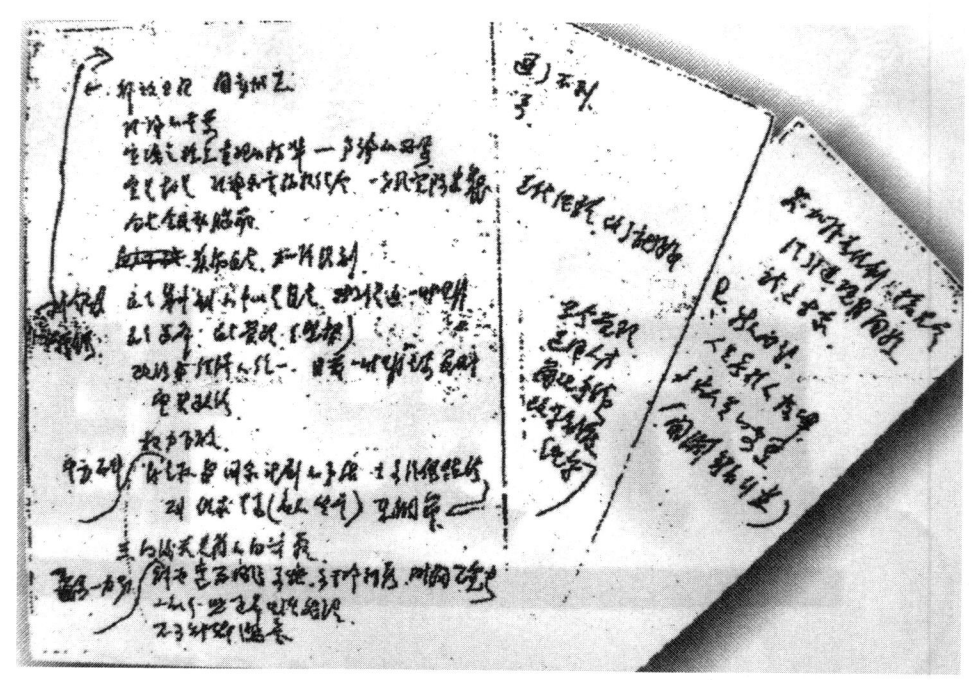

◇ 邓小平在中央工作会议闭幕会上讲话的提纲手稿

的关于实践是检验真理的唯一标准问题的讨论，实际上也是要不要解放思想的争论。大家认为进行这个争论很有必要，意义很大。从争论的情况来看，越看越重要。一个党，一个国家，一个民族，如果一切从本本出发，思想僵化，迷信盛行，那它就不能前进，它的生机就停止了，就要亡党亡国。……只有解放思想，坚持实事求是，一切从实际出发，理论联系实际，我们的社会主义现代化建设才能顺利进行，我们党的马列主义、毛泽东思想的理论也才能顺利发展。从这个意义上说，关于真理标准问题的争论，的确是个思想路线问题，是个政治问题，是个关系到党和国家的前途和命运的问题。"

本来闭幕式一结束，中央工作会议也应该结束。但与会者纷纷要求延长两天来学习和讨论邓小平的讲话。于是，随后的两天，会议分组进行了讨论。12月15日，长达36天的中央工作会议才落下帷幕。

19年后，第三代领导核心江泽民在中共十五大报告中高度评价说：邓小平在中央工作会议上的讲话是"开辟新时期新道路、开创建设有中国特色社会主义新理论的宣言书"。今天，翻开《邓小平文选》，细心的读者一定会发现，在邓小平讲话的这篇文章的标题下面有一段具有特别意义的题解：这是邓小平同志在中央工作会议闭幕会上的讲话，这个讲话实际上是三中全会的主题报告。将邓小平在中央工作会议上的讲话郑重地作为三中全会的主题报告，这种罕见的情况是有特殊原因和特别意义的。

早在中央会议开始前，有关同志根据邓小平的意见准备了一个讲话稿。改定的稿子，主要是两个部分：第一部分论述了工作着重点转移的几方面的历史意义；第二部分论述如何实现这个转变。但是到会议期间，会议形势出乎意料地发生了变化，僵局已被打破。邓小平敏锐地觉察到历史性转折的机遇出现了。在这种情况下，工作重点转移问题已不是那么突出了，许多新情况、新问题提出来了。于是，邓小平以战略家的眼光和思维，亲拟提纲，并提出了整体框架和思路。

12月2日，邓小平约胡耀邦、胡乔木、于光远等在家中谈话，谈讲话稿的重新起草问题，并拿出了自己亲笔所写的讲话提纲。在重新起草和修改过程中，邓小平又与起草者谈话，逐条逐字地审阅，并亲自拟定讲话的题目。

邓小平的这个讲话，提纲挈领地抓住了历史转折中最根本的问题，指出了"文化大革命"以后中国向何处去的正确方向和指导思想。它以全新的理论视角，启发了全党的思路，振奋了人们的精神，对于推动整个国家走向建设有中国特色的社会主义道路起到了关键性作用。解放思想，实事求是，团结一致向前看，从此成为中国人民团结奋斗、一心一意搞经济建设的基本口号，成为新时期改革开放的宣言书。

在中国共产党的历史上，有两次会议对普通百姓来说称得上是家喻户晓、深入人心——一次是遵义会议，一次则是十一届三中全会。十一届三中全会于中央工作会议结束后的第三天召开。由于中央工作会议作了充分的准备，十一届三中全会会期虽短，但是实现了从"两个凡是"到实事求是的转变、从以阶级斗争为纲向以经济建设为中心的转变、从封闭和固守成规向改革开放的转变。全会发起了推动中国社会加速发展的"第二次革命"，宣告了中国新的历史时期的到来。

中共十一届三中全会的召开，使中国的历史出现了大转折，即从以阶级斗争为纲转到以经济建设为中心的轨道上来。为保证这一决策顺利实施，中共高层领导核心做了一系列的调整。

中共十一届三中全会的全称是"中国共产党第十一届中央委员会第三次全体会议"，那么，出席会议的应是中共中央委员或者中共中央候补委员。然而，令人不解的是，好几位在中共第十一届中央委员名单上找不到名字的人物，坐到了委员席上，他们是黄克诚、宋任穷、胡乔木、习仲勋、王任重、黄火青、陈再道、韩光、周惠，共9位。

◇ 十一届三中全会上的邓小平

这是在特殊历史条件下采取的特殊措施。因为中共十一大是在粉碎"四人帮"之后不久召开的,有许多干部在"文化大革命"中蒙受的冤屈还来不及拂去,还没有被选为中共中央委员。然而,如果要等到中共十二大,又太晚了。所以,中共十一届三中全会决定采取临时措施,把黄克诚等9位增补为中共中央委员或中央候补委员,将来提请中共十二大对这一增补手续予以追认。

大会一致同意,增选陈云为中共中央政治局常委、中共中央副主席,他还被选为中共中央纪律检查委员会第一书记;增选陈云、邓颖超、胡耀邦、王震为中共中央政治局委员。

正如遵义会议确立了毛泽东的领袖地位一样,中共十一届三中全会确立了邓小平的领袖地位。正因为这样,1935年的遵义会议和1978年的中共十一届三中全会,都成为中共历史上的转折点。

邓小平是这样论述中共两代领导集体核心的:"任何领导集体都要有一个核心,没有核心的领导是靠不住的。第一代领导集体的核心是毛主席。因为有毛主席作领导核心,'文化大革命'就没有把共产党打倒。第二代实际上我是核心。"

★ 拨乱是为了反正,把被颠倒的历史颠倒过来。面对世界名记者咄咄逼人的提问,既反右又反"左"的邓小平声称天安门上的毛主席像"永远要保留下去"

1977年2月,天还很冷,在北京西山25号,邓小平夫妇热情地接待了陶铸的遗孀曾志和他们的女儿陶斯亮。她们母女是来向邓小平递交陶铸冤案的申诉材料的。虽然当时邓小平还没有复出,但她们相信,凭着邓小平对陶铸的了解,只要他出来工作,就一定会过问陶铸的平反问题的。

曾志递上申诉材料时,滔滔不绝地诉说陶铸的冤案和她们母女在"文化大革命"中的遭遇。邓小平接过材料,没有看,只轻声地说了句:"是陶铸的问题,我知道。"就把材料放下了。

此后大约一个小时,只是曾志母女俩说,邓小平认真地听,但一言不发,直到把她们送出门外,他也没对这个问题表态。

回去的路上,陶斯亮感到非常失望,对妈妈说:"看来又白跑一趟了,说了半天,连一句话也不给。"与邓小平相交多年、深知邓小平性格的曾志却不以为然——她知道,这种情况下,邓小平是不会随意表态的,因为这时他还没有正式出来主持工作呢。

1977年12月10日,在叶剑英、邓小平、陈云等竭力举荐下,中共中央任命胡耀邦为中组部部长。15日,胡耀邦在中组部前院的鞭炮声中走马上任了。鞭炮声既是欢迎,更是期望,胡耀邦感到肩上担子的分量沉甸甸的。

胡耀邦觉得，既然有远见的老同志极力将自己推到中组部部长这个重要的岗位，他就应当不顾风险，尽自己的最大力量，实施大家希望的主张，让自己的所作所为符合民意和党心。他决定首先抓组织路线方面最敏感、最迫切的平反冤假错案工作，作为冲破"两个凡是"、拨乱反正的突破口。

在就任的当日，胡耀邦在中组部全体干部会上，将中组部当时面临的形势概括为："积案如山，步履艰难。"他对中组部同志郑重提出3条要求：要恢复党的优良传统和作风，扫除"门难进，脸难看，话难听，事难办"的恶习，将组织部门办成党员之家、干部之家；任何人不得阻拦找我的受冤挨整的老同志，任何人不得扣压或擅自代行处理寄给我的信件；成立老干部接待组，接待老同志的来信来访工作。

堆积如山的冤案要昭雪，错案要平反，假案要纠正，这是当时摆在中组部面前的最为迫切的任务。胡耀邦在邓小平、陈云等老同志的支持下，在广大人民群众的支持下，冲破重重阻力，大刀阔斧地开展工作。

不出曾志所料，邓小平复出后过问的第一件事就是陶铸的问题，他指示中组部尽快解决陶铸问题，并指定由信得过的专人负责。不久，邓小平又对陶铸的平反问题专门作了批示："经过复查，过去把他定为叛徒是不对的，应予以平反。"不久，陶铸的冤案终于昭雪。从此，站在时代潮头的历史巨人邓小平，以他的睿智与魄力，开启了共和国拨乱反正之舵。

继十一届三中全会为彭德怀、陶铸平反后，从1979年起，中共中央开始大张旗鼓地为形形色色的冤假错案进行平反。彭真、罗瑞卿、陆定一、杨尚昆、邓子恢、习仲勋、黄克诚等老一辈无产阶级革命家被平反并恢复了名誉；强戴给中宣部的"阎王殿"、文化部的"帝王将相部"、体委的"独立王国"等中央和国家机关的枷锁被撤掉;"三家村反党集团""乌兰夫反党叛国集团""上海地下党案件"等地方性大冤案被彻底平反昭雪……拨云见青天,万民获新生,含冤而死者若九泉之下有知,也一定会无限欣慰。

在整个平反冤假错案的工作中,影响最大的是为前中共中央副主席、中华人民共和国主席刘少奇平反昭雪。顶着"叛徒、内奸、工贼"的罪名,刘少奇于1969年11月12日在河南开封溘然长逝。这是我党历史上最大的冤案。对刘少奇作出不公正的判断和不正常的处理,是我们党所犯的一项严重错误。为刘少奇平反,是党的历史上和国家生活中的一件大事。要不要公开为刘少奇平反,作出决定是很不容易的。刘少奇的案件,牵涉"文化大革命"的全局,关系党和国家历史的真相。

关键时刻,邓小平站出来:"勇于纠正错误,这是有信心的表现。这样全国人民才能心情舒畅,大家向前看,一心搞四化。"并直接指导和关心为刘少奇平反的工作。据刘少奇夫人王光美回忆:"三中全会后,我分配了工作,又当了政协委员,这也是因为小平、耀邦的关照。我出来后,因少奇问题没解决,我也不便露面。一次政协开会,华国锋、小平等都在主席台上,散会时,我想我应该去和他们打个招呼,我向主席台走去。小平看见了我,显得很激动,老远就站了起来。他一站起来,华国锋也只好站起来,主席台上的人都站了起来,全场爆发一片掌声。当时我心里很激动,因为少奇平反当时阻力很大,涉及对'文革'的根本否定,华国锋是不赞成的。小平这样做,实际上是表示了一种姿态,发出一个信号,是对少奇平反的促动。"

在邓小平的推动下,中共十一届五中全会一致通过《关于刘少奇同志平反的决议》。随后在北京人民大会堂为刘少奇举行万人参加的追悼大会上，邓小平怀着无比沉痛的心情致悼词:"敬爱的少奇同志离开我们已经10多年了。林彪、江青一伙制造伪证,隐瞒真相,罗织罪名,企图把他的名字从中国革命的历史上抹掉。但是,正如少奇同志在处境最艰险时所说'好在历史是由人民写的',历史宣告了林彪、'四人帮'一伙阴谋的彻底破产。历史对新中国的每个创建者和领导者都是公正的,不会忘记任何人的功绩。"追悼会后,在雄壮激昂的《国际歌》乐曲声中,邓小平稳步走到王光美面前,紧紧握着她的手,神情庄重地说:"是喜事,是胜利!"

日后,王光美回忆此时的心情时说:"整个追悼会我强忍着没有掉泪,但当我听到邓小平的这两句话时,我再也忍不住了。我为少奇庆幸,他结识了小平这样一位知音。有小平掌舵,少奇毕生所追求的中国社会主义事业就大有希望。"

刘少奇冤案的彻底平反,使直接受到"共和国第一冤案"牵连、遭到迫害甚至判刑的2.8万人都获得了新生;同时,也带动了整个平反冤假错案工作的进行。据统计,从1978年底到1980年,邓小平先后参加了13次追悼会,为51位含冤逝世的同志敬献了花圈,并多次主持追悼会或致悼词。到1982年底,大规模的平反工作基本结束,有300多万名干部的冤假错案得到平反,47万多名共产党员恢复了党籍,数以千万计的因与这些干部有亲属关系或工作关系而受到株连的干部和群众也由此得到解脱。历史的悲剧结束了,中国共产党和中国人民从此沿着正确的轨道轻装前进。

随着国家的社会主义民主和法制建设的逐步恢复和国家立法与司法工作的不断加强,如何尽快满足全国人民要求惩处林彪、"四人帮"集团主犯的愿望,对在"文化大革命"中严重破坏民主与法制,践踏国家法律的林彪、"四人帮"集团,诉诸法律、依法进行处理的问题,就逐步提到党和国家的议事日程上来了。

1979年8月，中共中央主持召开全国对林彪、"四人帮"集团两案审理的座谈会，初步讨论了对"两案"审理将会涉及的一些问题。这表明，对两案审理的准备工作已经逐步展开。但是，究竟审哪几个人，审什么，怎么审，在党内高层认识不完全一致，尚未作出最后的决断。

为了解除思想上的障碍，这年9月3日，中共中央政治局常委召开会议，听取胡耀邦代表中央"两案"审理小组的汇报。邓小平发表了关键性的意见，明确表示："应该判刑的人中，有些人罪很大，是要判无期徒刑的。判刑人的多少、判几个要看罪行。黄、吴、李、邱，还有陈伯达可算一案。王、张、江、姚也作为一案。把他们作为篡党夺权、阴谋政变的集团案子来处理。不要一个一个地去判，按集团把起诉书写出来。审判的时候注意把他们的主要罪行，即祸国殃民的罪行写出来就行了。其他小的罪行不一定写那么细。不在于列多少条的罪行，关键在于他们祸国殃民、阴谋政变、篡党夺权。"

邓小平这番关于"两案"审理的基本原则的讲话，得到了中央常委的赞同。这就为下一步的"两案"审理工作创造了条件，也使审理工作取得了突破性的进展。

磬南山之竹书罪未穷，决东海之波流恶难尽。"两案"审理小组从浩如烟海的档案材料、大量的人证和物证中去粗取精、去伪存真，在起诉书中列入了林彪、江青反革命集团4大罪状、48条罪行。中央决定成立特别法庭对林彪、江青反革命集团主犯进行审判。经特别检察厅审查确认，林彪、江青反革命集团主犯有16人，其中林彪、康生、谢富治、叶群、林立果、周宇驰等6人已经死亡，不再追究刑事责任。

1980年11月20日下午，全中国、全世界都把目光投向了北京正义路

第一章 历史拐点

1号那座威严的法庭。世人翘首等待的公开审判林彪、江青反革命集团的历史性时刻终于来临了。王洪文第一个被押上了被告席。接着,姚文元、江腾蛟、邱会作、吴法宪、黄永胜、陈伯达、李作鹏、张春桥、江青等9名主犯先后站到了被告席前。这群"文化大革命"中的显赫人物全然没有了当年的威风,一个个神情木然、目光呆滞。只有江青的举手投足还保留着她惯有的那种矫揉造作的姿态,使人感到,说她是个离开了"斗争、刺激和阴谋"就没法活的女人的话,实在是入木三分。

1981年1月25日上午,全世界的新闻媒介几乎都聚集北京。特别法庭开庭,对10名主犯终审判决。这是大快人心的判决,这是人民的判决、历史的判决、正义的判决。至此,轰动全球的"超级审判"结束。

恢复高考制度是邓小平复出后的一项重要决策,也是对"文化大革命"拨乱反正的一个重要标志,标志着党开始从"以阶级斗争为纲"转向

◇ 1980年11月20日至1981年1月25日,审判林彪、江青反革命集团现场

以经济建设为中心，转向重视知识、重视人才的正确方向上来，重新确立了选拔人才的公平、公正和平等竞争的原则。1952年，我国第一次实行大学统一招生，建立起了新中国高考制度。从1952年一直到"文化大革命"前，高等学校招生实行全国统一命题、一次考试、分批录取的办法。由于"文化大革命"的爆发，高考制度被迫中断。到1976年10月粉碎"四人帮"时，高考制度已经整整废除了10年，国家出现了严重的人才断档，广大群众对实行推荐选拔的大学招生制度非常不满，"人民来信"如雪片般飞向教育部。

面对教育界急需解决的一系列重大问题和来自人民群众的呼声，邓小平的心情十分急切。在他尚未复出之时，他就在一直关注科技教育界这个十年动乱中历经劫难的重灾区，并在脑子里开始筹划改革高等学校招生制度和恢复高考制度。

1977年7月下旬，刚刚出来工作的邓小平分管科学和教育工作，邓小平抓的第一件事就是召开"科学和教育工作座谈会"，听取对科学与教育工作的意见。中科院由方毅选定出席人员的名单，并事先在中科院范围内召开了一周的座谈会，每天都把座谈会的情况向邓小平汇报。

"科学和教育工作座谈会"在人民大会堂江苏厅举行。参加会议的有33位老中青专家学者和教育工作者，还有教育部、中国科学院和国务院政治研究室的负责同志。方毅、胡乔木、李昌、武衡等也参加了……邓小平身着白衬衣、绿军裤、黑布鞋来到会场。开会第一天，开了一个带有预备性质的会。邓小平采取同科学家们自由交谈的方式讲了一些话。邓小平从那天到会的人说起，他说："到会的科学家中，只有少数人认识，说过话的一个也没有。看来多数在四五十岁，比我岁数大的只有两三位，我看有希望。"然后他交代召开这次会议的目的，就是想听听大家的意见，他讲自己有一个想法:"要实现四个现代化,就必须从科学教育入手,所以中央、国务院讨论分工时,我自告奋勇管科学和教育,中央也同意了,赶上世界先进水平从何着手呢?就从科学和教育着手,我这次主要是听听大家的意见,向大家学习。"他要求参加会议的同志们畅所欲言,有什么好的意见都讲出来,发言可长可短,把会议开得生动活泼。

8月4日会议一开始,邓小平就会议的目的作了说明。在尝够"闹而优则仕"的折腾后,听到邓小平把科教放在先行的地位,短短一句话,在座的科技工作者都为之感动、激动。邓小平说了一句幽默的话,"外行管你们这些内行",这个工作"方毅与我一起抓","说他帮我或者我撑他的腰都可以。我说些空话,放点空炮,助点威风"。他宣布座谈会由方毅主持,他有时间就到,没有时间就到不了,不可能都到,但是座谈纪要是肯定要看的。可是5天的会议他一天都不缺地全到了。

会议的会场座位是排成环形的。每日的上下午讨论,邓小平自始至终参加双向交流,平等地与大家讨论,不时地插话。从他一开始讲了话以后,大家就踊跃发言,七嘴八舌,争着要把心里话向他讲出来。当时经过"文化大革命"10年的破坏,百废待兴,涉及的问题很多,但在邓小平的引导之下,讨论很快就集中到主要问题上来了。

8月5日的会议上,吉林的同志控诉了"四人帮"残酷迫害科技人员的罪行,列举了一个涉及16省、市、自治区上千人的大案,邓小平表示,平反冤假错案,一定要设法加快,不采取一个人一个人复查,而可以采用集体复查后一风吹的办法。邓小平强调,必须保证科技人员一周至少有六分之五的时间用于业务工作。邓小平还强调,要有奖惩办法,但要以奖励为主,要用谈心的方法在政治思想上进行帮助,对"文化大革命"中违心地讲了错话的科技人员要注意加以保护,除了精神鼓励,还要采取其他一些鼓励措施，包括改善他们的物质待遇，等等。他专门强调了要加强科研与教育的后勤工作，并表示要当大家的后勤部长。

8月6日上午，会议集中谈了教育工作中几个亟待解决的问题。一个是"两个估计"问题，大家认为，"四人帮"对教育破坏极大，危害极重，但至今，他们给教育战线定下的罪名没有清洗，重大的路线是非问题没有得到澄清，因此，教育界的干部不敢抓工作，教师不能全身心投入工作，教师持观望态度，积极性难以调动。大家提出这个问题后，邓小平马上明确表态，指出："对全国教育战线17年的工作怎么估计？我看，主导方面是红线。应当肯定17年中，绝大多数知识分子，不管是科学工作者还是教育工作者，在毛泽东思想的光辉照耀下，在党的正确领导下，辛勤劳动，努力工作，取得了很大成绩。特别是教育工作者，他们的劳动更辛苦。"对知识分子的评价，邓小平指出，我国知识分子的绝大部分是自觉自愿为社会主义服务的。

座谈会上大家讨论的一个热点问题是高校招生问题。在讨论"两个估计"时，8月6日下午的会议大家自发地转移到了这个热点问题上。当时，教育部以"来不及改变"为由，决定仍然维持"文化大革命"时的招生办法，及推荐工农兵学员上大学的办法，而且，教育部已经将1977年的招生方案制定好并上报中央了。会上，大家纷纷表示反对，认为这样的"凭老茧上大学""交白卷上大学"的大学招生办法是胡闹，根本就不利于"四化"建设的人才需要，为了早出人才，再也不能搞这种荒唐办法的大学招生了，大家建议立即恢复"文化大革命"前的做法，并建议如果时间来不及，可以推迟当年的招生时间，推到冬季招生。邓小平听了大家的意见后，态度明朗，表示支持大家的这一想法，当即要求教育部的同志马上把报送中央的报告追回来。邓小平的明快果断，当即赢得了全场热烈的掌声。

第一章 历史拐点

随后,邓小平对教育部起草的招生文件亲自进行了修改和审定。他认为文件中的政审条件太烦琐,说:"政审,主要看本人的政治表现。政治历史清楚,热爱社会主义,热爱劳动,遵守纪律,决心为革命学习,有这几条,就可以了。总之,招生主要抓两条,第一是本人表现好,第二是择优录取。"

"积压"了10多年的几千万中学生,甚至是已届而立之年的"老三届"们,终于得到了一个机遇,一个能使人激动、幸福而又焦急得落泪的历史机遇。这一年冬天,570万考生走进了曾被关闭10年之久的考场。当年全国高校录取新生27.3万人。半年后,610万人报考,录取40.2万人。当时百废待兴的中国居然拿不出足够的纸张来印试卷,一时间洛阳纸贵。为了解决恢复高考后第一届77级的急需考卷用纸的困难,中央决定调用印刷《毛泽东选集》第5卷的纸张。

历史的"轮回"终于带来了"尊重知识,尊重人才"的大转折。科学的春天也终于来临了。

十一届三中全会后,随着拨乱反正的开展,"左"的错误逐步被纠正,真理标准问题的讨论逐渐深入,个人迷信的禁锢被打破了,人们开始不再怀疑毛泽东也是人、也会犯错误这样一个普通而浅显的道理了。但是,对于毛泽东到底犯了哪些错误,犯了什么性质、什么程度的错误,人们一时间还很难取得一致。有的人仍未摆脱个人崇拜的影响,不愿接受毛泽东犯有错误这样的事实;有的人则出于对"左"倾错误所造成后果的愤恨,存在偏激心理,把一切错误都归罪于毛泽东个人。

1979年3月30日,邓小平在党的理论工作务虚会上发表讲话,鲜明地提出了必须坚持社会主义道路、坚持无产阶级专政、坚持共产党的领导、坚持马列主义毛泽东思想,对来自"左"的和右的两个方面的错误思潮进行了批评。坚持四项基本原则中的"四个坚持"以前都曾提出过，但邓小平把它们综合起来，形成了一个新的政治概念，并将之作为立国之本，这就是一个理论上的创新，这源于他对中国问题的深刻认识。四项基本原则的提出，为共和国大厦撑起了4根擎天巨柱，使共和国遇狂澜而不倒。针对当时出现的反对毛泽东思想的错误思潮，邓小平指出："中国革命和建设的一系列胜利，离不开毛泽东思想，毛泽东的一生为中国人民作出了不朽的贡献，但毛泽东同任何人一样，也有他的缺点和错误。在分析他的缺点和错误的时候，我们当然要承认个人的责任，但是更重要的是要分析历史的复杂的背景。只有这样，我们才是公正地、科学地也就是马克思主义地对待历史，对待历史人物。"

1980年，毛泽东逝世后的第4年，中国的改革开放已进入了第2个年头。这年7月30日上午，在天安门广场上很少见到的一辆大吊车和一辆加长大卡车开到了人民大会堂前。开始，人们并没有注意，很快当地人和外地观光客便围了过去，看个究竟。他们看见吊车的吊斗把带着工具的人送到大会堂前面的巨幅毛泽东画像前，工人开始用工具慢慢拆下毛泽东画像。

围观的人越来越多，忽听人群中有人大声喊："毛主席像不能摘！"然而，更多的人则是以严肃的表情默默地注视着眼前发生的事情。但是，当大吊车用钢绳拔下大会堂前两块巨幅标语的一瞬间，引来了一片斥责声。

同样的行为在全国相继展开。毛泽东的画像从会议室摘下，从教室摘下，从走廊上摘下。楼墙上及砖墙上粉刷多年的"毛主席语录""最高指示"或被覆盖或被清洗。据当时报道，有些塑像因太大太坚固，不得不使用了炸药。

人们总是认为天安门广场是中国政治的神经末梢，是最为敏感之处。

第一章 历史拐点

天安门广场率先发生的行为立即引起了国人及世界舆论的关注，种种公开的和私下的评论开始了。西方有的报刊说"毛泽东时代从此结束"，港台报刊则预言"大陆批毛，势在必行"，国内的老百姓也越发关注中央的态度。

针对全世界的关注，中共中央在这年8月11日发了一个文件，要求全国各地"少宣传个人"。这个文件中明确指出，毛主席的画像、语录和诗词，过去在公开场所挂得太多，这样做很不庄重，也有损毛泽东同志的形象，今后要减少到必要程度。

10天过后，也就是8月21日，著名的意大利女记者法拉奇来到中国并采访邓小平。法拉奇以采访首脑人物著称，以报道世界风云闻名于世。法拉奇以提问尖锐而令许多国家的领导人避而远之，外交场上的"猎鹰"基辛格就曾被法拉奇的提问弄得下不来台，他说过："接受法拉奇采访是我一生中最愚蠢的事情。"

中国的政治宣传有一个显著特点，许多新的立场、观点，往往是通过会见记者，通过记者的笔向世人公告，而不同于西方国家领导人的电视讲话等方式。当年毛泽东是这样，如今邓小平也是这样。当邓小平知道法拉奇来访时，他想了一下，果断地说："见！让我看看，她到底有多厉害。"同时，他也深知，他将要说出的每一句话的分量。

法拉奇走进邓小平的办公室，问候之后，邓小平伸出右手作了请坐手势。法拉奇没有一句客套的开场白，她单刀直入，一开口就提出一个火辣辣的问题："天安门上的毛主席像，是否要永远保留下去？"

近年来，披露开国大典盛事内幕的文章在报刊上比比皆是，可天安门毛泽东画像后面的故事却鲜为人知。天安门地区管理委员会的同志介绍了当年的详情：中国人民政治协商会议第一次会议决定成立以周恩来同志为主任的开国典礼筹委会。筹备会认为：中国共产党领导中国人民用血肉铺就了新中国诞生的道路，胜利来之不易。这是可喜可贺、普天同庆的盛事。举行盛大的庆典，要庄严、隆重、热烈、喜庆，大典的一切工作都要围绕这一主题。人民的心中有一杆秤，没有共产党、毛主席就没有新中国，悬挂毛主席像正是人们的愿望。

装修天安门的工作交给了当时的华北军区政治部宣传部，真正落实工作的是宣传部所属的文工团舞美队，也就是后来的北京军区战友文工团。天安门两侧红墙上，要写上两幅巨大的庄重醒目的横幅标语："中华人民共和国万岁！""中央人民政府万岁！"这是新闻总署署长胡乔木拟定的。又经胡乔木建议，将东侧原来的"中央人民政府万岁"更换成"世界人民大团结万岁"。对此，胡乔木曾这样解释道：天安门上的两条标语，一条写"中国"，一条写"世界"，既有民族意义，又表达了国际主义精神，无论何时都是适用的。

而画毛主席画像的任务责无旁贷地落在了由徐悲鸿任院长的国立艺专（中央美术学院前身）实用美术系的讲师、画家周令钊身上。任务之所以交给周令钊，是因为早在1949年4月20日在北平六国饭店举行的国共和谈中，布置会场的他画的一幅毛主席戴八角帽的油画就悬挂在会议室内，得到了中共领导的一致好评。此后，几代人为天安门主席像画像，每年至少一张，有时两张。

法拉奇的提问果然咄咄逼人，然而邓小平也不含糊，回答得十分干脆。他说："永远要保留下去。过去毛主席像挂得太多，到处都挂，并不是一件严肃的事情，也并不表明对毛主席的尊重。尽管毛主席过去有段时间也犯了错误，但他终究是中国共产党、中华人民共和国的主要缔造者。"法拉奇被邓小平坦率、客观的态度和大度从容的风度吸引住了，静

◇ 1980年8月21日,邓小平会见意大利女记者法拉奇

静地略有所思地倾听着。

紧接着,法拉奇更尖锐地说:"对于西方人来说,我们有很多问题不理解。中国人民在讲起'四人帮'时,把很多错误都归咎于'四人帮',说的是'四人帮',但他们伸出的却是5个手指。"

邓小平很清楚"5个手指"的所指,但他并不回避,指出:"毛主席的错误和林彪、'四人帮'问题的性质是不同的。毛主席一生中大部分时间是做了非常好的事情的,他多次从危机中把党和国家挽救过来。没有毛主席,至少我们中国人民还要在黑暗中摸索更长的时间。但是很不幸,他在一生的后期,特别在'文化大革命'中是犯了错误的,而且错误不小。……我们要对毛主席一生的功过作客观的评价。我们将肯定毛主席的功绩是第一位,他的错误是第二位的。我们不会像赫鲁晓夫对待斯大林那样对待毛主席。"邓小平抽出一根烟,点着,继续说道:"他为中国人民做的事情是不能抹杀的。从我们中国人民的感情来说,我们永远把他作为我们党和国家的缔造者来纪念。"

在接下来的采访中,法拉奇又两次提到天安门广场,一次是关于毛主席纪念堂,一次是天安门前的马、恩、列、斯像。看来,法拉奇始终注视着天安门广场这个中国政治的晴雨表。

邓小平谈道:"粉碎'四人帮'后,建毛主席纪念堂,应当说,那是违反毛主席自己的意愿的。50年代,毛主席提议所有的人死后都火化,只留骨灰,不留遗体,并且不建坟墓。毛主席是第一个签名的。我们都签了名。中央的高级干部、全国的高级干部差不多都签了名。现在签名册还在。粉碎'四人帮'以后做的这些事,都是从求得比较稳定这么一个思想考虑的。"

说到这儿,法拉奇又敏感地问道:"那么毛主席纪念堂不久是否将要拆掉?"邓小平打着手势作答:"我不赞成把它改掉。已经有了的把它改变,就不见得妥当。建是不妥当的,如果改变,人们就要议论纷纷。现在世界上都在猜测我们要毁掉纪念堂。我们没有这个想法。"

又谈了一会儿,法拉奇提到天安门广场上的画像,她说:"在天安门我看到了马、恩、列,特别还有斯大林的画像。这些像,你们是否要保留?"法拉奇的提问确实与众不同,往往含而不露,却又一个圈套接一个圈套。如果说问及天安门毛主席像是牵连着对毛泽东如何评价的问题，那么问及马、恩、列、斯像就如同问中国如何对待马列主义，是否走社会主义道路。

邓小平避重就轻，言简意明，他说："要保留。'文化大革命'以前，只在重要节日才挂出来。'文化大革命'期间才改变了做法，经常挂起。现在我们恢复过去的做法。"

法拉奇对邓小平的采访，分多次进行，用了4个小时。邓小平的坦率、真诚、客观、冷静以及坚定的信念和敏捷的思维，给法拉奇留下了深刻的印象。邓小平事后说他的被采访"考试及格"。不难看出，这次采访，透过天安门毛主席像、毛主席纪念堂等问题，实际上提出的是一个如何评价毛泽东功过的大问题。

早在几个月前，邓小平就已看出了这个问题的紧迫性，他曾对中央负责同志说："一切都很清楚，人们都在等。从国内来说，党内党外都在等。你不拿出一个东西来，重大的问题就没有一个统一看法。"

中央也早在法拉奇采访邓小平之前，在1980年3月，就已着手起草《关于建国以来党的若干历史问题的决议》。从这年3月到1981年6月，邓小平曾多次谈过对决议稿的起草和修改的意见。

参与过《历史决议》起草工作的著名党史研究专家龚育之接受笔者专访时说，最早提出作历史问题决议，应该说是在党的十一届三中全会——全会公报认为，关于"文化大革命""实际过程中发生的缺点、错误，适当的时候作为经验教训加以总结，统一全党和全国人民的认识，是必要的，但是不应匆忙地进行"。龚育之回忆说："《历史决议》的起草工作，在十一届四中全会结束后不久就开始了。中央组织了由乔木同志负责的历史决议起草小组，二十来个人吧。陆续有人加入，也有人离开。写作的地方，是万寿路新六所的一号楼。一共搞了无数次稿。这不是夸大其词，是没有法子计算次数。当然，主要的正式的有几次，是可以说得清楚的。"

1980年3月，起草小组经过材料准备、酝酿讨论，提出了一个几千字的提纲。龚育之这样回忆："这个提纲送给乔木同志，送给小平和耀邦等中央领导同志看了。3月15日，乔木同志有一次谈话，谈到《历史决议》要注意写的两个问题。一个是为什么发生'文化大革命'。他认为，现在说'文化大革命'错了不难，但是必须答复为什么发生这个错误。不答复这个问题，决议就失掉价值。一个是毛泽东思想的实质，不答复这个问题，坚持毛泽东思想这个口号就没有力量。乔木同志初步地思考了这两个问题，提出了很好的意见。"

3月19日，邓小平第一次同主持决议起草的同志谈话，明确提出了关于决议起草的3条指导方针。第一条，也是最重要的一条，就是"确立毛泽东同志的历史地位，坚持和发展毛泽东思想"。第二条，是要对解放以来历史上的大事情，哪些是正确的、哪些是错误的进行实事求是的分析。包括一些中央负责同志的功过是非，都要作出公正的评价。第三条，就是要通过决议对过去的事情作一个基本的总结。总结的目的，是为了引导大家团结一致向前看。

4月1日，邓小平又一次对决议起草问题发表了系统的意见，提出了决议的整体框架：先有个前言，然后建国后17年一段、"文化大革命"一段、毛泽东思想一段，最后有个结束语。

1980年6月起草出了初稿，送中央书记处讨论。龚育之感叹："说是初稿，其实包括多少遍修改，多少次稿子。为简单计，算成第一次稿，初稿。"

6月27日，邓小平谈了对初稿的意见，认为稿子没有很好地体现确立毛泽东的历史地位和坚持毛泽东思想的要求,要重新写——重点要放在毛泽东思想是什么、毛泽东同志正确的东西是什么这方面;错误的东西要批评,但是要很恰当,要概括一点,主要的内容还是集中讲正确的东西。

根据邓小平的意见和书记处讨论的意见,起草小组重新起草,反复改写。龚育之回忆说:"乔木同志更多地参与到起草过程中来,拿出去讨论的稿子他都要认真修改,不少段落从头到尾都是他自己重新写过的,特别是'文化大革命'那部分。"10月,完成第二次讨论稿,即提交全党4000名高级干部讨论的稿子。讨论不是集中在北京,而是由中央把讨论稿分发给中央党政军机关、各省市自治区党委,分头组织讨论。作为起草小组的成员,龚育之也与其他同志一样分头到各地方去听取修改意见。

10月25日,邓小平看了4000人讨论的一些简报。简报中大家畅所欲言,众说纷纭。他认为许多意见很好,要求起草小组把好的意见都吸收进来。同时他认为讨论稿篇幅还是太长,要压缩。龚育之说:"当时,小平同志强调毛泽东思想这个旗帜丢不得。丢掉了这个旗帜,实际上就否定了我们党的光辉历史。对毛泽东同志的评价,对毛泽东思想的阐述,不是仅仅涉及毛泽东同志个人的问题,这同我们党、我们国家的整个历史是分不开的。要看到这个全局。不写或不坚持毛泽东思想,我们要犯历史性的大错误。对于毛泽东同志的错误,不能写过头。写过头,给毛泽东同志抹黑,也就是给我们党、我们国家抹黑。这是违背历史事实的。"

4000人讨论以后,胡乔木提出了起草新稿的原则设想。之后,起草小组又重新改写。

1981年3月18日,邓小平同起草小组负责同志谈话,认为决议稿的轮廓可以定下来了,并对建国以后各段历史作出了概括性的评价。胡耀邦主张决议稿多听听老干部、政治家的意见,邓小平表示赞成。龚育之补充说:"不多久,小平同志又转告了陈云同志的两条意见。一条是加一段话,讲解放以前党的历史,60年历史一写,毛泽东同志的功绩就概括得更全面了。再一条是提倡学哲学,学毛泽东的哲学著作。"

3月31日发出了第三次提供讨论的稿子,发给中央政治局、中央书记处和一些在党内工作时间很长、威望很高的老同志,征求他们的意见。

根据这些意见,起草小组继续修改,拿出了第四次供讨论的稿子。5月,中央政治局召开扩大会议,70多人参加,讨论了10天。龚育之透露:"曾经决定用毛泽东晚期思想这个概念,来概括毛泽东后来的错误思想。讨论中很多人不大赞成,认为说不清楚,不如就用'毛泽东晚年的错误'、用'无产阶级专政下继续革命'的理论来概括,这样才能同毛泽东思想区别开来。后来在历史决议中就没有再用'毛泽东晚期思想'这个概念。"

5月19日,邓小平在中共中央政治局扩大会议上作了重要讲话。根据邓小平的意见和政治局扩大会议讨论的结果,把各种好的意见吸收进去,又作了很多的修改,由政治局会议原则通过,提交十一届六中全会审议。这是第五次提供讨论的稿子。最初交给4000人讨论的稿子是50000字,后来重写过的稿子压缩到28000字。经过吸收政治局扩大会议讨论的意见,这次稿子是32000字,增加了4000字。龚育之说,从意见的条数讲,恐怕吸收了好几十条。

6月15日至25日,举行十一届六中全会的预备会议,进一步讨论决议修改稿。6月22日,邓小平在预备会上又作了重要讲话。在讨论中,中央委员们提了很多修改意见。龚育之回忆说,根据这些意见,对决议稿又作了修改,吸收的实质性意见将近百条,篇幅也增加到35000字。

6月22日至25日,党中央还召开了在京各民主党派、无党派人士和全国政协部分老同志共130多人的座谈会,征求他们对决议稿的意见。

"经过长达1年多(3个年头)的起草过程,经过上上下下反反复复群众路线的讨论过程,吸收了各种好的意见,拒绝了各种不合适的意见,所谓博采众议,又力排众议(前一个'众'是大众,后一个'众'是小众),6月27日至29日召开的党的十一届六中全会一致通过了这一历史决议。"接受专访时,龚育之说到这里时语气不免有些高昂。

"《历史决议》是在邓小平领导下制定和通过的,集中了我们全党的智慧,但有种观点认为,《历史决议》是一时需要的产物,政治妥协的产物。这个问题您是怎么看的?"对此,龚育之果断地说:"我不能同意这种观点。我认为这个决议是科学研究的产物,是全党讨论、民主集中的产物。当然不是说这个《历史决议》对建国以来党的历史的科学认识已经达到绝对完善,不需要也不能够发展了,那样的东西是没有也不可能有的。但是我的确认为这个决议是认真的,是根据事实努力用科学态度来对待历史问题的,绝不是简单的一时需要和政治妥协的产物。"龚育之认为,宣传这种观点就为两种思潮开了门。一种是否定四项基本原则的思潮,在这种思潮下,把《历史决议》说成是一时需要和政治妥协的产物,就是为了动摇这个决议,以便全盘否定毛泽东,否定毛泽东思想,否定中国革命和中国社会主义的基本成果。另一种是"左"的思潮,认为作决议时的那种情况,困难甚多,积怨甚多,所以着重讲错误,光注意"病理解剖",结果把毛泽东晚年的错误说重了,把"文化大革命"的错误也说重了,现在看来否定过多,主张要恢复。恢复什么呢?说到底,就是想恢复毛泽东晚年错误的东西。这两种思潮来自不同的方向,却走到一个共同点,即认为《历史决议》不是科学认识的产物,都想动摇决议。

1981年6月底,中共中央十一届六中全会经过充分的讨论,正式通过了《历史决议》。这是向党的60华诞献的一份厚礼。《历史决议》以历史的辩证的锐利眼光拨开错综复杂的矛盾现象，创造性地提出坚持毛泽东思想、纠正毛泽东晚年的错误这样一个科学命题，在罕见的两难之中作出了一个合实情、得民心、有远见的正确选择。

十一届六中全会也一致同意华国锋辞去中共中央主席和中央军委主席职务的请求。全会通过无记名投票，对中央主要领导成员进行了改选和增选：胡耀邦被选举为中央委员会主席；赵紫阳、华国锋被选举为中央委员会副主席；邓小平被选举为中央军事委员会主席。中央政治局常务委员会成员为胡耀邦、叶剑英、邓小平、赵紫阳、李先念、陈云、华国锋。习仲勋为中央书记处书记。

早在1980年8月五届人大第三次会议上，华国锋就辞去了国务院总理职务；这年2月十一届五中全会批准了汪东兴辞去中央副主席职务的请求。赵紫阳接替华国锋，成为中华人民共和国国务院第三任总理。

华国锋职务的重大变化，虽然是在中共十一届六中全会上才正式作出决定，其实早在半年多前——1980年11月至12月，中共中央政治局曾连续召开了9次会议，便一致通过了《中共中央政治局会议通报》。《中共中央政治局会议通报》向全党通报了华国锋在粉碎"四人帮"以后所犯的"左"的错误和其他错误：提出了完全违背马克思主义的"两个凡是"的错误观点；继续"文化大革命"的错误观点；阻挠平反冤假错案、为老干部恢复工作；制造新的个人崇拜；经济冒进，犯了主观唯心主义的错误。对此，在《关于建国以来党的若干历史问题的决议》中也有具体的论述，同时也肯定了华国锋的功绩："他在粉碎江青反革命集团的斗争中有功，以后也做了有益的工作。"

众望所归，在十一届六中全会上，全会一致要求推选邓小平为中共中央主席。但是，邓小平谢绝了，提名胡耀邦出任中共中央主席。后来，他这么谈及自己拒绝的原因："我有一个观点，如果一个党、一个国家把希望寄托在一两个人的威望上，并不很健康。那样，只要这个人一有变动，就会出现不稳定。十一届三中全会以后，大家希望我当总书记、国家主席，我都拒绝了。"邓小平认为，在60多岁的同志中，胡耀邦担任中共中央主席比较适当。至于中央军委主席，暂时没有其他适当的人选，他可以担任一段时间，以便培养新的比较年轻的同志将来接替。中共中央政治局一致同意了邓小平的意见。

邓小平虽然没有担任党的最高领导职务，排名也不靠前，但他作为党的第二代中央领导集体的核心受到了全党的公认、拥护和爱戴。当时已担任中共中央主席的胡耀邦在十一届六中全会闭幕会上的讲话中这样说："……我是在我们党的一个特定的历史条件下，被推上现在这个岗位的……现在就这样定下来了，这当然是一个很大的变化。但是我有责任向全会说明，有两条并没有变。一是老革命的作用没有变，二是我的水平也没有变。这些年常委起主要作用的是剑英、小平、先念、陈云4位同志，特别是小平同志。这不是什么秘密，连外国人都知道，小平同志是现在中国党的主要决策人。有时候他们还用另外一个词，叫'主要设计者'。不管哪个词，意思是一样的。……这个情况可不可以告诉全党呢？我认为，不但可以，而且应该。"

1985年5月31日，邓小平在谈论中共三代领导集体时，谈到了以毛泽东为核心的中共第一代领导集体和以他为核心的中共第二代领导集体。邓小平以为，介于第一代和第二代之间的"华国锋只是一个过渡，说不上是一代，他本身没有一个独立的东西，就是'两个凡是'"。

1986年9月2日，邓小平在接受美国哥伦比亚广播公司记者迈克·华莱士电视采访时，又一次谈到毛泽东。邓小平说："现在毛泽东思想，还是我们的指导思想。我们有一个《关于建国以来党的若干历史问题的决议》，解答了这些问题。"

沧海桑田，时光飞逝，一代伟人毛泽东缔造的共和国正发生着翻天覆地的变化。毛主席像和当初开国大典上第一次悬挂时一样，依旧牵动着无数中国人的情怀。毛主席那安详的面容、深邃的洞悉一切的目光，依旧注视着我们，注视着共和国的今天和明天！

第二章 杀出血路

也许他早已胸有成竹，也许智慧的火花在刹那间碰撞而出，他说："就叫特区，陕甘宁开始就叫特区嘛！中央没有钱，可以给些政策，你们自己去搞，杀出一条血路来！"

★ 在一间小茅屋签订生死契约的18位社员，扛起了中国改革的第一面大旗，引发了又一次农村包围城市的大变革。总设计师一分钟的沉默之后，勾画出"小康中国"的概况

国家博物馆中川流不息的参观人群，常常驻足在一个编号为GB54563的陈列物前。它就是安徽省凤阳县小岗村18位长年累月在土里刨食却不得温饱的庄稼汉，甘冒坐牢杀头的危险，于1978年11月24日所立下的惊天动地的保证书。所签名的18个名字上，都按有鲜红的指印。这份已成为历史文物的保证书，承载着新时期农村改革的风云变幻。

邓小平说，中国的改革是从农村开始的，这个发明权是农民。的确，如果农村包围城市的革命道路取得了辉煌的成功，解放了几亿人口，建立了社会主义新中国的话，那么农村包围城市的改革道路也取得了举世瞩目的成就，解放的是中国的生产力，建立的是一个生机勃勃的现代化中国。

1978年12月，十一届三中全会召开，吹响了改革开放的号角。几乎与此同时，安徽省凤阳县小岗村的农民偷偷地实行了包干到户的责任制。那个寒冷的冬夜，凤阳县梨园公社小岗生产队严立华家那低矮的草房里，

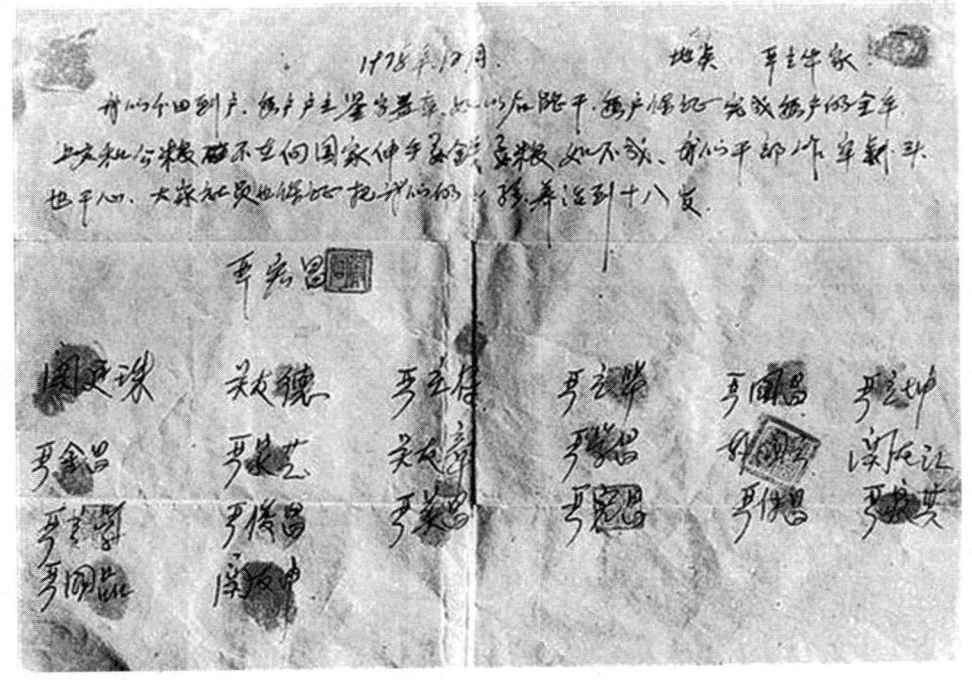

◇ 安徽省凤阳县小岗村18位农民按下红手印的包干到户契约

18个社员聚在一起，神情隐秘而悲壮，签订了一份契约："我们分田到户，每户户主签字盖章。如此后能干成，每户保证完成每户全年上交和公粮，不在（再）向国家伸手要钱要粮；如不成，我们干部作（坐）牢杀头也干（甘）心。村里社员也保证把我们的小孩养活到18岁。"

分田到户大包干，坐牢杀头也心甘！为何此事让这些朴实的农民如此惶恐下决心，以至于托付了抚养小孩的后事？

历史并不遥远，人们记忆犹新。1955年，农村合作化一哄而上。1958年不考虑农村的实际情况，片面追求"一大二公"的人民公社又过早建立。当时中共中央农村工作部部长邓子恢主张包产到组、包产到户，没有被采纳。1960年，三年自然灾害造成严重饥荒。安徽宿县一位70岁高龄的老人为了照顾生病的儿子,无法参加生产队的集体劳动,也就得不到那赖以维生的口粮。不想眼睁睁地饿死的老农,于是请求公社干部允许自己带着儿子上山养病并开荒自救。一老一病二人上了荒山,老人凭自己勤劳的双手开出了16亩荒地,不仅收到了口粮,还向公社交了1800斤粮食和养鸡得到的60元钱。老人个体劳动创造的丰收奇迹与当时集体劳作下的歉收、饥荒形成鲜明的对比,农民在惊羡之余认识到:把田分给各户可以收获更多的粮食,摆脱饥荒。于是,全省各地纷纷要求包干。1961年春,安徽省委书记曾希圣给毛泽东写了一封信,极力陈述民情和责任田的好处,毛泽东批示试行。当时刘少奇、邓小平等非常赞成。

邓小平于此提出了著名的"猫论"。但是毛泽东仅容忍包产单干试行了一年。1962年8月中共中央政治局会议上,毛泽东针对刘少奇说:"一搞包产户,一搞单干,半年时间就看出农村阶级分化很厉害。""包干到户是个方向问题。"后来,刘少奇与邓小平先后因此作为"罪名"之一,被打倒。

1978年夏秋之际,安徽大旱,农民再次面临绝境。在省委书记万里的支持下,安徽实行了"借地种麦"。结果,肥西县大旱之年大丰收。在"借地种麦"的影响下,安徽农村悄然兴起了包产到组、包产到户的责任制,但还没有人敢于突破禁区分田到户。有名的"叫花子县"凤阳早有"十年倒有九年荒"之说,小岗生产队更是远近闻名的光棍村、讨饭村。全队20户人家,不算两户单身汉,18户家家讨过饭,家家都有人当过生产队干部,但都没有解决好吃饭问题。当大包干到组责任制在凤阳全县兴起时,小岗也学着别人的样子搞起了分组作业。先是将全队分成两个作业组,"大呼隆"变成"小呼隆"。没维持几天,只好将两个作业组规划开,分成4个、8个作业组。但还是有上工迟到、分工吵嘴、记分计较等现象。要再划开的话，只有一家一户包田干了。

于是，在那个晚上，18个农民挤在一起，召开一个关系全队命运的秘密会议，主题是研究分田单干。大家的话匣子一下子被打开，队长严俊昌"最后拍板"："我们定下两条规定：第一，我们分田到户，瞒上不瞒下，不准向任何人透露；第二，上交公粮的时候，该交国家的交国家，该交集体的交集体，剩下的归自己，任何人不准装孬。"随后，副队长严宏昌执笔，写下了全国第一份包干合同书。大家争先恐后用食指蘸上鲜红的印泥在自己的名字上重重地按下指印。他们连夜抓阄分牲畜、农具，又迅速丈量土地，艰难地迈出了分田到户的第一步。

天还是那个天，地还是那个地，小岗农民憋足了多年的劲头，拼命地干。俗语说，没有不透风的墙。其他村队的亲友外人，一看小岗人的劳动阵势，就明白是分田到户了，消息很快传开。公社领导立即把几个队干部找去质问：你们小岗是不是在搞单干？你们当干部的要注意，这样搞是要犯国法的。如果是单干，赶快并起来，否则就要把你们小岗的情况上报县委处理。严宏昌等人一口咬定是分组作业，不是分田到户。

所幸的是，小岗人的行动得到了县委和省委的支持。其实，早在1977年11月，在万里的支持下，安徽全省工作会议上即通过了《关于当前农村经济政策几个问题的规定》，允许农民搞家庭副业，其收获除完成国家任务外，可以到集市上出售，生产队可以实行定任务、定质量、定工分的责任制，只需个别人完成的农活可以搞责任制。这就是著名的"安徽六条"。在1978年的中央工作会议期间，万里曾就肥西县借地种麦及包产到户问题请示过陈云，问怎么办。陈云说"我举双手赞成"。后来，万里向邓小平请示，邓小平说："不要争论，你就这么干下去就行了，实事求是干下去。"有了陈云、邓小平的支持，万里心中有了底。在全国农村工作会议上,陈永贵批评万里:"好行小惠""变相单干"。万里回敬说:"你走你的阳关道,我走我的独木桥。"

凤阳县委书记陈庭元找到严宏昌,叫他不要害怕,不要有思想顾虑:"只要你们能搞到好吃的,我们也不要你们粮食,只要不再靠国家就好了。好好干,就做一个试点。"这下子,小岗人心里的石头终于落了地。

1979年10月,秋高气爽。打谷场上一片金黄,算盘珠被人们拨得"噼噼啪啪"作响。检验小岗村包干到户成果的时候到了。数字出来了,粮食总产量66吨,相当于全队1966年至1970年五年粮食产量的总和。年年"吃粮靠返销,花钱靠救济,生产靠贷款"的小岗村,第一次向国家交了公粮。

实践给小岗村的包干到户作出了响亮的回答。1980年1月,万里到小岗村视察,挨家挨户逐个了解情况,对小岗村的创举作了高度的评价,肯定了包干到户是"马克思主义":"今后,哪个再说你们是搞资本主义,这场官司交给我,我替你们打。"

万里首先在安徽支持家庭联产承包责任制促进了农业的发展,"要吃米,找万里"的佳话不胫而走。几乎是与此同时,四川省也大力支持家庭联产承包责任制,制定了"四川十二条",允许和鼓励社员经营少量自留地和家庭副业,四川的农业也迅速恢复和发展起来。

随着包产到户从暗处走到明处,从个别省份走到全国许多省份,责难也纷至沓来。当时,中共中央机关大报《人民日报》发表了读者来信《"三级所有,队为基础"应该稳定》,这给悄悄点燃的星星之火泼了一盆冷水。从此,风云四起,议论纷纷。在中共中央各部委和各省领导人中,支持包干到户的屈指可数。江苏的一些地方对着安徽用大喇叭广播,并赫然醒目地刷出一幅幅类似"坚决反对安徽分田单干"的大标语。这大概是害怕"近墨者黑"吧。

在包产到户遇到重重阻力的关键时刻，邓小平对农村的改革及时给予了有力的支持。1980年5月31日，他同中央负责人就农村问题发表了自己的看法："农村政策放宽以后，一些适宜搞包干到户的地方，搞了包干到户，效果很好，变化很快，安徽肥西县绝大多数搞了包干到户，增产幅度很大。'凤阳花鼓'中唱的那个凤阳县，绝大多数搞了大包干，也是一年翻身，改变面貌。有的同志担心，这样会不会影响集体经济，我看这种担心是不必要的。"

邓小平早在自己第三次复出后，就针对我国农业发展状况，对农村的体制进行了深入的思考。他说，1958年"大跃进"一哄而起搞人民公社化，片面强调"一大二公"，吃大锅饭，带来了大灾难；"文化大革命"就更不用说了。复出后不久，他在东北之行中多次谈到农村问题。他说，一个公社有自己的条件，有自己的情况；一个大队有自己的条件，有自己的情况，有一般，也有特殊，大量的是特殊，更重要的是要根据自己的特殊情况考虑问题。邓小平对当时全国"农业学大寨"、普及大寨县的提法表示了不同的看法："不论搞农业、搞工业、搞现代化，都要实事求是，老老实实。学大庆、学大寨要实事求是。大寨有些东西不能学，也不可能学。比如他评工记分，一年搞一次，全国其他人民公社、大队就不可能这样做，取消集贸市场也不能学，自留地完全取消也不能学。"

大寨是毛泽东在农业战线树立起来的一面红旗，是全国农村人民公社学习的榜样。大寨的那些做法在当时被宣传为最具社会主义特征，在那个年代，谁要说不学大寨，弄不好就会被扣上走资本主义道路的帽子。邓小平的这个讲话，一石激起千层浪，解放了人们的思想，渐渐拨开了阻碍农村改革的重重迷雾。

包产到户、包干到户真正得以正名，是在 1982 年。这年 1 月 1 日，中共历史上第一个农村工作"一号文件"正式出台。文件明确指出，包产到户、包干到户，都是社会主义集体经济的生产责任制。到 1982 年底，80% 的农户实行了大包干，1983 年则上升到总数的 93%，"三级所有，队为基础"的人民公社体制全线崩溃，代之而起的是县乡镇政府。人民公社退出了历史的舞台。

从 1982 年到 1986 年，中共中央连续发布了 5 个有关农村工作的"一号文件"，一步步将农村改革推向全国，引向深入，最终确立了中国农村的家庭联产承包责任制。农村改革也推动了城市改革，在我国很快又形成了第二次农村包围城市之势。

"农村改革中，我们完全没有预料到的最大收获，就是乡镇企业发展起来了，突然冒出搞多种行业，搞商品经济，搞多种小型企业，异军突起。"邓小平这般评价农村改革中涌现的乡镇企业。

江南春来早，1983 年春节前夕的古城苏州，已是春意盎然，生机勃勃。2 月 6 日，邓小平莅临苏州，考察苏州的经济和社会发展状况，为决策全局提供经验和依据。在我国遭受三年暂时经济困难的时候，邓小平作为党中央总书记，曾到苏州进行视察。那是一个生产萎缩、市场萧条、商品匮乏、困难重重、人们都在勒紧腰带渡过难关的年月。他是为扭转国民经济暂时困难而来苏州考察的。而今，他顿觉苏州的变化真大。从人们红润的脸色、欢快的神情、多彩的服饰，从商店里琳琅满目的商品，菜场上应有尽有的副食，从新春佳节前夕整个城市欢乐祥和的氛围，就可以感觉到这种变化是昔日无法比拟的。

4 个多月前的 1982 年 9 月，中国共产党召开了第十二次全国代表大会。大会庄严通过了第十一届中央委员会提出的党在新时期全面开创社会主义现代化建设新局面的宏伟纲领。党中央依据客观实际，审时度势，提出到2000年，实现全国工农业总产值在1980年的基础上翻两番，使我国人民的物质文化生活达到小康水平。

就全国而言，到20世纪末实现"翻两番"是完全可能的。那么，在经济比较发达的地区，这个目标能否实现呢？按照通常的说法，似乎基数越高，翻番越难。江苏是全国经济比较发达的省份，苏州又是江苏经济最为发达的地区之一。这里的干部群众对十二大提出的"翻两番"有什么想法？经济发达地区究竟有没有可能在20世纪末实现"翻两番"？这是邓小平极为关心的问题。

2月7日下午，江苏省委领导同志如约来到南园宾馆新平房的会客室。邓小平听汇报时，说话不多，但言简意赅。

"到2000年，江苏能不能实现翻两番？"没有过多的客套和寒暄，谈话一开始，邓小平就直奔主题，双眼充满期待的目光。

"从江苏经济发展的历史看，自1976年至1982年，6年时间，全省工农业总产值就翻了一番。照这样的增长速度，就全省而言，用不了20年时间，就有把握实现翻两番。"江苏的领导同志回答说。

"苏州有没有信心，有没有可能？"邓小平问。苏州工农业生产的基数较高，经济发展水平位于全省前列，在国内经济水平较为发达的地区中具有代表性。解剖了这一只麻雀，有利于党中央把握全局，决策全局。"像苏州这样的地方，我们准备提前5年实现党中央提出的奋斗目标！"江苏的领导同志告诉邓小平。

经济比较发达的地区，不仅能够，而且可以提前实现翻两番！邓小平听得十分仔细，频频点头，表示同意和赞许。听了汇报，他的心里踏实了。他已经从苏州农村的发展看到了祖国广大农村的未来和希望，看到了祖国四个现代化建设的光明前景。

"苏州农村的发展采取的是什么方法？走的是什么路子？"邓小平抓住主题，继续发问。江苏的领导同志思考了一阵子，回答说：江苏，特别是苏州，历来是经济比较发达的地区，十一届三中全会以来，苏州农村经济之所以出现新的飞跃，主要靠两条。一条是重视知识，重视知识分子的作用，依靠技术进步。苏州农村劳动力原本文化素质较高，为了发展生产，各地还吸收了不少上海、无锡等城市的退休工人和科技人员，充分发挥他们有技术和有知识的特长。有些老工人很有本事，请来工作索要费用不多，只是给点工资，解决点房子问题，就很乐意干，在生产上发挥了很好的作用。往往是请来一位能人，就能建起或救活一个工厂。另一条是发展了集体所有制，也就是发展了中小企业；在农村，就是大力发展社、队工业。

社、队工业发展的历史和现状，特别是它的生产和经营机制显然引起了邓小平浓厚的兴趣。他神情专注，听得特别仔细。确实，社、队工业的崛起，对苏州经济的发展具有举足轻重的影响。江苏的领导同志汇报说，祖祖辈辈同土地打交道的农民开辟出了一个新天地。千百年来那种"日出而作，日没而息"的田园牧歌式的生活已经结束，"农民兄弟"跨进了"工人老大哥"的行列。他们进厂不进城，离土不离乡，实行亦工亦农的制度。1982年，常熟、沙洲等6县社队工业总产值已达28.18亿元，占工业总产值的40.35%，成为农村经济的重要支柱和农民收入的主要来源。社队工业的发展反过来又为农、副业的发展提供了资金、技术、装备等物质条件，这就是"以工补农""以工建农"，农、副、工三业协调发展。

"苏州社、队工业的成长和发展，"江苏的同志归纳说，"归根结底，凭借的是灵活的经营机制，实行的是市场经济体制。从原材料的获得、资

◇ 1978年，邓小平在三叠泉

金的来源，到产品的销售，完全靠市场。因此可以说，是市场哺育了社、队工业。"

听到这里，邓小平深邃的目光显得格外明亮。市场问题是他思考已久的问题。他认为，说市场经济只限于资本主义社会，这肯定是不正确的，社会主义为什么不可以搞市场经济？这个不能说是资本主义。此时，他又听到一番关于市场经济的议论。而且，苏州的实践已经证明，依靠市场，生产力获得了解放，生产得到了发展。

"看来，市场经济很重要！"邓小平不容置疑地给市场经济下了一个精辟的结论。一个孕育已久的关于"市场经济"的思想在邓小平的头脑中越来越明晰。

苏州农村发展社、队工业的一套办法及其取得的成绩，是邓小平此行获得的一个重要信息，也得到了他的首肯。其直接结果是，第二年，中共中央专门为加快社、队工业的发展下发了正式文件，为这一新生事物正了名，撑了腰，为全国范围的社、队工业（后称乡镇企业）的崛起铺平了道路。

历史有惊人的相似之处。在新民主主义革命时期，第一次国共合作失败后，毛泽东审时度势，把秋收起义部队带到了农村，开创了一条农村包围城市的革命道路，夺取了新民主主义革命在全国的胜利。当历史进入改革开放和建设社会主义现代化的新时期，邓小平作为改革开放的总设计师，首先选择农村作为改革的突破口。中国的改革，从农村开始突破并取得了成功后，邓小平果断决策把改革开放引向深入，改革的重点开始由农村向城市转移。他说："农村改革的成功，增加了我们的信心，我们把农村改革的经验运用到城市的经济体制改革中去。"

农村改革的成功为国有企业开辟了广阔的市场，积累了经验。农村家庭联产承包责任制实际上是一种土地的集体所有权与农民的家庭经营权的两权分离，为城市企业的资产国家所有制与企业的经营权的两权分离指明了改革的方向。农村的家庭多劳多得，为城市企业打破"大锅饭"的分配方式提供了榜样，而农村责任制激发的农民的劳动热情为城市改革树立了信心。邓小平预计城市改革3至5年也能取得显著的成效，显然是被农村改革成就所鼓舞。

如果说1978年召开的十一届三中全会的重点是在农村进行改革，那么1984年召开的十二届三中全会则是转移到城市改革。十二届三中全会的召开以及《关于经济体制改革的决定》的通过，推动了城市经济体制改革的全面展开。随后，城市经济体制改革从所有制经济运行机制全方位纵深发展，真正触动了长期僵化的计划经济的主体部分，为国民经济的发展注入了新的生机与活力，更重要的是为社会主义市场经济的形成奠定了基础。

实现中国的现代化，是一个多世纪以来中国人民的共同愿望和奋斗目标。谁也没有料到，在 1979 年 12 月 6 日，邓小平在会见前来中国进行国事访问的日本首相大平正芳时发生的一段插曲，奏响了中国从 20 世纪 80 年代到 2000 年社会经济发展的主旋律。

这天上午会谈开始，在问题讨论到一半的时候，大平正芳突然发问："中国根据自己独立的立场提出了宏伟的现代化规划，要把中国建设成为伟大的社会主义国家。中国将来是什么样？整个现代化的蓝图是如何构思的？"对于大平正芳提出的这个问题，邓小平没有马上回答，他陷入了沉思。一时会谈戛然中止，没有人说话，只有时钟的钟摆在不停地摆动，所有的人都把目光集中到了邓小平的身上。

◇ 1979 年 12 月 6 日，邓小平在北京会见来访的日本首相大平正芳

整整一分钟过去了。仅仅经过一分钟的思考，邓小平提出了一个著名的、影响中国今后几十年命运的设想。他说："我们要实现的四个现代化，是中国式的四个现代化。我们的四个现代化的概念，不是像你们那样的现代化的概念，而是'小康之家'。到 20 世纪末，中国的四个现代化即使达到了某种目标，我们的国民生产总值人均水平也还是很低的，要达到第三世界中比较富裕一点的国家的水平，比如国民生产总值人均 1000 美金，也还得付出很大的努力。就算达到那样的水平，同西方来比，也还是落后的。所以，我只能说，中国到那时也还是一个'小康'的状态。"

邓小平的解释使大平正芳获得了一个满意的答案，他满脸堆笑，连连点头："我明白了。"他知道，向中国投资，可靠。

把到"20 世纪末"实现四个现代化、达到世界发达国家水平，改为到"20 世纪末"达到第三世界中比较富裕一点的国家的水平、实现"小康"，这是中国经济发展战略的一个意义重大的变化。"小康"目标一经提出，立刻引发了国内外的强烈反响。

后来，邓小平进一步将这个目标具体分解为两步：1990 年国民生产总值在 1980 年的基础上翻一番，基本解决温饱问题；到 20 世纪末再翻一番，基本达到"小康"标准，人均达到 800 美元，这就是"翻两番"。很快，"翻两番"的小康目标就为全党所接受，并成为全国人民的共识。

改革开放的实践证明，小康目标完全可能达到，农村的改革 3 年见成效，6 年基本成功，解决了中国绝大多数人口的温饱问题，小康的第一步接近实现。实践促使邓小平思考更长远的发展规则。他说："我们虽然活不到那个时候，但有责任提出那个时候的目标。"

1987 年 4 月 30 日，邓小平会见了来访的西班牙副首相格拉。在会谈中格拉称赞中国改革开放的变化，邓小平回答说："我对一些外宾说过，这只是小变化。翻两番，达到小康水平，可以说是中变化。""我们制定的目标更重要的还是第三步，在 21 世纪用 30 年到 50 年再翻两番，大体上达到人均 4000 美元。做到这一步，中国就达到中等发达国家的水平。那才是大变化，到那时，社会主义中国的分量和作用就不同了，我们就可以对人类有较大的贡献。"

这是邓小平第一次提出到 21 世纪的长远规则。在党的十三大上，形成了一幅完整的"三步走"发展蓝图。而今，中国人民正朝着总设计师规划的蓝图发愤图强，全面建设小康社会，富裕之梦终将成为现实。

★ 一位老人在中国的南海边画了一个圈，力主杀开一条血路为打开国门"练兵"。5 年后，特区最尊贵的客人发现这里开始创造的是一个新的奇迹

邓小平第三次复出后，打破"文化大革命"期间党政领导人很少出访的惯例，先后访问了 8 个国家。一度与世隔绝的中国开始与世界接触，中国人也随着邓小平出访的电视镜头逐渐了解世界。

出访新加坡时，邓小平了解到，这个面积只有 587 平方公里、人口只有 230 万、规模仅相当于上海 1/10 的国家，每年能吸引 200 多万名外国游客，一年仅旅游收入就高达 10 亿美元。新加坡从 20 世纪 60 年代起就十分注重加强对外经济联系，积极参与国际市场，利用发达国家传统工业

转移到海外的机会，不断从国外引进资金和先进技术，使经济迅速腾飞起来，成为亚太地区经济发达的"四小龙"之一。邓小平十分赞赏新加坡引进外资的成功经验，他了解到外商在新加坡设厂使新加坡得到三大好处：一是外资企业利润的 35% 要用来交税，这一部分国家得了；二是劳务收入，工人得了；三是带动了相关的服务行业，这是一笔可观的收入。邓小平决心把新加坡的这个"经"取走。

然而，在过去的几十年中，中国几乎处于与世隔绝的状态，有许多条条框框的限制：1972 年，中国政府曾明确表示，中华人民共和国不允许外国人在中国投资，中国也不向外国输出资本。1974 年外贸部的一篇文章也明确表示："社会主义国家根本不会引进外国资本或同外国共同开发本国或其他国家的资源，根本不会同外国搞联合经营，根本不会低三下四地乞求外国的贷款。"邓小平深深地感到：中国经济发展不仅同发达国家的差距进一步扩大，而且还被一些发展中国家和地区远远甩在了后面。关起门来搞不成现代化，中国的国门必须打开，不然就有被开除球籍的危险。

回国后，邓小平多次提出把利用外资作为一项大政策来抓。1978 年 12 月，"努力采用世界先进技术和先进设备"被正式写进了党的十一届三中全会的公报，利用外资的政策得以确立。

1979 年 1 月，一份关于香港厂商要求回广州开设工厂的来信引起了邓小平的高度重视，他敏锐地意识到，这是利用外资的一个很好的时机，当即在这份来信摘报上批示："这件事，我看广东可以放手干。"曾任广东省委副书记的一位同志回忆当时的情形，说："经过十一届三中全会，我们感到不改革开放不行了。邓小平的这个批示，对我们是很大的启示和鼓舞。我们就从广东的实际出发，分析广东的特点，提出广东的改革开放应该先走一步。"

第二章 杀出血路

这年4月,北京,中共中央工作会议。会议主要讨论调整国民经济等问题,提出了对国民经济实行"调整、改革、整顿、提高"的8字方针。在会议期间,当时担任广东省委主要领导工作的习仲勋、杨尚昆向中央汇报工作,提出一个设想和要求:利用毗邻港澳的有利条件,实行特殊政策和灵活措施,加快对外开放和经济建设。

会议期间,邓小平静心听取了汇报。他在脑海里早就思考着一个问题:改革需要一个突破口,一块试验场,在这里放手搞,万一失败了也不要紧,就那么一小块地方。广东省委的汇报把他的思绪拉到了与香港隔江相望的深圳等地。散会以后,邓小平同他们进行了谈话,话题从延安谈起:谈到当年那么小小的一块边区,后来竟打出这么大的一块江山;谈到解放几十年了老边区人民还不富裕。谈话者不禁感慨万分。邓小平陷入了沉思,过了良久说:"你们上午的那个汇报不错嘛,在你们广东也划出一块地方来。"

这块地方该叫什么?工业区、贸易区、出口加工区、贸易合作区,都不准确。邓小平在细细寻思。也许他早已胸有成竹,也许智慧的火花在刹那间碰撞而出,他说:"就叫特区,陕甘宁开始就叫特区嘛!中央没有钱,可以给些政策,你们自己去搞,杀出一条血路来!"习仲勋喜出望外,脱口而出:"特区,好!"

在邓小平提出举办特区的建议后不久,中央根据邓小平的意见,责成广东、福建两省进一步组织论证,提出实施方案,并让当时的国务院副总理谷牧同他们具体研究,把此事抓紧抓好。

5月11日至6月5日,谷牧带领由国务院进出口领导小组办公室、国家计委、外贸部、财政部、国家建委、物资部等部门同志组成的工作组,到广东、福建进行调查研究,与当地同志一道分别就两省经济发展的条件和规划设想进行调查和讨论。经过深入调查,认为深圳、珠海、厦门、汕头具有建立特区的诸多便利条件。在讨论研究的过程中,广东、福建两省起草了关于对外经济活动实行特殊性政策和灵活措施的报告,呈送中央。

7月15日,中共中央、国务院批转了两省委报告,确定:在深圳、珠海、汕头、厦门试办出口特区。

1980年3月,中共中央在广州召开广东、福建两省参加的会议,正式将"出口特区"定名为"经济特区"。同年8月,全国人大常委会完成了有关兴办特区的立法程序。

深圳是中国第一批经济特区中的第一号特区。它原是个只有两万多人口的落后的小镇,点一支香烟不等燃尽便可以兜遍全镇。它怀抱珠江口,但始终只是窥探着香港的繁荣,十里八乡的人都知道它是偷渡香港的鬼

◇ 20世纪80年代,深圳经济特区建设初期的景象

第二章 杀出血路

门关。当办特区的大政方针一定，一场"杀出血路"的战斗迅速在深圳打响。

中央军委一声令下，一列列满载士兵的列车风驰电掣般驶向深圳。从辽宁鞍山、陕西汉中抽调来的人民解放军基建工程兵两个师的官兵，加入深圳开拓者的队伍中。来自全国各地的100多位工程师身背行装，来到深圳。百万人的劳务大军犹如狂涛叠浪，涌入深圳。这里，到处响着推土机、挖掘机、起重机的隆隆声，到处可见步履匆匆的行人，市长和外来务工者一同住进低矮、潮热的工棚，一同起早贪黑在工地上，一同出大力，流大汗。国有、集体、个体、合资、独资企业如雨后春笋似的冒了出来。

创业是艰辛的。没有资金，深圳人首先斗胆想到向外商搞土地有偿使用。土地对中国人来说太敏感了，100多年的屈辱史常伴着割地求和，现在要把革命烈士用鲜血换来的土地出让给资本家，说不定会背上"卖国"的罪名。特区的建设又是刻不容缓，这些深圳的开拓者们只得到马列著作中去找出一点根据："到宝书中去找答案。我们只希望祖师爷对租地有论述，只要他们说了可以干，我们就不怕。"马克思主义是社会主义的指导思想，深圳特区同样需要它来保驾护航。查来查去，终于查出了"可以出租土地"。

深圳出租土地的消息很快传到了香港。土地对于香港人来说，比黄金还名贵许多，一河之隔的深圳，以低得多的租价，还加上简化一切手续，一年免税，3年免关税，免税进口必需的生产资料等优惠政策，怎能不吸引香港人投资的目光？

"这个特区是邓小平试验用的，将来地皮肯定看涨。不买，可惜机会了。"香港人纷纷过河来，签订租地、办工厂、开商厦的合同。有了资金，水、电、路都可以通了，山可以移，洼可以平了。这就是被深圳外贸办称为"金钱"逼出的"土地出租"的第一轮冲击波。终于,"摸着石头过河"的深圳人闯出了一条特区建设的路子。其发展速度可称为腾飞,其腾飞速度之快,被美国舆论称为"一夜崛起一座城"。

继深圳经济特区动工建设后,1980年10月,设在滨海渔村的珠海经济特区正式开始动工兴建;1981年10月、11月,设在山坡或荒滩的厦门、汕头经济特区也分别动工兴建。至此,4个经济特区的建设全面展开。

特区建设走的路可谓荆棘丛生,关隘重重。对办特区,人们一开始就有不同意见。有一位副总理在听说允许广东试办出口特区后就说,广东如果那样搞,那得要在边界上拉起7000公里长的铁丝网,把广东与毗邻几个省隔离开来。他担心的是国门一旦打开,资本主义的东西就会如洪水猛兽一样涌来。有的人将经济特区与旧中国的租界相提并论,说这样下去,势必"国将不国"。有的到特区"考察"的人手捧飘扬的国旗感叹地说:"辛辛苦苦几十年,一夜回到解放前,只有这面旗帜还是红色的。"这些人横挑鼻子竖挑眼,喋喋不休地提出种种质问。这些议论从南到北传播开来,特区人承受着巨大的压力。

邓小平关注特区的命运,他说:"办特区是我首先提议,经中央批准的,办得怎么样,我当然要来看看嘛!"1984年1月的南疆,鲜花盛开,春意盎然。中共中央政治局常委、中央顾问委员会主任邓小平,在中央政治局委员王震、杨尚昆陪同下,乘专列来到中国第一个改革开放"试验场"——深圳经济特区。邓小平的到来,给南粤沃土增添了浓郁的春色,也带来了几分神秘。早早盼望着他老人家光临的深圳人,此时此刻正怀着兴奋、荣耀和忐忑不安的心情期待着!

对深圳特区几年来的发展,是肯定还是否定?深圳特区实行的一系列改革开放政策对了还是错了?特区还要不要办下去?在这关系深圳特区能

第二章　杀出血路

否继续前进和全国改革开放能否继续深入下去的关键时刻，深圳的"拓荒牛"们无不翘首以望——有一天改革开放的总设计师邓小平能亲自来看一看深圳的发展，听一听这里建设者们的声音，为每一个关心深圳乃至全国改革开放前途和命运的人排忧解难、指点迷津。

邓小平自深圳特区建立之日起，就一直关注着深圳这棵改革开放幼苗的成长和发展。1981年，国家处于国民经济的调整期，拿不出钱来支持特区。邓小平在这年的中央工作会议期间，语重心长地对广东省领导人说："经济特区要坚持原定方针，步子可以放慢些。""放慢些"是出于对国家经济暂时困难的考虑。但是，原定的方针不能变，特区要坚定不移地干下去，这是最根本的。1982年初，深圳蛇口工业区拟聘请外籍人士当企业经理，遭到一些人的责难。邓小平得知这一情况，立即拍板道："可以聘请外国人当经理，这不是卖国……"

一晃几年过去了，深圳特区究竟是什么样子？成功不成功？对特区的种种指责、怀疑对不对？邓小平亲自考察来了。

◇ 1984年1月24日，邓小平视察深圳特区，站在25层高的国商大厦楼顶

1984年1月24日中午12时30分，邓小平一行的专列从广州开到了深圳火车站。邓小平身穿涤卡灰色中山装，脚穿黑色皮鞋，红光满面，步履稳健地走下火车，和迎候在车站月台上的深圳市领导人一一握手。他慈祥的笑脸，感人，亲切。

下午3时30分，邓小平在他下榻的迎宾馆桂园稍事休息后，便听取深圳市委书记、市长梁湘的工作汇报。梁湘谈到，办特区几年来工农业产值、财政收入增长幅度很快，特别是工业产值，1982年达到3.6亿元，1983年跃上7.2亿元。这时邓小平插话说，那就是一年翻了一番了？梁湘说，是翻了一番，比建特区前的1978年增长了10倍多，财政收入也增长了10倍。邓小平满意地点了点头。

40分钟的汇报，邓小平聚精会神地听着，不时插话询问。汇报结束时，梁湘说，请小平同志给我们作指示。邓小平意味深长地说，这个地方正在发展中，你们谈的这些我都装在脑袋里，我暂不发表意见。说完，邓小平望望大家，手一挥道："到外面看看去。"

下午4时40分，邓小平等中央领导来到当时楼层最高的国商大厦，登上20层的大厦天台，居高临下，俯瞰市容。邓小平沿着天台四围缓缓地走了一圈，环视正在建设中的罗湖新城区。60多幢18层以上的高楼群大部分正在建设之中，四周工地上到处是吊机伸出的长长巨臂，运输建筑材料的载重汽车穿梭其间，升降机在脚手架间不停地上上下下，一片繁忙景象。

当时已近黄昏，寒风袭人，气温只有11摄氏度，80岁高龄的邓小平却毫不在意。随行人员曾两次要为他披上大衣，都被他拒绝了。邓小平站在天台上，仔细地听取和询问罗湖新城区的规模、设计、施工等情况。梁湘告诉他，罗湖新城区计划兴建100多幢高楼，是目前全国高楼群最集中的地方。梁湘指着对面正在兴建的国贸大厦说，这幢楼要建53层，是目前国内最高的建筑物，建筑占地面积达2万平方米，那里的建设者们曾创下三天一层楼的速度。听到这些，邓小平脸上露出欣慰的笑容。

邓小平一行从天台下来时，大厦门前已经聚集了一大批闻讯赶来的人们。人群中爆发出欢呼声和掌声，经久不息，直到邓小平等中央领导上车离开，人们才渐渐散去。

1月25日上午10时30分，邓小平来到深圳河畔当时富甲全省农村的渔民村。邓小平参观了村党支部书记吴柏森家的别墅式住宅。与吴柏森家毗连的还有32幢同是180平方米、二层楼高、六室二厅的小楼，构成一片环境优美、经济实用的住宅新区。这是渔民村人在党的改革开放政策指引下，依靠集体力量于1981年统一兴建的。邓小平看到这些喜人的变化，非常高兴，他拉着吴柏森坐在一起，让记者们拍照留念。

参观完吴柏森的家庭设施后，邓小平问吴柏森："你现在什么都有了吧？"吴柏森回答说："都有了，我们渔民村有今天，全靠邓伯伯，我们十分感谢邓伯伯。"邓小平立即接上去说："这是党中央的政策，应该感谢党中央。"

吴柏森还汇报说："去年全村纯收入达47万元，人均年收入5970元，平均每月439元。"这时有位陪同人员对邓小平说："比您的工资还高呢！"邓小平深情地说，要全国都达到这样水平，要100年。梁湘说，不要那么长时间吧？邓小平说，至少也要70年，到20世纪末，再加50年，因为我国人口多。

走出渔民村，已时近中午，阳光特别温和、暖人。在村口告别时，吴柏森又一次紧握着邓小平的手，再三感谢党的改革开放政策。

1月26日上午，在梁湘的陪同下，邓小平参观了蛇口工业区，在7

楼会议室，蛇口工业区创始人袁庚向邓小平汇报了蛇口的住房改革、工资制度改革、人事制度改革，邓小平听后很高兴，说了一个字："好！"应袁庚的请求，邓小平为蛇口的明华轮题写了"海上世界"4个字。

深圳人准备了一卷上好的宣纸，就放在邓小平所住的桂园别墅的办公台上，希望他老人家能写下点什么。可是，直到邓小平离开，这张纸上仍是一片空白。深圳人真的有些不安了。

26日下午2时45分，邓小平结束深圳的视察，一行人分乘海军的679号舰和674号舰，由蛇口开往珠海唐家湾军港，再转乘车前往中山温泉。梁湘等人在码头上不断挥手送行。邓小平满意地离开了深圳。但这"满意"是人们从他的笑脸上感觉到的，尽管他没有说多少话。

此后3天，邓小平每天上午散步，下午休息。此时，他心中是怎样掂量特区"杀出的血路"呢？27日，邓小平登上中山温泉后面的猴山，说什么也不肯从原路下山，硬是选了另一条陡峭的路返回，他说："我不走回头路。"一语双关！人们似乎从这句话中品出了一些味道。

1月29日上午9时，邓小平从中山返回珠海，经过前山，驱车直到拱北口岸，就在车子与海关平行时，车子停了下来，邓小平透过车窗，向澳门望了望。在参观了珠海市容和狮山毛纺厂、电子厂后，在珠海宾馆国际会议中心，珠海市委书记吴健民、代市长梁广大向邓小平汇报了珠海经济特区的建设和发展。

午饭前，邓小平与澳门知名人士马万祺及珠海的领导坐在珠海宾馆翠城餐厅休息。珠海宾馆总经理张倩玲想在餐厅中间摆张桌子，请邓小平题词。广东省委接待处接待科副科长李天增对她说，小平同志在深圳也没有题，现在也不一定会题，还是把桌子摆边上一点。说完李天增便忙着排座位，回头一看，邓小平已主动走过去，伏案挥毫，不假思索地写下"珠海

◇ 1984年1月29日，邓小平视察珠海并题字"珠海经济特区好"

经济特区好"。

邓小平为珠海特区题词的消息很快传到深圳，深圳人感到了从未有过的失落，深圳领导人心理上有着沉重的压力：深圳作为中国第一批经济特区中的头号特区，特区的许多大胆措施是由深圳开始的。当时，社会及国际舆论对特区的评价尚未形成共识，是是非非，众说纷纭，而争论的焦点多集中于深圳。尽管在邓小平考察深圳期间表现出极度满意的神情，但毕竟没有语言或文字上的评论。

深圳这几年究竟怎么样？外面的风声雨声一直不断。现在，总设计师邓小平亲自到深圳视察过了，能不能也请他给深圳题个词，打个"分"，看"及格，不及格"。这既是深圳人的渴望，也是全国人民的需要。于是，深圳市领导经过商量，决定委派市接待处处长张荣赶往广州，请邓小平题词。

邓小平于29日傍晚回到广州，入住珠岛宾馆。张荣1月29日夜接受任务，30日一早到达广州，李天增去广州火车站接。一见面，张荣就告诉他："小平同志给珠海题词，肯定了珠海，可首长对深圳没有评论，我们想让他题个词。"李天增特意将张荣安排住在珠岛宾馆新6号楼，和北京来的工作人员住在一起，与邓小平的住处仅隔着一条有桥相连的小河。

张荣通过有关方面将深圳人的请求向邓小平汇报了。邓小平说："回北京再题吧。"

2月1日，是大年三十，羊城的阳光分外明媚。花城的"花市"已经开了几天了，到处都花香袭人。早饭后，邓小平照例在珠岛宾馆内小花园散步。但是，他好像在思索、琢磨着什么……

这天上午，邓小平的女儿邓楠告诉李天增："你别出去了，在家准备，散步回来就写。"

李天增乐颠颠弄了张6尺宣纸，一开四，又细心地用熨斗将宣纸上的折痕熨平，然后，平铺在1号楼的办公台上。拧开落地灯，研好墨。不过，他又多此一举地将毛笔蘸上了墨。

邓小平散步回来，一进1号楼，就坐在门左边的沙发上休息，喝了口茶，问在场的张荣："题什么？"此刻，张荣非常激动，急忙从公文包内取出几张草拟好的题词稿递给邓小平。邓小平一看，说："要写这么多呀？"张荣和李天增异口同声地说："随首长吧，不受这个限制，您想写什么就写什么。首长题什么，我们都一样高兴。"

邓小平随手推开纸条，胸有成竹地走向办公台，拿起了笔，才写了几个字，粘住了。李天增暗骂自己笨，房间里有暖气，蘸在毛笔上的墨粘结了。他赶紧添水研墨后，换张纸，邓小平重新提起了笔，在砚台上蘸了蘸，目光在纸上谋划了一下书写的布局，又将毛笔沉浸在砚台内，饱蘸浓墨，在纸上一字一字地题写："深圳的发展和经验证明，我们建立经济特区的政策是正确的。邓小平。1984年1月26日。"

一气呵成，铿锵作响，振聋发聩，字字苍劲有力，浑然一体。题词刚写完，墨迹还未干透，张荣已抑制不住内心的激动和喜悦，赶忙上前将题词折叠起来，匆匆走出一号院。他完全忘记了向邓小平及其家人道别的应有礼节。张荣将题词先给广东省领导。省领导反复看了几遍，一个个笑逐颜开。后来，深圳市领导读完邓小平的题词，无不高兴得热泪盈眶，纷纷拍手庆贺。

"可惜，小平同志题词时，我拍的照片没一张好的，但那也是难得的历史记录，所以我全保留着。"李天增后来心存遗憾。还好的是邓小平的警卫秘书张宝忠也拍了一张，那就是人们通常在报刊上所见到的。由于周围没有专业摄影记者，只有他们拍的照片，李天增不怎么样的"作品"也就颇为珍贵。

题词这天本是2月1日，邓小平为什么将日期写在他离开深圳的1月26日呢？他到达深圳那天就曾说过"我暂不发表意见"。显然，题词的内容是他老人家在深圳经过两天全面而深入的调查考察后得出的结论。下这个结论，是邓小平几天来深思熟虑的结果。这个春节，有了邓小平这份厚重无比的礼物，深圳人过得何等快乐，何等踏实，何等充满胜利的喜悦！

深圳人的汗水没有白流。深圳人的路没有白闯。深圳人的风险没有白冒。我们的总设计师最理解深圳的"拓荒牛"。

2月7日，邓小平由广东乘火车来到厦门。2月8日这天，海阔天高，风平浪静。邓小平、王震在福建省、市委领导同志的陪同下，乘坐"鹭江"号游艇，一边听取省、市领导汇报工作，一边游览厦门鹭江两岸的风光。王震特意安排省委书记项南坐在邓小平身边。项南汇报说，厦门特区现在实际上只有2.5平方公里，实在太小，太束缚手脚了，最好能把特区范围扩大到全岛。邓小平一边听汇报一边察看地图，思索一阵后说："我看可以。"

在场的省、市领导都高兴地露出会心的微笑。项南接着说："现在台湾同胞到大陆都不是直来直去，要从香港地区或者日本绕道而来，这太麻烦。如果把离台湾、金门最近的厦门变成自由港，实行进出自由，这对两岸中国人的交往，会起到很大的促进作用。"王震插话说："应该考虑这个问题。"邓小平深深地吸了一口烟，说："可以考虑。"

然后他又问自由港的政策应包括哪些内容。在场的省、市领导议了一下，由项南归纳起来回答说，主要内容有三点：人员自由往来，货物自由进出，货币自由兑换。邓小平静静地抽着烟，望着薄雾迷蒙的大海陷入了沉思，他要仔细地、深入地思考一下这个问题。

游艇环岛一周后，邓小平登上了海上花园鼓浪屿，漫步在街道上。鼓浪屿的居民和游客带着惊喜的目光，自觉地站到街道两旁向邓小平一行鼓掌欢迎。邓小平经过一群小朋友身旁时，一个个奶声奶气的声音向他传来问候："邓爷爷好！"他慈蔼地摸摸孩子们的头，拉拉孩子们的小手，拍拍孩子们细嫩的小脸蛋，心情愉快地继续往前走。已经80岁高龄的邓小平缓步攀登日光岩，在半山腰停住了脚步。他眺望着海对面厦门岛上鳞次栉比的高楼大厦和鹭江岸边停靠的一艘艘货轮，眺望着水天一色的远方，陷入了沉思，久久没有说话。

在由日光岩步行回游艇的林荫路上，邓小平问项南，厦门机场为什么要叫"国际机场"。项南回答说："搞经济特区，就应该与海外建立更为广泛的联系，叫'国际机场'就是为了与日本、新加坡、菲律宾和美国通航，只有飞出去才能打开局面。"邓小平对项南的考虑极为赞同，他挥挥手臂说："就是应当飞出去嘛！"这一天，他还视察了建设中的东渡港，到海军码头看望了厦门水警区的同志，并和他们合影留念。

第二天，当厦门市市长兼厦门经济特区管委会主任邹尔均拿出事先准备好的纸张笔墨请邓小平题词留念时，邓小平拿起笔来，稍作思考，写下了："把经济特区办得更快些更好些。"

同前不久在深圳和珠海的题词一样，这都是对特区这一新生事物给予了殷切的期待、鼓励和鞭策。在场的各级领导干部都意识到了它的分量。题词在报纸上刊登后，在特区的建设者们的心中引发了一种坚决办好厦门特区，追赶和超越深圳、珠海的强烈激情。

24日，邓小平回京后同几位中央领导同志谈话时说："厦门特区地方划得太小，要把整个厦门岛搞成特区。这样就能吸收大批华侨资金、港台资金，许多外国人也会来投资，而且可以把周围地区带动起来，使整个福建省的经济活跃起来。厦门特区不叫自由港，但可以实行自由港的某些政策，这在国际上是有先例的。只要资金可以自由出入，外商就会来投资。我看这不会失败，肯定益处很大。"

3月5日，国务院特区办的同志专程到厦门传达了这一讲话。3月26日，中共中央、国务院召开了沿海部分城市座谈会，会议采纳邓小平的建议，提出将厦门特区范围扩大到全岛，并实行自由港的某些政策。会议还决定开放上海、天津、大连、秦皇岛、青岛、烟台、连云港、南通、宁波、温州、福州、广州、湛江、北海这14个沿海港口工业城市，形成了一个对外开放的沿海黄金地带。

1985年2月，中共中央又正式决定把长江三角洲、珠江三角洲和闽南三角洲开辟为沿海经济开放区，随后又将辽东半岛、胶东半岛开辟为沿

邓小平的最后岁月

◇ 历史给了深圳一次机会,深圳还给世界一个奇迹。深圳人民永远不会忘记中国改革开放的总设计师邓小平对深圳特区的贡献,设在深圳南路旁的邓小平画像前每天都有来往行人驻足留影

海经济开放区。这是继兴办经济特区、开放沿海城市之后的又一个重大决策。它把城市与广大农业区作为一个整体实行对外开放,使中国对外开放由点到线、再到片,从南到北形成一个开放前沿地带的沿海经济开放区。

1984年邓小平的特区之行,给海南的开放带来了希望。当总设计师登上厦门鼓浪屿眺望一水之隔的台湾岛时,他的思绪飞出了很远很远。作为我国的第一大岛,台湾在20世纪60年代以来的经济高速增长是有目共睹的,被誉为亚洲"四小龙"之一。作为我国的第二大岛,海南与台湾在地理条件、自然资源方面有着相似之处,但其发展相去甚远。追根溯源,关键是采用怎样的经济体制、经济政策,特区的变化就证明了这一点。

如果对海南岛实行经济特区的特殊政策,甚至比特区还"特",50

年、100年之后，那将会产生怎样的变化？邓小平对此充满信心。回京后，他明确提出：开发海南岛。他说："如果能把海南岛的经济发展起来，那就是很大的胜利。"

1985年4月，英国首相希思访华时提出准备去海南岛参观。这是希思上次访华时邓小平提出的建议，邓小平说："海南岛是个宝岛，现在还未开发，请你先去看看。"

在建立了4个经济特区、开放了14个沿海港口城市后，邓小平把开放的焦点对准了海南岛。开发海南岛、建立海南经济特区成为他反复考虑的一个中心问题，这是扩大对外开放的一个重要步骤。3年后，七届人大一次会议作出设立海南省的决定，同时正式确立在海南省办经济特区。于是，中国面积最大的经济特区——海南经济特区——正式诞生。

1987年6月12日，在庄严肃穆的人民大会堂内，典雅的吊灯泻下柔和的光，摄影灯频频闪烁的光充盈着会见厅。南斯拉夫贵宾科罗舍茨紧紧地握着邓小平的手。双方都为能有这样一个机会交流两国的建设经验感到高兴。

邓小平向客人详细地描述了中国改革开放的历程。谈到开放政策时，他说："我们首先搞了深圳经济特区。开始的时候广东提出搞特区，我同意了他们的意见，我说名字叫经济特区，搞政治特区就不好了。""当时我们党内还有人采取了怀疑的态度，香港舆论界不管是反对我们的还是赞成我们的，也都有人持怀疑态度，不相信我们是正确的。深圳搞了七八年，取得了很大的成绩。"

邓小平打了个手势，提高了声音："现在我可以放胆地说，我们建立经济特区的决定不仅是正确的，而且是成功的。所有的怀疑都可以消除了。"

这铿锵有力的声音，如隆隆的雷声滚过神州大地……

第三章 铁血长城

现在减人,是为了更多地节省开支,把人头开支节约下来,改善我们的装备,更重要的是提高军队素质。战争不来是这样,战争快来也是这样,都要提高军队素质。

★ 一个普通院落的院门准时敞开，挂着"辰5"字号车牌的两辆黑色高级轿车正点驶入……沙场秋点兵。看到军姿雄壮的阅兵部队，邓小平笑了

1977年，邓小平在恢复中央军委副主席和总参谋长的职务后，一直思考着"军队能不能顺利地实现现代化"这一重大问题。

当时，由于林彪、"四人帮"的干扰和破坏，军队的军政素质明显下降，机构臃肿、纪律废弛、作风不好、装备落后等不良现象不同程度地存在着。为了在军队中拨乱反正，肃清军队建设上"左"的错误影响，搞好军队整顿工作，中央军委于8月召开了座谈会。在会上，刚刚恢复工作不久的邓小平便以无产阶级革命家的气魄和胆略，一针见血地指出："四个现代化，有个国防现代化。军队目前存在着相当多的问题。很多同志担心，军队能不能顺利地实现现代化。还有同志担心，军队经过林彪、'四人帮'这样久的破坏，如果不很快整顿，遇到敌人进攻还能不能打仗。这样的担心不是没有根据。这就提出一些问题：军队怎样整顿，怎样准备打仗，怎样把军队搞好。解决了这些问题，才能谈到国防现代化问题。"

第三章 铁血长城

透过邓小平那深邃的目光和熟悉的身影，他身旁的许多将军仿佛又回到了战争年代，回到了在"邓政委"领导下那难忘的战斗岁月。

像中国共产党早期许多杰出的军事家一样，邓小平并非军事"科班"出身。其卓越的军事领导和指挥才能，也是在军事斗争的实践当中磨砺出来的。而创建红七军这段经历，即是他长期军事斗争生涯的开端。

红七军的历史虽然短暂，但记载了中国工农武装从无到有的成长历程中光辉的一页。对于年轻的邓小平来说，领导红七军进行斗争的实践给了他更多的锤炼，为以后从事军事工作积累了一笔宝贵的财富。解放战争时期的刘邓大军驰骋疆场，以邓小平为总前委书记的淮海战役大捷标志着邓小平成为一位成熟的战略大师，挥师过大江、进军大西南、和平解放西藏，无不彰显邓小平过人的军事才能与卓著的军事成就。

中华人民共和国成立后，军旅生涯近20年的邓小平脱去军装，被委以重任，成为领导国家经济建设和党的建设的重要领导人。"文化大革命"后期，根据毛泽东的提议，邓小平被任命为中共中央军事委员会副主席兼中国人民解放军总参谋长。上任不到10天，邓小平即在总参机关团以上干部会上讲话时提出"军队要整顿"。然而，因为后来的第三次被"打倒"而无法得以继续贯彻和落实。复出后，邓小平恢复了党政军领导职务。

1980年10月中旬，根据邓小平的提议，中央军委在北京京西宾馆召开了全军高级干部研讨会，中心议题是探讨军事方针问题。与会者解放思想，畅所欲言，讨论热烈。10月15日，邓小平在作总结性发言时说：我们未来的反侵略战争，究竟采取什么方针？我赞成就是"积极防御"4个字。积极防御本身就不只是一个防御，防御中有进攻。既然是积极防御，本身就包括持久作战。

经过反复比较和科学分析，与会者一致拥护新的积极防御方针，并认为这是以邓小平为代表的老一辈无产阶级革命家、军事家对毛泽东军事战略思想的新贡献和新发展。邓小平在这次会上指出：实行积极防御的方针，要制订各种计划，要结合训练，要根据这次会议讨论，搞出一个作战预案来，包括全局，包括每一个战略区域。

这年 12 月，解放军总参、总政和总后联合发文，委托北京军区筹划和准备一次实兵演习，并结合演习，为战役集训编写一套理论材料。

初春的北京。1981 年 3 月 10 日上午，风和日丽。一个普通院落的院门准时敞开，挂着"辰 5"字号车牌的两辆黑色高级轿车正点驶入。从车上下来的是中国人民解放军总参谋长杨得志和副总参谋长张震。他们是来向邓小平当面汇报有关北京军区组织战役演习的方案与中央军委办公会议的意见的。

对这次演习的拍板并不轻松。一方面，军队领导层对演习方案有不同的意见；另一方面，全党此前正在开展的真理标准讨论和推动全党实现战略重心的转移，也无异于一场艰苦的没有硝烟的战争。邓小平在经济战线和军事战线两面作战，承受的压力非常人所能想象。

杨、张两人深知邓小平的工作作风，有什么事就谈什么事，说完就完，不必多寒暄。于是，杨得志开门见山地说："邓主席，我们简要地把演习方案向您汇报一下。"张震送上演习的立体地图。邓小平接过图，浏览了一下，说："这个图我看过了。"

杨得志明白邓小平话中的意思，当场大幅度压缩汇报内容，就预想的 3 个方面作了简要说明："演习拟了 3 个方案。第一方案，按北京军区汇报的 ×× 万人方案；第二方案，压缩到 × 万人左右；第三方案，只搞图上作业。这 3 个方案考虑的根据，主要是调整时期要动用这样多的部队，动用这样多的钱，比较困难。在来之前，军委办公会议也研究了一下，有的同志说，按第一方案搞花钱太多；政治上对苏联有没有影响？所得的效果又如何？还有的同志说，只动用××军加上一点训练保障，部队不做大的调动，可以节约一些。办公会议其他同志也就认为规模小一点好，节约一点好。"杨得志最后说："到底怎么确定好，请您指示。"

之后，张震就第一方案作了补充说明。他说："这是我军历史上实兵演习规模最大的一次。"听了汇报后，邓小平吸了口烟，直截了当地说："由于演习，在政治上会不会引起苏联有什么反应，不要考虑。这与海上演习不同，海上演习可能引起人家猜想，我们只是在陆地上搞演习，与海上演习就不一样了。苏军也搞嘛！苏军每年要搞多少次，规模也不小，也没有政治上的反应，我们过去也搞过嘛！"

说到这，邓小平看了看杨得志和张震，又说："搞这么一次实兵演习有好处，我们部队可以实际锻炼一下，也可以看看部队训练的成果。这样大规模的演习，我们好久没有搞了，只在旅大、辽东半岛，叶帅主持搞了一次，我去看了，你们也去了吧？"杨得志不无遗憾地回答："我们当时在战役系学习，都没有去。"

"还有一点。"邓小平接着说，"搞这么一个演习也是给军队打打气。我们好久没有打仗了……要搞合成军，天上地下该有吧！这次演习，有地面部队，有空军协同，只是没有海军。这样的演习对军队有鼓舞作用，经过训练再搞实兵演习，可以提高部队实战水平。多年没有搞了，还是搞一次。军委常委同志不是都同意吗？"

杨得志回答说："对立案、意图没有不同意见，只是觉得规模大，花钱多。"邓小平点点头，若有所思地说："部队阅兵式、分列式也好久没有搞了，不能说阅兵式、分列式是形式主义，对部队作风培养都有教育意义。现在有的部队懒懒散散不像个样，我想适当的时间要搞一次阅兵。"

张震介绍说:"去年××演习××军搞了一次阅兵,空降兵走得最好,大家反应很好。"邓小平说:"××军搞了一次,那次演习听说搞得不错,但规模不大。"张震接着说:"那次演习是一个师,也用了空军,演习的钱花了××万元,动用储备物资××万元,主要是油、弹药要钱。"

邓小平说:"就是花油钱多一些,现在我们油还不多,打的炮弹多一些,我们对越南反击作战,他们也还不是打了更多的炮弹,当然也有浪费,恐怕多打了一倍吧。对越南作战,他们对我们的评价有两条:一条是炮火厉害,第二条是部队勇敢。"说着,邓小平又点上一支烟,挥了一下右手,严肃地说:"就按第一方案搞,要力求节约。总参具体抓。""这笔钱还是要花,要搞好一点,要把军队的气鼓一下,要把军队训练得像个军队的样子。"于是,一场震惊中外的军事大演习就这样决定下来了!

1981年6月,在党的十一届六中全会上,邓小平被选为中共中央军委主席。上任伊始,他便参观、检阅了在华北地区举行的一场方面军规模的战役实兵演习。

经过半年多的紧张筹备,由北京军区组织的方面军战役实兵演习,于9月13日在华北某地正式举行。群山环拱,阳光灿烂。5个参观台上的4000多人员无人走动,一片安静。方圆数百里的演习场像个无人区,看不到一车一炮与一兵一卒。邓小平在军装外加了件布领军大衣,戴了墨镜,正襟危坐。杨尚昆看着手表,北京军区司令员秦基伟在邓小平左后侧就座。

"唰",红色信号弹腾空而起,演习场顿时火光冲天,硝烟弥漫,爆炸声和飞机、铁甲的轰鸣震耳欲聋:8架歼击机编队雷鸣般通过参观台上空;轰炸机群在"红军"3架电子干扰机引导下凌空,连续投弹;强击机发现目标,俯冲攻击;火箭炮弹拖着长长的火光,箭一般飞向"蓝军"的坦克群；反坦克导弹像长了眼睛一样，准确地摧毁预定目标……

参观台上的中央领导看得兴致勃勃，连连鼓掌。当看到"红军"的战略预备队在航空兵、炮兵的支援下，对"蓝军"实施气势磅礴的反突击时，邓小平高兴得站了起来，连声说："打得好！打得好！"廖承志副委员长回京会见外宾，匆匆赶回后漏看了一个课目，不时地喊："遗憾，终生遗憾……"

演习持续了6天，邓小平观看了全过程。参加演习的陆军和空军部队共有11万人，出动坦克、装甲车1300多辆，火炮1500多门，飞机285架，汽车10000多辆。

演习成功。

9月19日，华北大演习结束后的第二天，举行了盛大阅兵式。参加演习的陆军、空军以及部分海军部队组成53个方队，接受中央军委主席邓小平的检阅。

八一军旗的巨大图案辉映阅兵台。受阅部队总指挥、这次演习的"总导演"秦基伟乘敞篷车驶向阅兵台，向邓小平报告。邓小平还礼……

阅兵后，邓小平发表了激情满怀的讲话："演习达到了预期目的，是成功的。这充分表明，我们党缔造的、用毛泽东思想武装起来的人民军队，军政素质是好的，是有优良的战斗作风和严格的组织纪律的，是有战斗力的。我们完全相信，有这样一支好的军队，又有广大人民群众的支持，一定能够打败任何侵略者。"

> ★ 声音此起彼落，由一个方阵到另一个方阵。看到这支经过战火的洗礼、动乱的冲击而重新迈开大步前进的英勇顽强的军队时，他满意地点头微笑

中华人民共和国成立后，根据中国人民政治协商会议的决定，阅兵是国庆大典的一项重要内容。从1949年到1959年，天安门广场上共举行过11次阅兵仪式，开国大典、国庆5周年、国庆10周年阅兵规模都较大。此后，由于一连串的政治运动的冲击，在宽阔的天安门广场上，再也没有出现过那令人激动和振奋的阅兵场面。

1981年3月10日，邓小平在听取杨得志和张震汇报有关北京军区组织战役演习的方案与中央军委办公会议的意见时提出"适当的时间要搞一次阅兵"，并说："阅兵对军队在人民的观瞻中有好处。现在人民不知道军队在搞什么，有的只听说军队在闹事。经过阅兵式、分列式，把军队摆一摆给大家看，给人民看，这样加强了军民关系，也使军民关系更好些，对加强军队训练有作用。"于是，3月18日，总参谋部向全军发出通令：恢复军队内部的阅兵。同年12月，中共中央决定：1984年举行中华人民共和国成立35周年国庆大阅兵。

紧接着，以中共中央书记处书记万里为组长的35周年阅兵领导小组和以北京军区司令员秦基伟为总指挥的首都阅兵指挥部相继成立，各项准备工作迅速展开。

第三章　铁血长城

1984年3月2日，邓小平和中共中央军委常委的其他领导人一道，听取了北京军区参谋长、阅兵副总指挥周衣冰关于阅兵方案的汇报，并批准了这个方案。

10月1日，北京。溽暑尽消，天晴气朗。这一天，从黎明开始，由四面八方汇集来的人流，流向东西长安街和天安门广场，欢快的乐曲声和群众的欢呼声使东西的长安街和宏伟的天安门广场变成了沸腾、欢乐的海洋。

修缮一新的天安门广场，宽敞整洁，宏伟壮观。城楼上站立着推动中国革命前进的政坛名人，和许多南征北战叱咤风云的老帅名将，以及科技文教界的杰出人物和各民主党派的负责人。还有来自五大洲的国际友人。

城楼上，广场上，50多万人的脸上都绽开着笑容，等待着一个历史时刻的到来。

10时整，庆祝中华人民共和国成立35周年大会开始。1200人组成的乐队奏起了雄壮的国歌。1200人的乐队，是一支史上空前的乐队！气势磅礴的声浪使人激昂，使人振奋。接着28响礼炮轰鸣，这是东方巨龙的怒吼！

这是在中断了24年之后，举世瞩目的一次国庆阅兵。

当礼炮和乐声的余韵还在回响，一辆敞篷的红旗牌轿车驶出天安门，越过金水桥，向列队的方阵缓缓驶去。车上站着一位精神饱满、精力充沛的老人，他就是邓小平。

阅兵总指挥、北京军区司令员秦基伟向邓小平行了一个庄严的军礼后报告："军委主席，庆祝建国35周年阅兵式受阅部队列队完毕，请你检阅！"

弹指一挥35年，道不尽人间沧桑。祖国母亲从幼年进入成熟的壮年，我们的军队也同共和国一样，在曲折中前进，成长壮大。邓小平主持

邓小平的最后岁月

军委工作后，进行拨乱反正，指明了军队和祖国一道向现代化进军的目标。今天，在邓小平检阅下，陆海空三军、武装警察和男女民兵、机械化部队清一色的国产装备，组成整整齐齐的42个方队，以前所未有的英姿排列于长安街以东，长达4华里。这些方队宛如棋盘，横看、竖看、斜看，全是一条线，像一座座威严的城墙。军威雄壮，气宇轩昂。

敞篷的检阅车由西向东，缓缓前行。神采奕奕的邓小平左手握住车栏，右手慢慢挥起，对这山一般挺拔、海一般壮阔的受阅方阵，亲切地致以问候："同志们好！"方阵的官兵齐声回答："首长好！"邓小平说："同志们辛苦了！"精神抖擞的三军健儿齐声回答："为人民服务！"声音此起彼落连续不断，由一个方阵到另一个方阵。

古今中外的阅兵典礼，照例是受检阅的官兵高呼万岁，从恺撒到拿

◇ 中华人民共和国成立35周年国庆庆典上，邓小平乘敞篷车检阅部队

破仑，从沙皇到凯瑟琳女皇，从希特勒到墨索里尼，以及许多国家的阅兵礼，万岁之声震耳欲聋。而邓小平，他把对人民官兵的浓厚感情浓缩在"同志们好""同志们辛苦了"的简短话语中。邓小平那亲切的问候声不断地从阅兵车上的扩音器传来，受阅的三军指战员们以响亮、坚定的回答向统帅和人民表达敬意。

检阅完毕后，邓小平于10时18分回到天安门城楼，发表了简短的讲话："35年来，我们不但结束了旧时代黑暗历史，建立了社会主义社会，也改变了历史的进程。特别是中国共产党十一届三中全会以来，由于纠正了'四人帮'反革命集团的倒行逆施，恢复和发展了毛泽东同志的思想方法，陆续实行了一系列适应新情况的重大政策，全国面貌更是焕然一新。在全国实行安定团结、民主法制的基础上，我们把进行社会主义现代化建设放在一切工作的首位，我国的经济获得了空前蓬勃发展，其他的工作也取得了公认的成就。今天，全国人民无不感到兴奋和自豪。"他要求："中国人民解放军的全体指战员，务必时刻保持警惕，不断提高自己的军事政治素质，努力掌握应付现代战争的知识和能力。"

如果说1949年10月1日，毛泽东在这个城楼上向全世界庄严宣布："中国人从此站立起来了。"那么今天，邓小平在这个城楼上向世界宣布：中国人民更加强大起来了。

随后，来自人民解放军陆军、海军、空军和人民武装警察以及首都民兵的18000多名优秀儿女，在雄壮的乐曲声中一个方队一个方队地通过天安门广场，代表中国人民的武装力量，接受祖国、党和人民的检阅。坦克方阵、装甲车方阵隆隆地开过，大炮伸着长长的炮管，气势威严地开过，身躯庞大、摄人心魄的导弹在十轮大卡车的牵引下显示出无敌的力量，由117架飞机组成的楔形空中编队从天安门城楼上空呼啸着掠过。邓小平看到这支经过战火的洗礼、动乱的冲击而重新迈开大步前进的英勇顽强的军队时，满意地点头微笑。

看到场面壮观的盛大阅兵式，举国振奋，世界震惊，邓小平也笑了。这笑容中有欣喜，也有沉思。也许，日后那个举世震惊的战略决策此时已在他的心中酝酿成熟了。

紧接着，盛大的群众游行开始了。在阵阵唢呐声中，"联产承包好"的标语和"中共中央一号文件"的模型车驶来，邓小平向身旁的民主柬埔寨联合政府主席西哈努克亲王介绍说："这是我们的农业队伍。"西哈努克亲王说："中国的农业搞得好，是因为阁下的领导和中国的政策好。"邓小平笑了笑："标语写得清楚，是因为政策好。"

今天的中国人都知道当时有人打出了一条特殊的横幅"小平您好"，但少有人知这横幅出台的前前后后。其实在当时，游行指挥部三令五申：学生在游行时，除了纸花外，任何东西都不许带进游行队伍。

事情是这样的，9月30日晚上9点多钟，北大生物系81级本科生郭庆滨、李禹在一起商议：光是呼喊口号、挥舞花束，不能充分表达自己的感情，他们要自己制作一幅横幅来表达心意。这时同班同学常生、毛小洪等出于同样的目的找来纸笔。正在他们商定字幅之时，陆续又有20多名同学加入了讨论。最初，有人说写"改革要加速"等等，但大家都觉得这些标语只说出了一个方面的愿望，不能充分表达全国人民的愿望。

这时，大家不约而同地想到了邓小平，想到了邓小平领导的改革大业以及拨乱反正。有人便提议写一幅"邓小平同志你好"。这个提议得到大家的认同，但同时感到这7个字呆板不亲切。最后决定改为"小平您好"这4个字。

"小平您好"的横幅制作完后，大家小心翼翼地将横标裹起来，外面绕以彩带，顶端缀以纸花，横标变成一把高大的花束。国庆这天，大家怀着激动的心情，护卫着这把"花束"进入了游行的"行列"。

当游行队伍到达关键部位——天安门城楼前时，常生、于宏实等同学一下子打开了横幅。于是，"小平您好"的动人场景出现了。同学们感觉邓小平在城楼上看到了这块横幅，情绪更加激动，兴高采烈地欢呼起来："小平同志在城楼上向我们微笑招手呢！"并将鲜花抛上天空，真真切切地表达了他们内心深处对小平同志的爱戴。

就在北大学生亮出横幅的一刹那，在金水桥前的中国青年报社记者贺延光抓拍到了这珍贵的瞬间，也就成就了今天让世人难忘的历史画面。

直呼其名，平抒其意。从"万岁，万万岁"到"小平您好"，领袖人物从天上一下回到了人间。这一深刻变迁书写的是社会的进步、人民的成熟。

没有想到的，13年之后，邓小平溘然去世。1997年2月24日，北大师生打出了"再道一声，小平您好"的横幅，在寒风中送伟人西行。人们再次被震动了。

"再道一声，小平您好"的主要制作者、北京大学副教授赵为民说："十几年来，'小平您好'一直印在北大人的脑子里。小平同志逝世，北大师生都想为他远行做点什么，最后想到还是'小平您好'可以涵盖千言万语，可以表达人们的感情。'再道一声，小平您好'既饱含了人们对小平同志的感激之情和尊重，也体现了对小平同志丰功伟绩的歌颂。"

这年国庆之后的第4天，即10月5日，邓小平向参加受阅的陆海空三军、武警部队和民兵发布嘉奖令。他指出：这次阅兵，"你们以崭新的风貌、严整的军容、雄壮的气势显示了国威、显示了军威"。"亿万人民看到了人民解放军的强大阵容，看到了我国巩固的国防，极大地振奋了民族精神，鼓舞了爱国热情，增长了实现四化的志气。"

★ "我说（国庆）有个缺陷，就是80岁的人来检阅部队，本身就是个缺陷。"犹如平地惊雷的战略决策已在他心中酝酿成熟——裁军百万以"消肿"，锻造雄师劲旅

1984年11月1日，正当人们仍旧为一个月前国庆阅兵盛大的壮观场面心潮澎湃的时候，中央军委座谈会在首都京西宾馆会议厅召开。会上，时任中央军委主席的邓小平发表了近90分钟的讲话。他以幽默诙谐的口吻表达了一个惊人的战略决心。

"从哪里讲起呢？"邓小平笑容满面，十分亲切地望着眼前的高级将领们。之后，他说："从这次国庆阅兵讲起吧。我不是说这次阅兵如何，这次阅兵不错的，国际国内反应都很好。最近有位国际友人讲得非常好。"说到这儿他话锋一转，表情严肃地说："我说有个缺陷，就是80岁的人来检阅部队，本身就是个缺陷。"

当邓小平缓慢而坚定地提出裁军百万的决策时，在座的将军们心中感到强烈的震撼，他们被邓小平战略家的胆量和气魄所深深折服。在军队几次整编的基础上，再裁减员额100万——这并非心血来潮，也并非为赢得国际好评而哗众取宠，而是出自这位以高瞻远瞩、清醒果断著称的最高统帅对世界大势、国家大局和军队建设大目标的科学把握，是这位世纪伟人对国家、对人民、对军队高度负责的慎重抉择。

在这次军委座谈会上，邓小平作出了世界大战十几年内打不起来的

惊人论断，说："我们既然看准了这一点，就犯不着花更多的钱用于国防开支，要腾出更多的钱来搞建设。可以下这个决心。"他说："即便战争爆发，我们也要'消肿'。"

他表达的正是中共中央对国际国内政治、经济形势深思熟虑之后集体下的决心。既然现在经济建设和国防建设不可能两头兼顾，不如壮起胆子，集中财力物力先顾经济建设这一头。

邓小平在谈到裁军百万的必要性时说："一个从节省开支看，一个从军队本身提高素质看，都必须'消肿'。就是战争比较早地到来，也得'消肿'。不'消肿'就不能应付战争。真打起仗来，也不在乎我们是300万，或400万、500万。现在减人，是为了更多地节省开支，把人头开支节约下来，改善我们的装备，更重要的是提高军队素质。战争不来是这样，战争快来也是这样，都要提高军队素质。"

由于种种历史原因，人民解放军的臃肿问题由来已久。裁军"消肿"，是邓小平很早的心愿。据不完全统计，邓小平从1975年到1984年的10年间，对"消肿"问题，大会讲，小会讲，集体谈，个别谈，多达数十次。他指出，军队臃肿不堪，不仅把很多钱花在人员的穿衣吃饭上面，更主要的是，真正打起仗来，不要说指挥作战，就是疏散都不容易。这是我们存在的一个最大问题。在此期间，解放军虽进行过4次精简整编，但"消肿"问题一直未能得到很好解决。对裁减100万，有些领导人担心会减弱军队的战斗力。邓小平作了一个生动、风趣的比喻，深入浅出地阐明了军队建设中数量与质量的关系：虚胖子能打仗？大力士、拳击运动员身体很重，但是不虚，虚就不能进行拳击。军队要多节省开支，改善武器装备，更要提高军政素质，这就必须减少数量，同时保留下来的人员足以应付意外事件。在以上认识的基础上，邓小平充满信心地指出："再减100万，一是必要，二是没有风险。好处多得很！"

中央军委座谈会后，中央军委根据邓小平的讲话精神，研究了裁员百万的整编方案，确定改革体制编制，加强合成，调整编成比例，减少干部和保障人员，淘汰落后装备。

1985年5月23日至6月6日，中央军委扩大会议在北京召开。一时间，陆、海、空三军，第二炮兵，北京、沈阳等11个大军区的司令员、中共中央政治委员等人民解放军高级将领云集京城。这是一次"定盘子"的会议。11个大军区要撤销4个，究竟撤销哪个将在这次会议上定夺。

中央军委扩大会议由中央军委副主席杨尚昆主持。这次会议的中心议题有两个：一是调整、选配大军区领导班子，使一批年富力强的同志走上重要领导岗位。这是在军以上和总部领导班子年轻化之后，我军干部年轻化的又一次重大进展。二是讨论《军队体制改革精简整编方案》，确定裁军百万，研究贯彻落实的政策、措施和步骤，部署整编工作。

6月4日，邓小平在会上发表讲话，伸出一个指头，郑重向全世界宣布：中国政府决定，中国人民解放军减少员额100万。

中华人民共和国成立以来，在冷战等因素造成的世界战争一触即发的国际局势和严峻的周边环境下，中国人民解放军的建设一直处于"盘马弯弓箭不发"的临战准备状态。历史发展到20世纪80年代，虽然战争危险依然存在，但由于第三世界崛起，和平力量日益增长。对此，应如何认识？邓小平经过多年观察和思考，做出了全新的判断。他认为，过去我们一直强调战争不可避免的认识应有所调整。两个超级大国在全球的争霸不会终止，他们还要进行军备竞赛，而且还会升级，战争因素还会发展，战争的危险依然存在。但是，从总的世界形势看，在较长时间内不发生大规模的世界大战是可能的，维护世界和平是有希望的。有资格打世界大战的只有美苏两个超级大国,而两国又都因具有毁灭对方的力量和全球战略部署的受挫而不敢轻举妄动;和平力量在不断壮大,和平力量的增长要超过战争力量的增长,主要表现在第三世界的发展上:第三世界包括100多个国家,占有联合国80%的席位,人口占世界人口的3/4,他们深受战争的痛苦,不希望打仗,再打不起世界大战。许多发达国家,即使是美苏两个政治集团中的一些国家,为了本国的利益也希望和平。

相对和平时期,国家要发展,社会要进步,国家的安全利益同样不可忽视。因此寻求国家发展与国家安全这对矛盾的最佳结合点,一直是战略家们的关注点。对此,邓小平在这次会议上又一次科学分析了中国国情,在此基础上他认为,国家的安全保障最终取决于一个国家的经济实力。百业待举的当前,国家经济建设是大局,必须硬着头皮把经济搞上去,一切要服从这个大局。我们军队有自己的责任,不能妨碍这个大局,要紧密配合这个大局,而且要在这个大局下面行动,积极支援和参加国家建设。军队装备要实现真正现代化,只有国民经济有了比较好的基础才有可能。"大局好起来了,国力大大增强了,再搞一点原子弹、氢弹,更新一些装备,空中的也好,海上的也好,陆上的也好,到那个时候就容易了。"

为落实裁军百万的重大决策,中央军委扩大会议通过了会前经过广泛征求意见和科学论证而制定的《军队体制改革、精简整编方案》。会后,根据中央军委统一部署,裁军百万的浩大工程在全军开始具体实施。

6月10日,新华社将"裁军百万"这一惊人决策公之于众,引起强烈反响。在国际裁军争吵多年、不见成效,两个超级大国明里裁军、暗里扩充军备的背景下,中国政府主动裁军百万的决策犹如平地惊雷,震惊了世界,令全球瞩目。

在1975年至1984年的几次精简整编中,同样的问题不期而遇:机关

邓小平的最后岁月

精简一次，膨胀一次，边减边增，互相攀比，人浮于事；部队今年简编，明年增编；干部转业一批又再提一批，提了又转业，精简整编陷入"精简—增编—再精简—再增编"的怪圈，甚至出现了增编大于或等于减员数的反常现象。如何摆脱这个怪圈，使人民解放军精简整编顺利进行，这备受关注，更使主管全军编制的领导们大伤脑筋。经过缜密思考，邓小平一语道破：减人要同体制改革结合起来。除了改制，还要建制，使编制成为法律，并切实遵守。短短的一句话，"山穷水尽"化作了"柳暗花明"。事实正是如此，前几次精简整编，只在减人上面下功夫，就减人而减人，好比光拔毛不杀鸡，结果拔得到处哇哇叫，精简却不能落实。百万裁军，表面上是减人，实际上是一次大的革命，对人的革命，对体制的革命，靠修修补补、零敲碎打等改良办法根本行不通。即使一时把人减下去了，也巩固不住。历史教训有力地支持着邓小平的建议：减人"消肿"必须改革体制，二者实际上是一个问题的两方面。改革体制既可达到减人"消肿"的目的，又可革除旧体制的弊端，促成人民解放军体制编制的科学合理，巩固减人成果。找到了症结，问题就迎刃而解。《精简整编方案》以此为指导，大胆运用地方经济体制改革的经验，采用撤、并、降、交、改、理等办法，大刀阔斧，多管齐下，收到

◇ 高瞻远瞩（邬华敏 绘）

了良好效果。

面对400万大军，先从哪里下手？这就要弄清军队主要"肿"在哪里，这样才能选好突破口。尽管当时中国军队有400万，但连队并不充实，臃肿的是各级机关。各级机关，副职过多，每个军区都有十几名甚至几十名领导，还有什么团职保密员、营级打字员。邓小平在中央军委座谈会上一针见血地指出：现在不是"肿"在作战部队，主要在各级领导机关。"消肿"，机构主要是三总部、各兵种和各大军区；人头，主要是减少不必要的非战斗人员。减少统帅机构、指挥机构的人员，最主要的是减少干部。与其说是"精兵"，不如说是"精官"。他还坦率地说："这是个得罪人的事情！我来得罪吧！不把这个矛盾留给新的军委主席。"总部机关的"消肿"一直是精简整编工作中的重点和难点。虽经过1980年、1982年两次精简整编，压缩了定额，合并了一些业务相近的部门，但组织编制仍不够科学合理，机关大、干部多的问题仍比较突出。邓小平曾在关于1982年三总部精简18.2%的草案上批示："这个方案，不是比较令人满意的方案，但可作为第一步进行，以后再进一步研究。"要三总部带头，其一是因为总部机关自身建设的需要。只有总部机关精干了，才可以克服官僚主义，提高工作效率，才可以更好地贯彻执行中央军委的意图，便于军委更好地统率和指挥全军。其二是有利于发挥榜样的作用。总部机关带头"消肿"，就可以有力地推动和促进全军的精简整编。据此，1985年的整编方案强调三总部要带头，把精简三总部机关作为一条首要原则列入。在三总部机关的共同努力下，机关处以上部门在整编中减少了1/6，人员在原有基础上平均精简一半，基本上改变了机构重叠、班子庞大、工作职责不清的状况。这既提高了三总部机关的工作效率，又以自己的模范行动带动全军，保障了裁军百万顺利完成。

裁军百万，加上同时进行的体制改革，使这次精简整编涉及的方面很多，内容较广。从总部机关精简、大军区调整、部队裁减，到县市人民武装部划归地方建制、边防部队移交公安部门等，都有比较大的改革。既要减少层次，撤并机构，降低部分单位的等级，又要精干编制，减少干部，减少行政和生活服务保障人员，减少军队的社会性负担；既要调整军队的编成比例，加强诸兵种合成，又要使改革体制、精简整编与提高干部素质相结合，加强干部教育，促进干部队伍的革命化、年轻化、知识化、专业化；既要淘汰陈旧落后的设备，封闭部分军事设施，又要腾出一部分军事设施支援国家经济建设。

对全军来说，几乎每一个人都面临着进、退、去、留的选择和被选择，几乎每一个军人家庭的实际利益都会受到触动。难怪有人说，这是一次从上到下、从里到外的"立体震荡"，是对军队这个庞大机体进行的一次脱胎换骨的"大手术"。一夜之间，人民军队有60万干部被列为"编外"，陆军部队的建制单位有1/4要撤销，这其中包括那些有着几十年光荣历史、立过赫赫战功的部队。在精简整编中，面对体制编制和人员的重大变动，全军广大指战员坚决服从中央军委的命令，无论对单位的撤、并、降、交、改、理，还是个人的进、退、去、留，都坚决服从组织安排。

裁军百万，最棘手的就是干部的安置问题。除少部分老干部、创建共和国的有功之臣离退休外，大部分"编外"干部只有转业一条路。几十万干部被推到社会，要想得到妥善安置，谈何容易？军队各级党委高度重视编外干部工作，不把他们当包袱，坚决搞好编外干部管理工作，做到思想工作有人做、学习培训有人抓、生活福利有人问。同时，根据地方需要各类专业人员的情况，在资金紧张、训练任务重的情况下，尽量腾出人力物力，按专业开办各种训练班或速成学校，对要转业的干部进行专业培训。

然而，60万干部要在3年之内退出现役，在地方得到妥当安置，这不仅需要军队自身的努力，更离不开地方的理解和支持。

悲壮是一种美。它给予人们的不是倒退而是前进的激励。当"国际和平年"——1986年到来的时候，中国人民解放军已经从总体上完成了裁减100万员额的战略性行动，以实际行动向世界表明了中国人民热爱和平、为世界和平事业作出贡献的诚意和决心。到1987年，这一世界上少有的百万大裁军顺利完成。

中国人民解放军在悲壮的气氛中义无反顾地跨过了一道分界线，从旧的质与量走向新的质与量，从历史遗留下来的战时体制走向和平时期的建军轨道。

第四章 伟大构想

　　邓小平没有孤立地构思解决台湾问题的方案,而是把台、港、澳回归祖国问题统筹考虑。1979年1月18日,他在会见美国参议院军事委员会特别任务小组议员团时说,台湾回归后,首先它的社会制度不变,它的生活方式不变。

★ 中日邦交正常化，中美握手言和，中苏对峙终归解冻，"世界公民"邓小平一次次向世界展示了自己博大精深的外交思想和传奇精彩的外交实践

1978年10月22日，邓小平以中华人民共和国副总理的身份作为中华人民共和国第一位国家领导人到日本访问，并出席《中日和平友好条约》互换批准仪式。23日上午，日本首相福田赳夫在国宾馆举行盛大仪式，欢迎邓小平一行。邓小平首先对日本政府的邀请表示感谢。他说："几年来，我一直希望有机会来东京访问，现在终于实现了！十分高兴和首相结识，这次虽是第一次见面，可是却相知已久。有机会当面交换意见，是十分有益的。"福田首相说："近一个世纪日中关系的不正常状态终于宣告结束了。条约是为了建立日中两国的永久和平友好关系，这是邓副总理下决断的结果。"接着，两人共同回顾了缔结《中日和平友好条约》的经历、波折和困难。其实，早在1972年中日恢复邦交正常化后，《中日和平友好条约》的签订就摆在了两国政府的面前。

23日10时30分，在首相官邸的一楼大厅开始举行《中日和平友好

第四章 伟大构想

条约》批准书交换仪式。日本首相福田赳夫和日本外长园田直、邓小平和中国外交部部长黄华并排坐在罩着绿色呢绒的桌前。仪式开始后，全体起立，乐队奏两国国歌。随后，园田直和黄华用毛笔先后在用日文和中文写成的批准书上签字。此刻，邓小平和福田相互举杯。随即，邓小平放下酒杯，走到福田跟前，同他拥抱。福田对邓小平的这一举动大为吃惊，他显然是缺乏思想准备，因此表现得有些慌乱，不知所措，甚至有些狼狈。站在一旁同黄华握手的园田直看得有点愣神，没料到邓小平随即走过来和他拥抱。

◇ 1978年，邓小平出访日本

拥抱！这是中国外交仪式上少有的动作，这个动作本身是西方外交的传统。外交场合上的一举一动，都包含着深刻的含义。邓小平是要借着这个向世界表明：中国正在走向开放，中国外交正在走向现代化。

下午，福田与邓小平在首相官邸接待室举行了第一次会谈。福田首相首先代表日本政府和国民表示：日中两国要建立持久的、名副其实的睦邻友好关系。他还说，特别是20世纪以来，日中两国连续发生不幸事情，自己感到非常遗憾,并进行反省。今后不应让历史重演。战后日本已改变姿态,决心不再做军事国家。福田称,日本的"全方位和平外交",是不敌视世界上任何国家,也就是要同一切国家都友好相处,但是这并不意味着这种外交是"全方位等距离外交"。他强调要坚持《日美安全条约》,并确信《日中和平友好条约》不仅能贡献于亚洲、太平洋地区的和平,而且能贡献于世界和平。

邓小平说,我们两国有2000多年友好交往的历史。在两国友好的长河中,不幸的历史只有几十年时间,这不过是很短的插曲。《中日和平友好条约》的签订,不仅在事实上,而且在法律上、政治上总结了我们过去的关系,更重要的是,从政治上进一步肯定了我们两国友好关系要取得不断的发展。中日要世世代代友好下去。"坦率地说,在现在这个动荡的局势中,中国需要同日本友好,日本也需要同中国友好。尽管你们交的是个穷朋友,但这个穷朋友还是有一点用处的。"听到"穷朋友"时,福田连连表示:"不是,不是。"邓小平还对国际局势发表了自己的看法。

会谈结束后,福田向记者谈及对邓小平的印象:"非常了不起。总之,他非常了解世界形势,虽然同对方立场不同。"当天晚上,福田在首相官邸设宴欢迎邓小平一行。福田和邓小平分别致了祝酒词。福田首先回顾了日中两国2000多年的友好交流史。他说:"在漫长的历史中,我们两国关系的发展是无法分开的,但到了20世纪,却经历了不幸的苦难。"讲到这里,他抛开眼前的讲稿,突然冒出一句:"这的确是件遗憾的事情!"然后,他又接上讲稿说:"这种事情绝不能让它重演!这次的《日中和平友好条约》正是为了做到这一点而相互宣誓。"对福田的这句话,在场的日方译员没有翻译。不过,这话还是传到了邓小平的耳朵里,并在第二天的《人民日报》上登了出来。宴会结束后,有记者就此追问福田,他避而不作正面回答，只是说："由于原稿字小，有几处不能读。"

邓小平在致辞中说道："中日两国尽管社会制度不同，但是两国应该，而且完全可以和平友好相处。""《中日和平友好条约》明确规定：中日两国不谋求霸权，同时反对任何国家或国家集团建立这种霸权。这是国际条约中的一项创举……条约的这项规定首先是中日两国自我约束，承担不谋求霸权的义务，同时也是对当前威胁世界和平的主要根源——霸权主义的沉重打击。"

25日上午10时，福田首相和邓小平的第二次会谈在首相官邸接待室举行。一见面，福田就对邓小平连日来表现出来的充沛精力表示赞叹："你真是一位超人，一点倦意都没有。"邓小平笑着说："我多次讲过，高兴时就不觉得疲倦。"接下来，双方就朝鲜问题、中国台湾问题、中日关系问题交换了意见。在谈到台湾问题时，邓小平说："我们实现台湾回归祖国也要充分考虑到台湾的现实。美国总希望我们承担义务，不使用武力解放台湾。我们说，什么时间、用什么方式解决台湾问题，是中国的内政，美国无权干涉。实际上，我们承担了不使用武力的义务，反而会成为和平统一台湾的障碍，使之成为不可能。那样，台湾当局就会有恃无恐，尾巴翘到一万公尺高。"在场的人听到这里，都为邓小平形象、生动的语言而大笑起来。

25日下午4时，邓小平出席在东京日本记者俱乐部举行的记者招待会。参加记者招待会的有400多名记者。这些记者分别来自时事社、共同社、路透社、合众国际社、美联社、法新社、德新社等世界著名通讯社。这是中华人民共和国领导人在出访时第一次同意以"西欧方式"同记者见面。邓小平从容、巧妙地回答了记者们提出的各种各样的问题，多少令那些企图从这位共产党领导人的即席回答中寻找破绽的西方记者"失望"

了。但是，一位日本记者提出了中日双方早已约定在这次会谈中双方都不涉及的问题——尖阁列岛（中国称为"钓鱼岛"）的归属问题。钓鱼岛，是台湾省的附属岛屿，属于中国领土，甲午战争后被割让给日本。1972年9月田中角荣访华时，曾要求周恩来明确该岛的归属权。当时，为了不让这个一时难以解决的问题成为中日邦交正常化的障碍，周恩来表示："现在还是不要讨论，地图上又没有标。出了石油就成问题了。"对此，日方也表示同意。1978年8月，日本外相园田直在北京又同邓小平讨论了这个问题。邓小平提出："一如既往，搁置它20年、30年嘛！"邓小平说得如此轻松，态度自若，使园田直大为惊叹。此刻，当日本记者提出这一问题后，会场气氛陡然紧张起来，大家都屏住呼吸，看邓小平如何回答。邓小平非常轻松地说："'尖阁列岛'，我们叫'钓鱼岛'，这个名字双方叫法不同，双方有着不同看法。实现中日邦交正常化时，我们双方约定不涉及这一问题。这次谈《中日和平友好条约》的时候，双方也约定不涉及这一问题。倒是有些人想在这个问题上挑一些刺。来阻碍中日关系的发展。我们认为两国政府把这个问题避开是比较明智的。这样的问题放一下不要紧，等10年也没有关系。我们这一代缺少智慧，谈这个问题达不成一致意见——下一代比我们聪明，一定会找到彼此都能接受的方法。"邓小平把这么重要的领土归属问题，说得如此容易并合情合理，确实令全场的记者折服。

在访日期间，邓小平专程拜会了前首相田中角荣。随后，他又前往东京大仓饭店拜会了前外相、时任自民党干事长的大平正芳。同时，邓小平前往日本国会，对众议院议长保利茂和参议院议长安井谦进行礼节性拜访。

在国会，邓小平还会见了日本社会党、公明党、民社党、新自由俱乐部、社会民主联盟和共产党等6个在野党的领导人，其中包括公明党委员长竹入义胜。在和他们的恳谈中，邓小平谈起中国历史上徐福曾奉秦始皇之命东渡日本寻找长生不老药的故事。他说："这次访问的目的是：第一，交换批准书，对日本老朋友所做的努力表示感谢；第二，寻找长生不老药。"话音刚落，会议室里一片笑声。接着邓小平补充说："也就是寻求日本丰富的经验而来。"竹入委员长一语双关地说："（长生不老的）最好的药不就是《日中和平友好条约》吗？"邓小平看着竹入，微笑着点了点头。邓小平在访问日本期间，还参观了日本的企业。他感慨地说："我懂得什么是现代化了。"他对日本企业界元老土光敏夫说，中国的经济发展水平要比世界落后20年——"中国荒废了10年，在此期间，日本等其他国家进步了，因此，里外落后了20年"。邓小平表示，中国要努力学习外国的一切先进经验和先进技术。邓小平的这一坚定决心，给日本朋友留下了深刻的印象。

这年11月，邓小平在同日本朋友的一次谈话时说："我现在还有一个愿望，就是想到华盛顿去，不晓得能否实现。美国人总是说你为什么不到华盛顿去？那里有台湾的大使馆，我怎么去？！只有中美关系实现正常化了，我们中国领导人才可以去。在国际事务上，我只要完成这件事，就可以见马克思了。"

自1972年尼克松访华以来，中美关系朝正常化方向发展已有6年，但实现正常化则非常艰难。中美还要多久才能建交呢？邓小平在这次谈话中说："这要看美国政府、卡特总统的决心了。《中日和平友好条约》下决心以后，一秒钟就解决了。中美关系正常化加一倍，两秒钟总可以吧？！"

1977年1月，美国新任总统卡特上任。卡特对中国有一定的感情，他曾在回忆录中写道："在20世纪30年代，当我还是个孩子的时候，我便对中国产生了兴趣……我懂得把中国看作朋友。"2月，卡特在白宫会见中国驻美联络处主任黄镇,清楚地表示:"美国和中国不久将为建立正常关系作好准备。"8月,美国总统卡特特派国务卿万斯访华,提出了美中建交方案,大意是:中国保证不对台湾使用武力,美国驻台"大使馆"降格为联络处,美国驻北京联络处和中国驻美联络处则升格为大使馆。邓小平明确地说:"要使中美关系正常化,干干脆脆就是3条——废约、撤军、断交;为了照顾现实,我们还可以允许保持美台间非官方的民间往来;至于台湾同中国统一的问题,那是中国的内政,奉劝美国朋友不必为此替我们担忧。"

万斯的这次访华虽然没有就中美关系正常化达成协议,但有助于卡特政府更好地理解中国对这一问题的坚定立场。于是就有了1978年5月美国总统国家安全事务助理布热津斯基的秘密访华。

5月21日,邓小平与布热津斯基一见面就问道:"一定很累了吧?"布热津斯基说:"我的劲头很足呢!来中国之前,我阅读了你同美国主要政治家和参议员的谈话记录。"

邓小平说:"美国朋友我见得不少。中国问题不难了解,你从过去的谈话记录中可以了解我们的看法、观点、主张,直截了当。毛主席是军人,周总理是军人,我自己也是军人。"布热津斯基回答说:"军人说话就是痛快,我们美国人也是以说话痛快出名的。我希望你们不会觉得美国人不容易理解。"

话题马上转到中美关系正常化上面,布热津斯基告诉邓小平,美国方面准备就实现双方关系正常化开始"积极地会谈"。邓小平的答复很谨慎:"现在的问题仍旧是下决心。如果卡特总统在这个问题上下了决心,我想解决这个问题就比较容易了。"他又问:"为了实现正常化,你认为应该做到什么呢?"

第四章 伟大构想

布热津斯基作了长篇答复,表示将信守《上海公报》,遵循只有一个中国、解决台湾问题是你们自己的事这条原则。但他又说,美国还有一些历史遗留问题要解决,即使实现了美中关系正常化,"我们对台湾的安全义务还要继续下去"。

布热津斯基基本上阐明了美方对实现双方关系正常化的态度,还指出了日后谈判中将会遇到的困难,表明症结还是台湾问题。邓小平果断地表示接受布热津斯基的建议。他说:"我盼望着卡特总统下决心的那一天。让我们换一个话题吧。"……

布热津斯基感到,会谈的整个趋势是积极的。他事后说:"邓个子小,气魄大,立即使我折服。他富有才智,机警,精明,理解很快,相当幽默,强硬而直率。和他谈话以后我更加理解他何以能经受住政治生涯中的所有挫折,但更重要的是,他的目的感和干劲使我印象深刻。他是一位知道自己需要什么、能和谁打交道的政治领袖。"

1979年1月1日,中华人民共和国和美利坚合众国发表联合公报,宣布两国建立正式外交关系。美国东部时间1月28日下午4时30分,邓小平乘坐的专机到达美国首都华盛顿特区南部的安德鲁斯空军基地。此时,正是华盛顿最寒冷的时节,机场上空飘着小雪。经过一昼夜的长途飞行,邓小平走出舷梯时依然神采奕奕,精神饱满。他身穿厚厚的深灰色大衣,没有戴帽子。

飞机比预定的时间到得稍晚了一些。严寒中,机场上有400多人前来迎接,其中包括美国各界人士、中国血统的美国人以及旅美华侨,欢迎的人们手举中美两国国旗不停地挥动,一条横幅上写着:"热烈欢迎中国副总理邓小平访问美国!"

邓小平即将访美受到了美国政府和人民的极大重视和热烈欢迎,美国

邓小平的最后岁月

◇ 1979年1月31日，华盛顿，卡特夫妇和邓小平夫妇接受媒体采访

官方竭力宣传这次访问的重要性，强调这是美国"历史上最具历史意义的事件之一"。国际舆论也认为，这是"战后国际关系的一个转折点""促进亚洲与世界和平的里程碑"。然而，中美建交和邓小平访美，对台湾国民党当局无疑是一次沉重的打击，美国国内反华势力也做出反应。台湾一高级特务称要在邓小平访美时"给一点颜色看看"。反华势力策划收买"意大利枪手"。美国一个极左组织扬言："要做一些使邓永远难忘的事。"旅美的"台独"势力准备收买流氓打手，并胁迫一些台湾留学生和侨民在华盛顿等地组织"游行示威"，进行挑衅。对于邓小平访美期间的安全问题，中共中央极度关注，知情的党内高级干部更是忧虑不安。

1月6日，外交部部长黄华通知当时的公安部部长赵苍璧，由凌云作为邓小平特别助理负责安全事务随邓小平出访，并先期赴美打前站。1月

第四章 伟大构想

28日，邓小平乘中国民航专机离京赴美。同行的有副总理方毅和外交部部长黄华等陪同人员20人，其余为工作人员和随行记者。邓小平的到来，受到美国官方和社会各界的盛况空前的热烈欢迎。但是，敌对势力却一直在蠢蠢欲动。1月29日上午10时，美国总统卡特在白宫南草坪举行正式欢迎仪式。正当卡特致欢迎词的时候，离讲台左侧四五米处的记者群里突然冒出一男一女，挥舞着拳头大声呼叫。这时夹杂在记者人群里的秘密特工立即上前把他们架了出去。卡特没有中断讲话，仪式照常进行，在场的人们也都不动声色。处置这一突发事件前后只有几分钟。

邓小平抵美后，在次日的欢迎仪式中，卡特总统说，昨天是旧历新年，是你们春节的开始，是中国人民开始新的历程的传统日子。"对于我们两国来说，今天是团聚和开始新的历程的时刻，是和解的时刻，是久已关闭的窗户重新打开的时刻。"邓小平祝酒致答词时说："我们来到美国的时候，正好是中国的春节，是中国人民自古以来作为'一元复始、万象更新'而欢庆的节日。此时此地，我们同在座的美国朋友有一个共同的感觉：中美关系史上一个新的时代开始了！"

2月2日18时许，邓小平应邀去西蒙顿市竞技场吃晚餐并观看竞技表演。当他从旅馆下到楼下大厅准备出门乘车时，中方的随行人员在前面和两侧，后面相距数米跟进的是美方安全警卫人员凯利，中方负责安全事务的人员凌云的位置又在他的后面。突然有一个人插到凯利的前面奔向邓小平，只见凯利急步抢上前去，胳膊一挥将那人击倒，附近的警卫人员一拥而上把他捉住。邓小平在中方随行人员的护卫下安然出门上车。瞬息之间，化险为夷。事后，据美方通告，这人是美国最老的种族主义组织三K党的党徒，名叫路易斯·比姆，他被拘捕后还有几个同党举着要求释放的标语牌上街"示威"。

当晚，凌云约请美国安全局负责国宾安全的官员泰勒喝咖啡。凌云对他说："鉴于今天发生的险情，还有3天的访问必须严密部署，确保安全。我们的要求是要有百分之百的保证。"泰勒笑了，说："对邓的安全绝不许有万一，一定会做到百分之百的安全。"

第二天，美方的警卫部署显然升级了，动用了防暴队和大量的警察，一个个手拿木棍，还配有催泪弹，骑着高头大马的骑警封锁了路口，旅馆周围和参观现场实际处于戒严状态。

在访美的9天中，75岁高龄的邓小平不知疲倦地走访了华盛顿、亚特兰大、休斯敦和西雅图等美国著名城市，与美国总统和其他官员进行了会谈，会见了数以百计的议员、州长、市长、企业家和教育界人士，在不同场合向数千人直接发表讲话，回答了一批又一批记者提出的问题。随行的中国官员同美国签署了两国在教育、农业、空间技术、高能物理等方面进行合作的协议，签订了建立领事关系的协议，同意签订贸易、航空、海运协议，并就此进行了商谈。2000多名记者跟踪采访报道，美国三大电视网的黄金时间都变成了"邓小平时间"。世界舆论普遍认为，邓小平这次访美所受到的隆重接待和空前欢迎，是近20年来美国外交史上从未有过的。

1989年5月16日下午，北京人民大会堂一楼东大厅气氛温馨而热烈。厅内布置着中苏两国国旗，沙发间的茶几上摆放着一束鲜花。100多位中外记者聚集一堂，翘首以盼，等待报道一次非同寻常的高级首脑会晤。在香格里拉饭店中国新闻中心，还有数百名中外记者早就抢好了座位，焦急地等待着新闻发布会。要知道，为了抢先报道这次会晤的消息，已有1200多名中外记者云集北京。这一引起世界性广泛关注的重大新闻，就是中国领导人邓小平与苏共中央总书记戈尔巴乔夫的历史性会见。这是30年来

第四章 伟大构想

中苏两国最高领导人之间的第一次晤面。

上午 10 时 5 分,邓小平和戈尔巴乔夫出现在东大厅门口。邓小平身着整洁、朴素的深灰色中山装,迈着稳健的步子,微笑着走上前去说:"怎么样,过得愉快吗?"戈尔巴乔夫精神焕发地笑道:"在北京一切都好。"

邓小平握住戈尔巴乔夫的手说:"中国人民真诚地希望中苏关系能够得到改善。我建议利用这个机会宣布中苏关系从此实现正常化。"戈尔巴乔夫笑容满面地点着头。细心的记者注意到,邓小平与戈尔巴乔夫双手相握长达 90 秒。稍停片刻,邓小平又扬手指指正手忙脚乱揿动快门的记者,说:"趁他们还没有离开,我们也宣布两党的关系实现正常化。"两位领导人再次握手。

邓小平与戈尔巴乔夫两人久久握手的场面被中外记者纷纷抢拍下来,新闻、消息、评论、图像通过各种现代化的通信手段以最快速度发往世界

◇ 1989 年,邓小平会见戈尔巴乔夫

各地。记者们只注意到眼前这精彩的一幕，他们何曾知道，这是一次被推迟了三年的中苏高级会晤。邓小平为了争取这一天的到来，整整进行了七年多的不懈努力。

1978年12月18日至22日，中共召开了十一届三中全会，调整了对内对外政策。两个月前，邓小平出访日本，出席《中日和平友好条约》互换批准书仪式。1979年元旦，中美两国正式建立外交关系。随着中国国门的敞开和对外关系的不断发展，苏联也不得不重新考虑与中国的关系。

1982年3月，苏联最高苏维埃主席团主席、苏共中央总书记勃列日涅夫在塔什干的一次讲话中，放出一个试探气球：他一方面依旧攻击中国的政策，另一方面又谈到苏联愿意改善同中国的关系。这一信息，立即引起了邓小平的注意。邓小平在主持党中央的工作后，为了创造较长时期的国际和平环境，在处理中国对外关系上，心存四大愿望：一是实现中日关系正常化，二是实现中美关系正常化，三是解决香港回归问题，四是实现中苏关系正常化。在这四大心愿中，就其复杂性而言，恐怕要首推中苏关系了。

苏联早在社会主义阵营最具规模和实力的时候，就表现出"老子党"作风，并愈演愈烈，以致在20世纪60年代先后撤走帮助中国工作的苏联专家，撕毁两国签订的协定，废除有关项目，造成中国建设的巨大损失，严重伤害了中国人民感情。赫鲁晓夫下台后，当政的勃列日涅夫不仅丝毫不改善中苏关系，反而加强对中国的威胁，从北面、南面、西面对中国形成包围之势，严重威胁着中国的安全。毛泽东在世时，为了摆脱同时与美、苏为敌的不利局面，决定采取"一条线"战略，即从日本到欧洲，一直到美国结为"一条线"，侧重反对苏联的威胁和霸权主义。70年代这一战略的实行，对当时国际关系的变化产生了重要影响。

第四章 伟大构想

历史的一页虽然已经翻了过去，但是中苏两国之间的旧账、新账、恩恩怨怨并未了结，改善两国关系谈何容易？自从勃列日涅夫在塔什干"吹风"后，调整中苏关系一时间成为国际舆论关注的热点。但是邓小平的头脑是十分清醒的，这位阅历丰富的政治家，对改善两国关系的症结是什么，有着比旁人更深刻的认识。

1982年4月，罗马尼亚总统齐奥塞斯库对中国进行友好访问。他此行的目的，除了来了解一下改革开放后的中国外，也想就勃列日涅夫的演讲探听中国政府的态度。邓小平与齐奥塞斯库早在20年前就相识了，因此宾主谈话十分坦率，并很快将话题转到了中苏关系上。邓小平告诉齐奥塞斯库：中苏关系没有多大变化，勃列日涅夫在塔什干的讲话，我们除了对他骂我们的话表示拒绝外，对其他的我们表示注意到了。他说："我们重视实际行动。实际行动就包括阿富汗、柬埔寨问题，包括在我们的边界恢复谈判。""你见到勃列日涅夫的时候，可以告诉他，叫他先做两件事看看，从柬埔寨、阿富汗的事情上做起也可以，从中苏边界或蒙古撤军也可以。没有行动，我们不赞成，世界上的人都不会赞成。"

8月，邓小平向苏方表明：中国领导人关心中苏关系的改善，现在是应该也有可能在这一方面认真做一些实际事情的时候了。中苏双方经过协商，从10月开始，举行副外长级特使磋商，讨论和解决消除两国关系的障碍问题。但是苏联以不损害"第三国利益"为借口，不同意商谈越南从柬埔寨撤军的问题。这样，谈谈停停，磋来商去，两年过去了，没有获得实质性的进展。

1985年10月，罗马尼亚总统齐奥塞斯库再一次来到北京，邓小平仍旧在人民大会堂福建厅会见了他。宾主阔别三年再度相见，话题自然很多，然而一个重要话题仍是中苏关系。邓小平细细地向齐奥塞斯库谈对国际形势的看法。他说:"过去多年来,我们一直强调战争不可避免。经过这段时间观察,虽然战争的危险依然存在,但是和平的力量和制约战争的力量有可喜的发展。"很快话锋转到中苏关系上,邓小平鞭辟入里地分析了越南从柬埔寨撤军是解决中苏关系正常化的首要问题。他直率而幽默地说:"戈尔巴乔夫上台以后,做了很多积极的表示,但是消除三大障碍问题始终没有松口。如果我给戈尔巴乔夫当参谋,我就建议他接受这一点。"

邓小平略加思索,说:"你给我带个口信好不好?如果苏联同我们达成谅解,让越南从柬埔寨撤军,而且能办到的话,我或胡耀邦同志愿意同戈尔巴乔夫同志会见。我出国访问的历史使命已完成,但为这个问题,我可以破例。三大障碍这一条应该首先解决,我们等待答复。"

信息递过去后,苏方作出了反应。11月下旬,李鹏副总理访问保加利亚和捷克斯洛伐克路过莫斯科,戈尔巴乔夫主动会见了他,表示苏中举行高级会晤的时机已经成熟。但是,戈尔巴乔夫避而不谈促使越南从柬埔寨撤军的问题,也不同意先定议程和先决条件。于是,中苏高级会晤拖延下来。

1986年9月,邓小平在中南海紫光阁接受美国哥伦比亚广播公司采访时,再一次表达了愿意举行中苏首脑会晤的迫切心情,同时没有放弃中国一贯坚持的立场,于不露声色之中将了戈尔巴乔夫一军。然而,邓小平的两次倡议,尽管充分体现出中国方面对实现中苏关系正常化的真诚愿望,尽管戈尔巴乔夫在排除三大障碍上作出了让步姿态,但丝毫未提及柬埔寨问题,这表明苏联的亚洲战略并未改变。

1988年,国际形势发生了新的变化。虽然美苏两国在军事上保持着对其他国家的压倒性优势,但在经济上已受到严重挑战,政治上影响力也显著下降,美苏的对抗态势日益不利于苏联。苏联出于内政外交的需要,

第四章 伟大构想

不能不顺乎和平与发展的时代主流来制定对外政策。

于是，苏联在消除影响中苏关系正常化的三大障碍上有了实质性的进展。1989年1月，越南从柬埔寨撤军问题终于有了眉目，越南宣布将在9月前从柬埔寨撤出其全部军队。越南在柬驻军是中苏关系实际上处于热点和对峙的问题，这个问题有了解决方案，改善中苏关系便有了保证。2月，在中国人民喜迎新春佳节之际，苏联外长谢瓦尔德纳泽访问中国。双方经磋商确定，5月在北京举行中苏高级会晤。

邓小平与戈尔巴乔夫的历史性会晤，揭开了中苏关系史新的一页。这是邓小平在变幻莫测的国际舞台上，留下的叱咤风云的另一外交大手笔。

邓小平是中国的，也是世界的。他不止一次说过，我是一个世界公民。

★ 在邓小平胸怀的全局里，香港问题被摆在了一个绝妙的位置。经过一番思量，英国外交部最终确定由当时的香港总督麦理浩来担负投石问路的任务

1974年5月24日，英国保守党领袖爱德华·希思抵达北京。北京国际机场上悬挂着中英两国国旗，大型横幅标语上写着："热烈欢迎英国贵宾！"

这是希思第一次访问中国。毛泽东主席和周恩来总理委托当时的国务

院副总理邓小平担任主陪。5月24日,邓小平率北京市负责人吴德、外贸部部长李强、外交部副部长乔冠华以及首都群众数千人,前往机场热烈欢迎希思。邓小平与走下飞机的希思握手,对客人热情地说:"我代表周恩来总理向你表示热烈欢迎。"

第二天下午,毛泽东会见希思。毛泽东说:"很久以前中国怕欧洲。但这些都成了历史了。"这时,他对希思说:"你们剩下一个香港问题,我们现在也不谈。"

说着,毛泽东回头问坐在身旁的周恩来:"还有多少时间?"周恩来迅速准确地回答道:"是1898年租给他们的,租期99年,到1997年期满,距现在还有23年挂零。"毛泽东对希思说:"到时候怎么办,我们再商量吧。"接着,毛泽东把他巨人般的手一挥,指着坐在不远处的邓小平等人说:"是他们的事情了。"

显然,毛泽东仍坚持维持现状的方针,在有生之年不打算把收回香港列上议事日程,而是把这一使命委托给了比他年轻的领导人邓小平。

当然,邓小平在欢迎希思的宴会上曾侧面谈到香港问题,表示在将来的适当时候解决它。可见,他要担负起领导收回香港的重任。

对于香港,邓小平并不陌生。据有关史料记载,邓小平在20世纪二三十年代,曾先后五次到过香港。

第一次是1920年9月11日,年仅16岁的邓小平与83名四川同学在上海港登上了法国邮船"盎特莱蓬"号,赴法国勤工俭学。同船共有90名中国学生,其他几名为浙江籍。从四川来的84名学生公费生46名、自费生38名,邓小平为自费生,当时名为"邓希贤"。

当时一个叫冯学宗的四川籍同学记录了他们对香港的第一印象:"9月14日,船抵香港泊一天。此地背山面海、树木荫翳,商旅云集,街市宽阔，屋宇齐整。此地贸易的人虽是中国人，但那种种的管辖权，却完全属于英国的了。英人得此地之后，订立许多束缚华人的条例。近已成为沿海最繁华、最紧要的商埠了。"世界之大，天地之新奇，使邓小平这位第一次从封闭的四川盆地走出来的农家少年激动不已。行程中，每逢停靠一个码头，他都要上岸观光、猎奇。邓小平看到了家乡与外部世界的差距，萌发了许多新鲜的念头。

第二次是1929年7月到8月间，正是南方盛夏酷暑之际，邓小平奉中共中央和中央军委的派遣，告别了当时已有身孕的妻子张锡瑗，坐上南下的船，经过香港，赶赴广西领导当地党的工作和组织武装起义。

年仅25岁的邓小平作为中共中央的代表，肩负着重任，乘上南下的轮船，取道香港前往广西，随行的还有中共中央特科人员龚饮冰。站在轮船的甲板上，举目远望辽阔的海面，邓小平心情凝重。他此时此刻想尽快踏上广西的土地，去迎接新的挑战。

邓小平乘船到香港后，立即与中共南方局取得联系。当时中共南方局机关设在香港，负责广东、广西两省的工作。因为香港和上海一样是租借地，因此便于党的工作掩护。中共南方局的书记贺昌及夫人黄慕兰（黄定慧），广东省委军委书记聂荣臻和夫人张瑞华就住在香港跑马地凤凰台附近。据黄定慧（黄慕兰）回忆，邓小平到香港后住在一个旅馆里，还到贺、聂住的地方去过一次，主要是与贺昌、聂荣臻一起谈广西的工作。

第三次是1930年1月，邓小平奉命去中共中央汇报工作，他再次途经香港回到上海。邓小平汇报完工作，赶忙去看望他的妻子张锡瑗。此时张锡瑗正在上海的宝隆医院里，准备生孩子。但是谁也没想到孩子难产。好不容易将孩子生下来，张锡瑗却因此得了产褥热。那时她虽然住在医院里，但医疗条件却很差。邓小平在医院里以极其焦虑的心情，日夜陪伴着妻子。不幸的是，几天之后，张锡瑗就去世了。没过几天，孩子也夭折了。

张锡瑗的死，令邓小平十分悲痛，但他并没有在上海多耽搁几天。由于时间较紧，他连妻子的后事还未料理完毕，便匆匆地赶回广西。

第四次是1930年1月底，当邓小平又取道香港回广西时，他通过中共中央当时在香港的地下交通，找到了正在香港建秘密电台的李强，并向李强询问了到广西后如何与上海党中央用无线电联络的有关事宜。据李强回忆：那时，邓小平谈到托他代为埋葬夫人的事。

第五次是1931年2月，邓小平回到广西后，当时由于上海的中共中央机关多次受到国民党破坏，领导、地址、人员变更频繁，致使他一直没能和中共中央取得联系。当他率领红七军到达江西后，邓小平再赴上海向中共中央请示和汇报工作。他化装成一个买山货的商人，由江西行委派一个交通员随行，一路步行，经粤赣交界处的大庾岭，到达广东的南雄县。当时南雄县有中共中央的一个主要交通站。邓小平在交通站住了一夜后，即由当地党组织派另一个广东交通员带领他步行到韶关，然后乘火车到广州。在广州，他先住在一家旅馆里，待交通员买到了香港到上海的船票，当晚就由广州赶到香港，并很快由香港坐船到上海。

邓小平早年五次在香港停留的时间累计近3个月，对这座兼有殖民主义之"短"与资本主义之"长"双重特性的自由港印象深刻。此一感性认识，成为半个世纪以后邓小平提出剔除其殖民主义因素、保留其资本主义因素之"一国两制"科学构想的原始思想素材。

在解决国家统一问题上，邓小平展露过自己杰出的才能。20世纪50年代初，邓小平作为中共中央西南局第一书记和第二野战军政委，协助毛泽东为和平解放西藏、实现祖国大陆的统一作出了重要贡献。1950年5

月，邓小平主持起草的和平解放西藏的"十大政策"受到了毛泽东的高度赞赏。1951年5月正式达成的"十七条协议"，就是以这"十大政策"为基础的。协助毛泽东解决西藏问题得到的经验，为邓小平以后领导完成祖国统一大业、解决香港和澳门问题以及促进台湾回归的进程，都提供了宝贵的借鉴。

中华人民共和国成立后，邓小平参加和领导了一系列重大外交活动，显示出了杰出的外交才能。20世纪50年代，他多次访问苏联、东欧国家。60年代初，他曾率团赴莫斯科与赫鲁晓夫进行会谈。1974年4月，他在联合国大会第六届特别会议上代表中国政府发言，全面阐述了毛泽东关于"三个世界"的理论及中国政府的对外政策，引起世界舆论的普遍关注。当时的一些有识之士认为，邓小平不仅代表着新中国的形象，而且无疑也是周恩来总理的一位"最好的代理人"。渐渐地，邓小平在外交方面的卓越才华引起了毛泽东的关注，他认为邓小平是不可多得的人才。

希思首次访华那一年，邓小平已70周岁。按照孔子的格言"七十而从心所欲，不逾矩"，邓小平此时已经从事了半个多世纪的革命事业，长期担任地方和中央领导职务，在政治、经济、军事、思想、文化、外交等方面积累了宝贵的领导经验，成为治党、治国、治军的不可多得的领袖人才。他所具备的卓越领导才能，使他完全能胜任毛泽东所期待的收回香港的历史重托。

1977年7月，中共十届三中全会决定恢复邓小平原来担任的中共中央副主席、国务院副总理、中央军委副主席和中国人民解放军总参谋长的职务。邓小平的这次出山，预示着一个崭新的时代即将开始。

谁也没有料到，邓小平把他的首次亮相选择在一次由香港足球队与中国青年队进行比赛的足球场现场。就在运动员已经进场即将开哨比赛的时候，主席台上突然爆发了一片掌声。一个矮小精干的身影健步走上了主席台。邓小平同志也来看球了，当这个消息在现场广播后，整个工人体育场立刻变成了欢乐的海洋。八万多双手同时挥舞，掌声惊天动地，经久不息。在中国政坛上沉寂了一年多的邓小平神采依旧，频频向观众和香港球员招手，许多人流下了激动的眼泪。

在这些双眼湿润的人中间，有一位特殊的港人，这就是香港房地产业巨子、香港足球总会会长、亚洲足球协会执行委员霍英东先生。霍英东一生观看过多少场足球赛，他自己也记不清楚了，但他从未看到过这样激动人心的场面。这一次他真正感受到了这个小个子巨人的人格魅力。一个能够受到人民如此爱戴的领袖，必定具有扭转乾坤的伟大创造力。在中国面临历史转折的重要时期，由邓小平出来掌舵，中国就大有希望，香港问题的最终解决也必定大有希望。此情此景使霍英东忘记了自己的身份。他站在邓小平的身后像普通观众一样拍红了自己的手掌。突然，一个念头闪过了他的脑海：邓小平为什么要选择在有香港队参加的足球赛上与人民见面呢？香港问题在邓小平的心目中究竟占有多大的分量？

霍英东最早见到邓小平是在1964年的国庆之夜。当时，霍英东作为港澳同胞的知名爱国人士，收到了落款是中共中央主席毛泽东、中华人民共和国主席刘少奇、全国人大常委会委员长朱德、国务院总理周恩来和中华人民共和国副主席宋庆龄的请柬，参加国庆招待会。在招待会即将结束之时，有一位个子不高、精神抖擞的中年人向霍英东走过来，依次同港澳的知名人士握手。他就是当时的中共中央政治局委员、中共中央总书记、国务院第一副总理邓小平。霍英东还清晰地记得他的问候语："欢迎您来北京！"话语是温暖的。从邓小平的炯炯眼神中，霍英东看到了一种独有的坚毅、刚强与自信。和邓小平握手时，霍英东感觉到他很有力量。在之

第四章 伟大构想

后的几十年，特别是新的历史时期，霍英东感觉到的邓小平的力量就更真切了。

在有香港足球队参加的赛场上首次亮相，这也许并无什么特殊的原因。但邓小平对香港情有独钟，始终念念不忘香港回归祖国的问题，这倒是千真万确的。

1980年1月，邓小平在中共中央召开的一次干部会议上发表了《目前的形势和任务》的讲话，阐述了20世纪80年代中国要做的三件大事。他说，第一件事，是在国际事务中反对霸权主义，维护世界和平；第二件事，是台湾归回祖国，实现祖国统一；第三件事，要加紧经济建设，就是加紧四个现代化建设。

邓小平时代开始时就提出了香港问题，而且把它与三大任务有机地联系在一起。在邓小平胸怀的全局里，香港问题被摆在了一个绝妙的位置，成为一着内连现代化建设、外接国际关系、打通祖国统一道路的活棋。

英国以前不提香港的前途问题，是为了继续占据它；现在受形势所迫，不得不把这个问题提上议事日程，也是为了长期保持对香港的统治权力。香港于英国在外交上有战略价值，"香港的位置可以加强同澳大利亚、新西兰以及太平洋岛屿等英联邦国家的联系"，同时于英国有重大的经济利益。

在所谓"九七大限"临近之际，英国不能不为保全香港这个"会下金蛋的鹅"而想尽一切办法。选择合适的人来向中国挑明这个问题，进而诱使中国领导人在香港问题上作出让步是当务之急。经过一番思量，英国外交部最终确定由当时的香港总督麦理浩来担负投石问路的任务。

公正地讲，麦理浩是一位杰出的总督。他自1971年就任港督以来，为香港民众做了很多实事。香港经济在20世纪70年代的骄人表现，与麦理浩是无法分开的，甚至香港媒体曾称赞他把香港带进了"麦理浩时代"。英国政府选择麦理浩向邓小平提出1997香港问题，不仅因为他的身份适宜，而且由于他正得到一个来自中国政府的邀请。

1978年12月，中国对外贸易部部长李强访问香港。李强是中华人民共和国成立以后正式访问香港的第一位部长级官员。李强访问香港，是两地关系非常密切的象征。为了促进这种关系的进一步发展，李强在总督府午宴上邀请麦理浩访问北京。英国政府自然不会错过这个天赐良机，想就此让麦理浩试探中国领导人对香港前途的态度。

1979年初，英国外交部研究了麦理浩访京的安排。他们计划让总督同中国领导人主要谈三方面的问题：第一，谈香港与广东的关系问题；第二，谈香港在中国的现代化建设过程中的作用问题；第三，也是总督访京的主要目的，即趁机与中国领导人讨论一下香港的前途问题。

英国决策者感到前面两个话题都好谈，只有香港的前途问题太敏感，需要仔细研究出一个万全之策。经过左思右想，智囊们终于提出了一条计策：麦理浩访问北京时不直接试探中国领导人对香港问题的态度，而仅仅提出新界的土地租期问题，也就是只提出一个商业性技术问题而非政治问题，并强调英国此时不想谈1997年之后英国的管治问题，而只是试图从香港的利益出发来促进对其长期的投资。

1979年3月26日，麦理浩到达北京。28日晚，中方通知，次日邓小平副总理将会见港督，并希望他在会见时不要向邓小平提出1997香港问题。第二天上午10时，邓小平在人民大会堂新疆厅会见麦理浩一行，李强和港澳办主任廖承志也在场陪同。

出乎港督意料的是，寒暄之后，邓小平就直截了当地谈起了中国政府对香港问题的态度。他说："我知道，人们开始担心香港将来的前途和地位

第四章　伟大构想

问题。对这个问题，我们有一贯的立场。你们在座的各位先生都很清楚。我们历来认为，香港主权属于中华人民共和国，但香港又有它的特殊地位。香港是中国的一部分，这个问题本身不用讨论。但可以肯定的一点，就是即使到了1997年解决这个问题时，我们也会尊重香港的特殊地位。"

邓小平希望麦理浩鼓励香港实业家到大陆投资，特别要帮助发展深圳，使深圳变成一个大城市。他再次声明："即使香港回归祖国，它仍然享有特殊地位。中国尚未决定何时恢复对香港行使主权，也许1997年前收回。但不管中国如何决定，香港都会保持现状，投资者的利益都将受到保护。"

此时，麦理浩趁机提出英方关于土地租期问题的方案。他对邓小平说，1997年的逼近，使英国只能批出日益缩短的土地契约，"新界"的投资者因而遇到了很大的问题。他提出英国解决这个似乎是纯商业性问题的方案：消除土地契约中1997届满日期，代之以"只要英国管治这个地区就有效"的内容。邓小平没有正面回答英方提出的这个老奸巨猾的问题。他机智地说，告诉投资者"放心好了"。

麦理浩并不死心，继续提出英国的方案。他说，虽然邓副总理的保证值得欢迎，但这并没有解除人们由于土地租期日益缩短而产生的忧虑，要消除这种忧虑，就得消除1997年这个截止期限。面对港督的再次挑战，邓小平深思熟虑：不管怎么去说土地租期，都必须避免提及"英国的管治"。说未来的香港"将保持不变"，并不是指其政治状况，而只是指未来香港的资本主义制度将保持不变，同时投资者不受损害。他再次明确告诉麦理浩"请投资的人放心"。

港督与邓小平的会谈就这样结束了。虽然英方没达到预期目标，但至少从邓小平的谈话中得到了中国政府关于香港经济前途的极其重要的保证。

其实，在会见港督麦理浩之前，邓小平已经对解决香港前途问题有了清晰的思路。更确切地说，思路是先从台湾问题上打开的。在中美谈判过程中，台湾问题是其中最棘手的问题。为了妥善解决这个问题，邓小平提出了新的构想。从1978年下半年到1979年初，他在会见日本、美国、缅甸等国外宾时提出：我们希望用和平方式解决台湾问题，但不作不使用武力的承诺；祖国要统一，但在解决台湾问题时，我们会尊重台湾的现实，可以保留原来的社会制度、经济制度，生活方式可以不动。邓小平在这里提出的，就是后来所说的"一国两制"的雏形。

邓小平没有孤立地构思解决台湾问题的方案，而是把台、港、澳回归祖国问题统筹考虑。1979年1月18日，他在会见美国参议院军事委员会特别任务小组议员团时说，台湾回归后，首先它的社会制度不变、它的生活方式不变。他接着指出，我们对待香港问题、澳门问题的政策也是如此。

不过，由于香港前途仍然没有真正明朗起来，加上其他一些因素的搅扰，港人尤其是投资者的信心不多久开始发生大的波动。在这种背景下，英国外交大臣卡林顿亲自出马，准备向邓小平再讨一个"定心丸"。

1981年4月3日，邓小平在北京会见来访的卡林顿。英国外交大臣说："我来之前在香港逗留了两三天，离开时我有一个感觉，因为我们英国是依靠法律办事的，也许有点过分，所以尽管你作出保证，1997年这个日子仍使香港的人感到不安。你和我都认为这种担心不必要，但事实是，由于1997年这个日子日益逼近，人们签订房地产契约和抵押契约时，必须要考虑期限和合同的合法性问题，这将会碰到不少困难。我不想夸大这个问题，但继续保持香港的稳定和繁荣，对我们双方都是有利的。"

邓小平说："对这个问题我们不能说更多的话，但我们可以郑重地说，我在1979年同麦理浩爵士谈话时所作的保证，是中国政府正式的立

第四章 伟大构想

场，是可以依赖的。你可以告诉香港的投资者，放心好了。"

事后，卡林顿在北京举行记者招待会。他告诉盼望得到新精神的人们说，邓小平又一次讲"投资人完全可以放心"。

这年7月18日上午，邓小平以中共中央副主席的身份在北京人民大会堂福建厅会见香港《明报》社长查良镛（即金庸）。7月的北京，天气炎热，金庸郑重其事，穿着西装，打着领带，带着妻子林乐怡和一对子女，在全国人大常委会副委员长、国务院港澳办主任廖承志的陪同下，走进人民大会堂。邓小平穿着短袖衬衫，站在福建厅门口迎接。一见到金庸，立即走上前，热烈地握着金庸的手，满脸笑容地说："欢迎查先生回来看看。你的小说我读过，我们已经是老朋友了。"并同金庸及他的妻子和子女合影。金庸对邓小平说："我一直对您很仰慕，今天能够见到您，感到荣幸。"邓小平笑盈盈地说："对查先生，我也是知名已久了！我这是第三次重出江湖啊！你书中的主角大多是历经磨难才终成大事，这是人生的规律。"

在金庸看来，邓小平是郭靖般的英雄人物。邓小平对金庸也早已熟知，在20世纪70年代后期自江西返回北京，就托人从境外买到一套金庸的小说，很喜欢读。金庸《明报》社评他也是知道的。从20世纪70年代后期起，金庸在《明报》积极支持邓小平主张的改革开放政策。他认为"邓小平有魄力、有远见，在中国推行改革开放路线，推翻了以前不合理的制度，令人佩服。真正的英雄，并不取决于他打下多少江山，要看他能不能为人民百姓带来幸福"。在中共领导人中，他最想见的就是邓小平。邓小平在人民大会堂正式单独会见的第一位香港同胞便是金庸。

一个多小时的会见，气氛欢快，宾主谈笑间有"英雄所见略同"的思想火花。在这次会见中，邓小平有没有谈到香港的回归问题呢？目前没有发现相应的记载，但有一个现象是耐人寻味的，也就是在这次会见之后，金庸对中国政府恢复行使香港主权的一系列"动作"都"预测"得相当准确。如1981年12月26日，金庸在《明报》的一篇社论中指出，中国政府将会在1997年之前的15年宣布恢复对香港行使主权，并宣布香港的现状将维持不变——这次会见可能给金庸的"预测"垫了一个"底"。显然，金庸十分了解邓小平对香港的一贯立场。

★ 锋芒毕露的"铁娘子"在会谈中碰上硬钉子，以致神思恍惚而在人民大会堂门外摔了一跤。邓小平很清楚地读出了对手立场的微妙变化，适时地给英方一个下台阶的机会

1981年9月底，叶剑英委员长宣布了中国政府关于台湾回归祖国实现和平统一的九条方针政策。对港政策虽然与对台政策有所不同，但在许多基本政策上是相通的。邓小平和其他中央领导人决定依照对台政策的路子，加快制定具体的对港政策。

1982年1月10日，邓小平在接见一位海外朋友时说："'九条'实际上就是'一个国家，两种制度'。"

邓小平为制订解决香港前途问题的具体方案，亲自作调查研究，与香港人士交谈，一方面向他们阐述中国政府的对港政策，另一方面虚心倾听港人的心声，以补充和完善这些方针政策。不久，中国政府对香港的"十二条"基本政策制定出来了。

第四章 伟大构想

这年1月，英国副外交大臣兼掌玺大臣艾金斯访问中国。艾金斯发现，中国开始把解决香港前途问题摆上重要日程，并提出了处理香港问题的进一步政策。中国政府明确表示，中国将恢复对香港行使主权，但保持香港的繁荣；香港继续保持自由港和商业、金融中心的地位。对此，中国将广泛征求香港各界人士的意见，在吸收港人意见的基础上来修改自己的方案。

4月上旬，英国前首相希思作为民间使者，为进一步了解中国政府关于解决香港问题的方针政策，专程访问中国。邓小平会见了这位老朋友。希思回顾了1974年5月毛泽东同他会见谈到香港问题时的情景，对邓小平说："那次你也在座。当时毛主席和周总理说，反正要到1997年，还早哪，还是让年轻人去管吧。现在离1997年只有15年的时间了，你是如何考虑在这期间处理这个问题的？"

邓小平说，香港的主权是中国的，包括"新界"，即整个香港。过去是不平等条约，实际上是废除的问题。他十分诚恳地告诉希思："我们是多年的老朋友了。如中国到时不收回香港，我们这些领导人谁也交不了账。"

邓小平还向老朋友透露：中国政府已经确定了解决香港问题的政策，这些政策与中国对台湾的"九条"方针的精神是基本一致的。他问希思，英国是否同意按中国的这种思路来协商解决香港问题。邓小平还请希思把中国的这种考虑转告撒切尔夫人。

雄心勃勃的撒切尔夫人登上英国首相宝座后，推行强硬的内外政策，以使英国重新振兴。在这种背景下，被媒介称为"铁女人"与"冷战专家"的撒切尔夫人也酝酿了解决香港前途问题的方案。撒切尔夫人对自己的外号并不恼火，相反还非常高兴地说："这是他们对我的最好赞扬。""他们说对了，英国需要一个铁女人。"

9月24日上午9点，中共中央顾问委员会主任、中央军委主席邓小平在人民大会堂福建厅会见来访的撒切尔夫人。中方陪同会见的有外交部部长黄华、外交部副部长章文晋、中国驻英大使柯华。英方陪同会见的有香港新任总督尤德、首相首席私人秘书巴特勒、驻华大使柯利达。会谈原定时间为一个半小时，但实际上整整延长了 50 分钟，足见双方较量的激烈程度。

撒切尔夫人知道此次会谈极为关键，因此早早就作好了准备，提前来到了人民大会堂。她穿着一身蓝底红点的丝质西装套裙，脚蹬一双黑色高跟鞋，手提一只黑色手袋，脖子上挂着一条珍珠项链，显得高贵动人。由于英国方面已经正式公开了其"绝不妥协"的解决香港问题的立场，因此，邓小平决定"硬碰硬"。会谈开始前，邓小平就对身边的工作人员说："香港不是马尔维纳斯，中国不是阿根廷。"两人见面的"寒暄"亦颇为微妙——撒切尔夫人对邓小平说："我作为现任首相访华，见到你很高兴。"邓小平说："是呀！英国的首相我认识几个，但我认识的现在都下台了。欢迎你来呀。"会谈开始时，两位领导人先聊了一下轻松的话题，他们说起了在伦敦住了几十年的马克思。撒切尔夫人说，马克思写了一部《资本论》，可他恰恰最缺资本！

会谈进入正题后，撒切尔夫人按照事先设计好的方案，摆出强硬姿态，打出"三个条约有效"和"维护香港繁荣稳定离不开英国"这两张牌，坚持三个条约必须遵守。她恐吓邓小平说："如果中国收回香港，就会给香港带来灾难性的影响。要想维持香港的繁荣，就必须继续由英国来管治它。"

邓小平有理有据，寸步不让，表现得更为强硬。他首先指出："这次批判，除了要解决香港回归中国问题之外，还要磋商解决另外两个主要问题，一个是 1997 年后采取什么方式来管理香港，继续保持它的繁荣；另一

第四章 伟大构想

◇ "钢铁公司"邓小平与"铁娘子"撒切尔夫人

个是中英两国政府要妥善商谈如何使香港从现在到 1997 年的 15 年中不出大的波动。"谈到香港的主权归属问题时,邓小平毫不含糊地指出:"中国在这个问题上没有回旋余地。坦率地讲,主权不是一个可以讨论的问题。现在时机已经成熟,应该明确肯定 1997 年中国将收回香港。就是说,中国要收回的不仅是新界,而且包括香港岛、九龙。"在此,邓小平重申中华人民共和国成立以来始终不承认 19 世纪 3 个不平等条约的一贯立场。

邓小平告诉撒切尔夫人,收回香港,是全中国人民乃至全世界人民的意愿。他强调,如果 1997 年不收回香港,任何一个中国领导人和政府都无法向中国人民交代,甚至也不能向世界人民交代。"如果不收回,就意味着中国政府是晚清政府,中国领导人是李鸿章!"

邓小平对撒切尔夫人说,在不迟于一两年的时间内,中国就要正式宣布收回香港的决策。"中国宣布这个决策，从大的方面来讲，对英国也是有利的，因为这意味着届时英国将彻底地结束殖民统治时代，在世界公论面前会得到好评。"他说，之所以中国还要等一两年才正式宣布收回香港，是希望在这段时间里同香港各界人士广泛交换意见，听取英国政府对我们提出的建议，以便制定我们在15年中和15年后的方针政策。

针对撒切尔夫人关于香港的繁荣离不开英国管理的观点，邓小平说："保持香港的繁荣，我们希望取得英国的合作，但这不是说，香港继续保持繁荣必须在英国的管辖之下才能实现。香港继续保持繁荣，根本上取决于中国收回香港后，在中国的管辖之下，实行适合于香港的政策。"

中国宣布1997年收回香港，香港会不会发生波动？邓小平回答，小波动不可避免，"如果中英两国抱着合作的态度来解决这个问题，就能避免大的波动"。他还告诉撒切尔夫人，中国政府在作出这个决策时，各种可能都估计到了，"还考虑了我们不愿意考虑的一个问题，就是如果在15年的过渡时期内香港发生严重的波动，怎么办？那时，中国政府将被迫不得不对收回的时间和方式另作考虑。如果说宣布要收回香港就像夫人说的'带来灾难性的影响'，那我们要勇敢地面对这个灾难，做出决策"。邓小平说，他所担心的就是今后15年如何过渡好。

激烈交锋后，两位领导人商量起会谈公报问题。邓小平建议会谈能达成这样一个协议，即"双方同意通过外交途径开始进行香港问题的磋商。前提是1997年中国收回香港，在这个基础上磋商解决今后15年怎样过渡得好以及15年以后香港怎么办的问题"。但是，撒切尔夫人坚决不同意邓小平的这个建议，特别是拒绝以1997年中国收回香港为前提。经过一阵争执，双方同意发表一个不作任何实质性承诺的会谈公报。

会谈结束后，撒切尔夫人显然仍然被邓小平上述极其坚定而严密的话

第四章 伟大构想

所震撼着,以致神思恍惚,在大会堂门外的台阶上摔了一跤。她被扶起来后说:"没事。"

下午,撒切尔夫人召开中外记者招待会。在向记者宣读声明时,她的声音一时变得嘶哑,但她仍然坚持念完全文只有 83 字的声明。

撒切尔夫人没有想到邓小平如此强硬。回去之后,她私下对驻华大使柯利达说:"哎哟,邓小平真残酷啊!"从此,香港问题谈判陷入僵局。

这一年年底,五届全国人大五次会议通过了《中华人民共和国宪法》,其中第 31 条规定:"国家在必要时得设立特别行政区。在特别行政区内实行的制度按照具体情况由全国人民代表大会以法律规定。"次年 6 月,六届全国人大一次会议将要召开。如果到那时中英谈判仍然处于僵持状态,中方就可能通过全国人大,单独宣布自己的对港政策。

谈判出现僵局,不仅中国政府和广大港人着急,英国领导人也焦急不安。1983 年 1 月 28 日,撒切尔首相召集政府高层官员和港督尤德开会讨论香港问题。撒切尔夫人提出,在谈判无进展的情况下,应在香港发展民主体制,使它能在短期内获得独立或自治。她还提议在香港搞全民公决。但与会者都不赞成首相的设想。

3 月 7 日,撒切尔夫人在同柯利达和尤德商讨对策时,柯利达不赞成主张由撒切尔夫人写一封信给中国总理,表示只在香港的管理问题上达成一致意见,她就愿意就主权问题"考虑"向英国议会"提出建议"。信中并没有痛快地承诺让中国恢复对香港行使主权,而是附加了一大堆条件。

尽管英方来信充满机巧,邓小平却很清楚地读出了对手立场的微妙变化,并以自己的灵活姿态积极回应,适时地给英方一个下台阶的机会,准备与英国代表举行正式谈判,以便迅速打破谈判的僵局,解开主权问题上的死结。

谈判原计划于6月开始，但由于英国提前举行大选，双方同意会谈在7月开始。

在6月召开的全国人大和全国政协两个会议期间，邓小平曾会见参加两会的港澳人士。他在谈到中方在主权问题上的灵活策略时说，我们考虑到若要英方在承认中国对香港主权的先决条件下进行谈判，英国方面认为"有失面子"，因此，"要给英国人下台阶"。他还指出，如果先谈"1997年后"怎么办的问题，就可以避开主权问题的障碍。而"1997年后"的问题谈好了，中国恢复对香港行使主权问题也就很顺利了。

从7月中旬开始的第一轮会谈到9月下旬的第四轮会谈前后，英方软硬兼施，会场内外互相配合，大打所谓的"民意""经济"两张牌。于是，会谈未取得任何成果，却又触发了更为凶猛的金融动荡。一时间，香港人心惶惶，社会极为不安。

为此，中国政府和各界人士以及香港民众、舆论界和各爱国团体纷纷进行反击，发表大量文章，组织各种活动，批评英国的做法。中国领导人更加明确表示了对香港前途的态度。8月15日，中共中央总书记胡耀邦在会见一个日本代表团时宣布，中国政府将于1997年7月1日收回香港。这是中国领导人第一次正式宣布收回香港的日期。

会谈再次面临危机，英国前首相希思深感忧虑。他急忙飞到北京，会见中国领导人，打算利用自己的特殊身份，再次做沟通两国领导人的工作，为打破谈判僵局贡献一点力量。9月10日，邓小平又一次会见了希思。两位老朋友亲切地寒暄了一番。当话题转到香港问题时，气氛一下子变得格外沉重。邓小平对英国政府在当时谈判中的做法极为不满，他斩钉截铁地宣布，想用主权来换治权是行不通的！"22日要会谈（指第四次会谈），我希望不要再纠缠在治权问题上。不要搞成中国单方面发表声明收回香港，而是要中英联合发表声明。联合声明的方式对两家都好，不是说哪一家更好，特别是涉及中英长期的关系。"

邓小平告诫说："在香港问题上，我希望撒切尔首相和她的政府采取明智的态度，不要把路走绝了。如果英方不改变态度，中国就不得不在1984年9月单方面公布解决香港问题的方针政策。"希思向邓小平表示，他将把这番话转告撒切尔夫人，并劝首相改变以主权换治权的做法。

★《中英关于香港问题的联合声明》正式签署后，中国政府开始研究如何组织起草香港基本法。1987年4月16日，邓小平在会见基本法起草委员会全体委员时，提醒起草委员会的委员们，起草基本法要从香港的实际出发

迫于形势，英国政府在第四轮会谈后开始考虑采取措施稳定香港经济，并准备在谈判中实行退却策略。

1984年的春天来得很早。早来的春天气息恰到好处地烘托出中英谈判的新气氛。为了推动谈判取得更大进展，英国外交大臣杰弗里·豪4月中旬访华。豪在会见邓小平时提出，9月只能作为协议草签的期限，而不是最后批准生效的时间。邓小平问，草签以后为什么不马上正式签字。豪回答，议会九十月份要休假，11月份才能复会，所以只能在年底以前签字。邓小平表示理解。双方于是确定9月底草签并公布协议，年底前正式

签字。

两个小时的会谈,取得重大的成果。中国新闻媒介的评价和介绍是,双方"就有关香港的重大问题广泛地交换了意见,并取得了一致的见解"。

中英双方经过22轮的谈判,直到1984年9月才落下帷幕。9月26日上午10点整,在北京人民大会堂西大厅,中英两国谈判代表团举行了庄严的联合声明草签仪式。

香港回归祖国,全国人民期盼着,炎黄子孙急切地等待着那一天的到来。笔者以同样的心情期待着那一天早点到来。以当时的诗作《孩子,该回家了》为证——

  衣不蔽体的母亲一度抛弃了你
  于是 可恨的强盗将你拐走
  不堪回首的150多年前
  长江哭了黄河哭了巍巍昆仑哭了
  泪水 打湿了整整一个世纪

  历史驶进新的港湾
  骄傲的黑头发挺起强盛
  自豪的黄皮肤炫耀着丰满
  22轮政坛上的马拉松赛
  "一国两制"的辉煌
  穿中山装的东方矮个子发出
  神圣的请柬——
  孩子,该回家了

第四章　伟大构想

遗失长城外的秦砖汉瓦听了

幸福地哭——

妈妈，我好想你

香江水汩汩地流向长江黄河

添砖加瓦的华厦问鼎长空

回家的路上洒满阳光

火红的紫荆盛开热烈的花

倒计时牌上的阿拉伯数字在读秒

聚焦炎黄子孙的期盼与荣辱

该回家了，孩子

1997沿途顺风平安

声明草签几天后，北京举行了规模空前盛大的中华人民共和国成立35周年庆典。10月3日，邓小平在人民大会堂会见港澳同胞国庆观礼团全体成员时欣喜地说："你们这么多人回来观礼，我非常高兴！我看香港一定有希望！这次回来观礼的，各行各业各界人士都有，各种不同政治观点的人也都来了，这说明大家都赞成中国恢复对香港行使主权，赞成中英两国政府所达成的协议的内容。"在谈话中，他再次表示，他愿意活到1997年，亲眼看到中国对香港恢复行使主权，到香港"走一走，看一看"。

接下来，邓小平又谈起观礼团代表们最关心的中国对香港政策（也包括中国的改革开放政策）会不会"变"的问题。他笑着对大家说："现在有些人就是担心我们这些人不在了，政策会变，感谢大家对我们这些老头子的信任。今天我要告诉大家，我们的政策不会变，谁也变不了。因为这些政策见效、对头，人民都拥护。既然是人民拥护，谁要变人民就会反对。"

入冬的北京寒气袭人，然而，人民大会堂内却春意盎然，一派热烈气氛。觥筹交错，贺音频频，这是邓小平与撒切尔夫人等中英双方有关人士参加中英联合声明正式签字的场面。550万香港市民、10亿内地同胞和全球无数双眼睛，从卫星转播的电视屏幕上，见证了12月19日下午5时30分中英关系发展史上闪光的时刻。

此前两天，即12月17日，包玉刚应邀来到北京，他的身份是香港《中英关于香港问题的联合声明》起草委员会成员。18日，包玉刚作为港澳101人代表团团员，前往北京机场迎接前来签署《中英关于香港问题的联合声明》的英国首相撒切尔夫人；19日，他出席了签字仪式，邓小平当时对撒切尔夫人的讲话，包玉刚听得十分真切，邓小平说："我们两国的领导人就香港问题达成协议，为各自的国家和人民做了一件非常有意义的事情。香港问题不解决，在我们两国之间人民之间总是存在着阴影，现在这个阴影消除了，我们两国之间的合作和两国人民之间的友好前景光明。"也就是在仪式结束时，包玉刚接到通知，邓小平明天要单独会见他。

第二天，也就是12月20日，包玉刚专门着意"打扮"，仪表庄重大方，喜滋滋地提前出门，他走进人民大会堂接见厅时，邓小平已经先到了。包玉刚笑着伸出双手向邓小平快步走去，邓小平也伸出手，声音洪亮地说："你好，船王，我们又见面了！"

邓小平抽着香烟，谈笑风生。他说："解决香港问题的经验如果用于台湾，将对大家都有利，对美国也有利。"他还说："中美之间的问题还是一个台湾问题。中英关于香港问题的联合声明，消除了中英之间的阴影，解决了台湾问题，中美之间的阴影也将消除。"他进而强调说："香港问题解决了，这是一个扎扎实实的现实嘛。"

在中英就香港问题签署联合声明的第二天，邓小平就单独会见包玉

第四章　伟大构想

刚，包玉刚心情十分激动，知道邓小平在这样的时刻接见自己的重要性。包玉刚显得很高兴，他告诉邓小平，他最近访问了家乡宁波，他这是近40年首次回家乡，并介绍了宁波的情况，顺便提及向家乡捐赠5000万元人民币，准备创办一所宁波大学的事。邓小平听后很高兴，说："你很热心啊！"邓小平对包玉刚为中国、为家乡做了许多事情表示赞赏。"船王"以宁波家乡人的身份邀请邓小平访问宁波，邓小平非常高兴地接受了邀请，说："很想去宁波看看啊！"会见后，邓小平设午宴招待包玉刚和他的家属。

当时，香港同胞中与邓小平见面次数最多的，要数"船王"包玉刚，关于他受到邓小平接见的新闻报道就达9次。

再说12月19日《中英关于香港问题的联合声明》正式签署之后，"铁娘子"撒切尔夫人率英国代表团离开人民大会堂。当撒切尔夫人走出大会

◇《中英关于香港问题的联合声明》签署后，邓小平会见英国首相撒切尔夫人

堂沿着长长的台阶缓缓拾级而下时，突然，她神思恍惚，右脚不慎滑了一下，形成了一种单腿跪倒的姿势，恰好被参加国际刑警联席会议的美国警察总监斯米洛拍摄下来。当时陪同撒切尔夫人一块出来的邓小平得知后指示：把影响缩小到最低程度。

公安部部长助理兼国际刑警组织中国国家中心局局长朱恩涛说出了自己的方案：主人邀请客人参观毛主席纪念堂。毛主席纪念堂有一条严格的纪律，即参观者不准携带任何物品入内。斯米洛的相机也不能例外，这样就名正言顺地交与毛主席纪念堂的工作人员保管。只要相机在中国人手里，有5分钟就解决问题了。

公安部部长刘复之慎重地说："要注意分寸，这只是我方的计划，万一计划赶不上变化，要迅速通知我。"朱恩涛点头道："你给我一名光学专家。另外，向北京京剧院借一台《智取生辰纲》的折子戏。""折子戏？要它干吗？""以防不测！"

第二天，朱恩涛向斯米洛提出参观毛主席纪念堂时，他竟连连摇头："No！ No！我对政治老人不感兴趣。"

"那就参观瀛台，那是囚禁清朝皇帝的地方。"这下斯米洛有了兴趣："皇帝的监狱？去看看。"

"这哪里是皇帝的囚牢，这明明是上帝的天堂！"斯米洛被这如诗如画的景色迷住了。

突然，一股水柱从草丛里喷射出来，把朱恩涛和斯米洛全身淋湿。一名园工吓得慌忙从树丛中站出来，连声道歉。原来他正在这里安装喷水管……斯米洛脱下外衣，把相机交给了中国陪同人员张剑。朱恩涛提议说："我们先去涵元殿观赏京剧，看看古代的梁山好汉是如何造反的。戏看完了，我们的衣服也送来了。"

第四章 伟大构想

涵元殿里,《智取生辰纲》开始了。可5分钟后,斯米洛有些不耐烦了。偏偏这个时候,张剑传来消息:相机有密码程序,光学专家无法打开。朱恩涛马上吩咐张剑:"电告刘部长,让公安部马上派一个解码专家。"他回头对京剧院的负责人刘锦说:"换戏!"

"换戏?""换《三岔口》。""你说换戏就换戏,咋换?服装、道具、演员都没有,怎么演?""我不管,想想办法。"刘锦无法,亲自登台。《三岔口》引得斯米洛连连击掌叫绝。

戏接近尾声了。斯米洛对朱恩涛说:"请把我的照相机拿来,我要拍几张剧照。"朱恩涛说:"别激动,最精彩的还在后头。"张剑终于出现了。朱恩涛长长地松了一口气。

一周后的一天,朱恩涛上班拿起办公桌上的一张《华盛顿邮报》,头版头条刊登了一则消息:《香港将成为"铁娘子"政治生涯的滑铁卢》。

那张经过专家处理过的照片赫然在目:一个"醉意朦胧"的太阳拥抱着"铁娘子",那跪下的腿和弯曲的脚在阳光闪烁中虚化了……

中英联合声明正式签署后,中国政府开始研究如何组织起草香港基本法。1987年4月16日,邓小平在会见基本法起草委员会全体委员时,精辟阐述:"我们的'一国两制'能不能真正成功,要体现在香港特别行政区基本法里面。这个基本法还要为澳门、台湾作一个范例。所以,这个基本法很重要。""过去我曾讲过,基本法不宜太细。香港的制度也不能完全西化,不能照搬西方的一套。香港现在就不是实行英国的制度、美国的制度,这样也过了一个半世纪了。"邓小平提醒起草委员会的委员们,起草基本法要从香港的实际出发。

1990年4月4日,一个具有创造性的杰作终于诞生。这一天,七届全国人大三次会议审议通过了《中华人民共和国香港特别行政区基本法》

及其3个附件。

1989年春夏之交，北京发生政治风波。以美国为首的西方世界对中国这一内部问题反应强烈，迅速采取对华制裁措施。英国也积极加入西方特别是欧共体制裁中国的行列，在香港问题上改变了多年来的合作态度，从多方面向中国政府设置障碍。英国朝野人士对中英联合声明的有效性也产生了争论，并充分运用港人"信心牌"和"民意牌"向中国施加压力，企图做那些在香港问题谈判期间未能办到的事。

1991年以后，国际局势再次发生剧变，英方对中国形势作出新的估测，对华政策向对抗的方向急速转变。彭定康走马上任为末代港督后，推行"三违反"的政改方案，导致中英之间异常激烈的争论。为此，香港过渡期出现惊涛骇浪。

虽然邓小平在1989年11月已经正式退休，但他仍然极为关注改革开放事业和香港过渡期的动态，并在关键时刻提出建议，在战略上为党中央出谋划策。在中英就彭定康政改方案激烈交锋的时刻，朱镕基副总理于1992年11月15日抵达伦敦开始访问活动。朱镕基在访英之前，曾得到邓小平的指示，要他做出坚决反击彭定康提出"三违反"政改方案的对抗姿态。11月16日，朱镕基在英国皇家国际事务研究所发表演说回答提问时表示，英方挑起了中英在香港问题上的对抗，这是中方所不希望看到的局面。"但是，不要以为对抗可以迫使我们在原则问题上让步。"在次日上午，会见梅杰首相和赫德外相时，朱镕基代表中国政府重申反对彭定康政改方案的坚定立场，希望英方以维护香港繁荣稳定大局和两国共同利益为重，回到中英联合声明规定的磋商和合作的轨道上来。朱镕基的演说和声明引起强烈反响，英国上下为之震撼，香港各界纷纷表示赞成朱镕基的立场，敦促英方和中国重新磋商香港回归后的政制问题。

第四章　伟大构想

1993年1月，邓小平就彭定康推出政改方案而引发中英对抗向有关方面发表谈话。他深刻地分析说，英国在撤出香港之前"搅局"，是蓄谋已久的、精心策划的，应该清醒地认识到这场斗争的不可避免性。我们在原则问题上不能退让，不用说一寸，一分一毫也不能让！越让就越被动，局面就越复杂、混乱。邓小平接着说，我们要尽一切努力使香港的局势好转，但是同时也必须作好香港在过渡时期的最后几年里出现最坏情况的一切准备工作。你英国可以单方面撕毁两国联合声明、两国谅解协议，但是我们中国贯彻执行基本法、实施"一国两制"则是坚定不移的。最后，他提出，我们同英国政府和港英当局是一再打招呼，希望按声明、协议办，少些纷争，多些合作。但是英国政府和港英当局硬要搞对抗的话，我们就没有其他选择，只有奉陪到底。邓小平坚信主动权掌握在中方手里，彭定康挑起政改对抗不得人心，最终是不会有什么好结果的。

从1993年4月至同年11月，中英又就香港政改问题举行了17轮会谈。但由于英方没有诚意，谈判以破裂而告终。彭定康操纵香港立法局，于1994年上半年通过了他的政改方案。针对港英当局一意孤行的顽固态度，中国政府在内地和香港人民的支持下，果断地"另起炉灶"，成立了香港特别行政区筹备委员会预备工作委员会，提前做了一些必要的工作，体现了邓小平的战略方针，使我方处于主动的地位。

在日益增强的压力下，英国政府最终还是要从自身利益出发考虑问题，同时也为了能实现"光荣撤退"，英方从1994年下半年起，逐步调整政策，重新摆出了与中方合作的姿态。

1995年12月28日，八届全国人大常委会第17次会议经过表决，通过了全国人大香港特别行政区筹备委员会组成人员名单。与预委会不同，筹委会不仅是一个工作机构，而且是一个权力机构，它肩负着筹组第一届香港特别行政区政府及筹备其他有关事宜的重大历史使命。筹备会的成立，标志着中国在香港恢复行使主权进入具体实施阶段。

1996年1月28日，中华人民共和国国务院、中华人民共和国中央军事委员会在北京发布公告：中国驻香港特别行政区部队组建完成，驻港部队由陆、海、空部队组成，隶属于中华人民共和国中央军事委员会领导。

12月11日，是香港历史上具有重要意义的日子。董建华在香港特别行政区第一届政府推选委员会举行的第三次全体会议上当选为特别行政区首任行政长官，这是香港历史上第一次由港人自己推选的最高行政长官。

随着CCTV"新闻联播"播发有关新闻，笔者眼前展现出即将回归的香港的美好前景，不免感慨万千，信手拈来——

> 海运鸦片烽烟起，丧权割地羞百年。
> 殖民受辱恨切齿，强国威军荣归权。
> 宏论两制收国壤，港陆一家庆团圆。
> 宝岛增辉明珠耀，港人治港谱新篇。

1997年7月1日零点零分零秒，高悬在中国香港土地上150多年的英国米字旗颓然降下，五星红旗冉冉升起。此时此刻，人们自然而然地想到了为中国革命和建设建立了丰功伟绩、为香港回归祖国立下汗马功劳的邓小平。然而，一生曾或路过、或停留、或参加会议谋划革命大计而五下香港的邓小平，早在4个多月前离开自己所眷恋的世界，却再也不能重踏这片已回到祖国母亲怀抱的热土。但他的夫人卓琳作为中国政府代表团的成员踏上了香港这片神圣的国土，带去了邓小平对香港的深情和厚爱。

香港回归祖国，洗刷了中华民族百年耻辱，香港的历史从此翻开了新

第四章　伟大构想

的一页，邓小平"一国两制"的构想开始变为现实。

清朝腐败百年耻，无理英邦挂米旗。"两制"共存走特色，炎黄一统赋新诗。在这激动人心的时刻，笔者展纸，写下了《祝福你，香港》诗一首——

撒切尔夫人习惯于1842年的路径
一不小心跌倒在人民大会堂前的台阶上
百年的热盼　百年的相思　百年的梦圆
公元1997年7月1日零时零分零秒
歌声　舞姿　笑脸
彩球　欢呼　不夜天
天涯，共此时
心愿，在礼花中怒放
世界的目光凝望着东方
全球为中国喝彩

8000多名记者组成的多国部队把镜头对准
南中国世纪的辉煌
日不落的米字旗徐徐落下
五星红旗在太平山升起尊严升起自豪
静海寺的警世钟告诫世人——
落后便要挨打

很遗憾，瞩目的贵宾席上

缺少一位平凡而伟大的老人
这位蜀道上走出的中国儿子
个头儿不高 但高山仰止
世纪的庆典 团圆的缺憾
为了这一天，他策划设计了一次次

山那边 海那边
离家的娃娃归心似箭
白海豚踏着浪回家
960万平方公里的大酒杯盛满喜悦
56朵硕大的花吐出共同的心声——
祝福你，香港

★ 1987年4月13日，中葡双方正式签署了联合声明。而在香港、澳门相继确定回归祖国之后，解决台湾问题成了完成祖国统一大业的大结局问题

1979年2月8日，中华人民共和国和葡萄牙共和国正式建立大使级外交关系。在建交谈判过程中，中葡双方达成谅解，澳门是中国的领土，暂由葡萄牙管理，双方将在适当时候通过友好协商解决澳门问题。

第四章 伟大构想

1985年5月，葡萄牙总统埃亚内斯应邀访问中国，他是第一位访问中国的葡萄牙国家元首。在访华期间，中国领导人与埃亚内斯就澳门问题进行了友好磋商，双方认为解决这一历史遗留下来的问题的时机已经成熟。邓小平在会见埃亚内斯时表示："中葡之间没有矛盾，更没有必要吵架。我们之间只有一个澳门问题，这个问题原则上已经在1979年解决。"埃亚内斯也表示，遗留下来的问题是容易解决的。

从1986年6月30日开始，到1987年4月13日，历时9个月又14天，中葡双方共举行了四轮会谈，最后双方正式签署了联合声明。当然，在中葡谈判期间也不是中国拿出"本子"，葡方只说"好，好，好"照单全收。谈判过程中，双方也曾就中国对澳门恢复行使主权的时间和部分澳门居民的国籍问题等有过争论。但在双方的努力下，这些问题都顺利地解决了。

"百川终入海，九九归其宗。"1999年12月20日零时，全世界的目光都注视着一个地方：中国澳门。在新世纪的曙光即将喷薄而出之际，澳门这个历经沧桑的游子，也终于回到祖国母亲的怀抱。那一刻，多少炎黄子孙为伟大祖国的强大而流下了幸福的眼泪。同样，作为中国代表团一员的卓琳难以抑制眼角的泪水，83岁的她替邓小平踏上了澳门的土地。可以告慰邓小平的是，由他精心设计的"一国两制"的蓝图在祖国南海之滨的濠江也付诸实施。真可谓"大手笔纵横捭阖，庆回归水到渠成"。

"遥知兄弟登高处，遍插茱萸少一人。"香港、澳门相继确定回归祖国之后，解决台湾问题成了完成祖国统一大业的大结局问题。台湾问题是20世纪中国内战遗留下来的问题。1949年10月1日，中华人民共和国中央人民政府宣告成立，取代中华民国成为全中国唯一合法政府和在国际上的唯一合法代表。国民党统治集团退居中国最大的岛屿——台湾岛，实际上它是中国领土上的一个地方当局。但在外国势力的支持下,它始终与中央政府对峙,由此产生了台湾问题。

1973年复出不久的邓小平就开始关注台湾问题。从1974年11月起,他接替生病住院的周恩来总理主持关于中美关系正常化的谈判,反复考虑如何解决台湾问题。中美建交,美国与台湾废除《美台共同防御条约》,撤离在台的军事人员,与台湾断交,使得台湾问题的和平解决成为可能。

1979年1月30日,邓小平在访美期间于美国参众两院发表的演说中指出,我们不再用"解放台湾"这个提法了。只要台湾回归祖国,我们将尊重那里的现实和现行制度。我们一方面尊重台湾的现实,另一方面一定要使台湾回到祖国的怀抱。在尊重台湾现实的情况下,我们要加快台湾回归祖国的速度。

从"叶九条"到"邓六条"再到"江八条"及胡锦涛有关台湾问题的讲话,都体现了中国共产党和中国政府解决台湾问题的方针政策的一贯性、连续性,使"一国两制"更加完备、充实,更加具体化、系统化。海峡两岸不会永远分离下去,台湾问题不允许无限期地拖下去。炎黄子孙相信台湾问题的解决、完成祖国统一的那一天一定会到来。

第五章　政治嘱托

邓小平在1992年的南方谈话，经过整理作为终卷篇收入他的文选。南方谈话，可以说是老人的"政治交代"，或者说有"政治遗嘱"的含义。南方谈话之后，中国改革掀起了第二次浪潮。

★ "为什么退下来?因为中国现在很稳定。退就要真退,百分之百地退下来。"这是邓小平的"战略安排"。临别时,江泽民与邓小平的手紧紧地握在一起……

1989年,北京城在风风雨雨中度过。11月9日清晨,当长安街旁电报大楼报时钟声沉稳有序地响过之后,沉寂一夜的京城醒过来了。这时,在景山公园附近的一个住所里,有一位老人按时起了床,同往常一样准时吃过早饭,然后坐下来看书报,阅文件。

女儿领着小孩走进来,老人问:"还下雨吗?"显然,他起床后已看到窗外飘飘洒洒的细雨,雨湿润了深秋大地。女儿答道:"开始下雪了。"老人听罢,立刻站起身来,把窗子用力推开,可能感到兴致未尽,索性打开大门走到室外。

室外寒冷,空气湿润,点点雪花伴随着星星细雨飘然而下。老人望着这雨夹雪,感受着寒风的吹拂,语音中带着感慨:"这场雨雪下得不算小呀,北京正需要下雪啊!"

这位老人就是邓小平!他忘却了寒冷,禁不住信步走到庭院里,融进

第五章 政治嘱托

了飘飘扬扬的风雪之中，久久不愿离去。

这一天，他要了结一桩夙愿——退休。

废除领导干部职务终身制，建立退休制度，是邓小平成为党的第二代领导集体的核心之后提出的一个重要主张。早在1977年，他在重新恢复领导职务之时，就提出了干几年便退下来的要求。

1975年2月，身患重病的周恩来总理给毛泽东呈上一份请示报告，报告建议：邓小平"主管外事，在周恩来总理治病疗养期间代表总理主持会议和呈批主要文件"。毛泽东批准了这个报告。在毛泽东的支持下，邓小平实际上开始了主持中央日常工作。是年，邓小平71岁。

但这一举措像一把尖刀插在了急于抢班夺权的"四人帮"心上。急红了眼的王洪文跑到上海肆无忌惮地叫喊："10年后再看。"是年，王洪文刚满40岁。

王洪文的话传到中南海。在71岁与40岁的比较中，邓小平显得格外清醒。他找到李先念等老同志交换对王洪文这句话的看法，说："10年之后，我们这些人变成什么样子？从年龄上说，我们斗不过他们啊！"几个老革命家从王洪文的话中觉察到党和国家面临一场潜在的危机，那就是：老一辈革命家大都年事已高，一旦撒手尘寰，谁来接班？如果这个问题解决不好，让"四人帮"或"四人帮"派系的人执掌党和国家的大权，那我们的党、我们的民族将继续经受一次灾难。

从此，接班人的问题伴随着王洪文的那句话就一直深深地刻在邓小平的脑海之中，一刻也没有忘记过。

"文化大革命"结束后，伴随着拨乱反正和大规模平反冤假错案工作的展开，中华人民共和国成立以来因历次运动遭受迫害的干部纷纷走上各级领导岗位。由于从反右运动到"文化大革命"结束持续了20年，原来的年轻人早已进入中年，原来的中年人也变成了老年人。面对着改革开放和四个现代化建设事业的繁重使命，一方面，干部队伍严重老化，力不从心；另一方面，因无位子，年轻干部又上不来。如果让刚刚恢复工作的老干部一下子退下来，老干部本人思想上不大容易接受，而且在客观上也会出现一个干部断档的问题——老干部是国家政权的主心骨，一时少不了他们，处理太急了行不通。因此，需要采取一个过渡的办法，来解决这个日益突出的矛盾。

邓小平敏锐地认识到，顺利完成新老干部交替是从组织上保证改革开放政策的连续性和国家长治久安的重大战略措施，新老交替的关键是要解决老同志占着位子的问题，而相当多的老干部又不愿交班。由于传统习惯势力的影响，在我们党的干部队伍中，普遍地、长期地存在着一种只能上不能下、只能进不能出、只能升不能降、只能留不能去、只能干不能退的倾向，要从庙里请出老菩萨谈何容易！这方面的问题，早在20世纪60年代初，就被时任中共中央总书记的邓小平看到了，只不过那时刚从战场走出来的领导人年龄不是很大，问题没有现在这么突出。

1982年到1992年，是中共中央顾问委员会从十二大设置到十四大撤销的10年存续时期。中顾委是以邓小平为代表的中国共产党人在特殊的历史条件下，为解决干部系统吐故纳新、新老交替而创造的一个过渡性的组织形式。

邓小平提出设顾问最早是从军队开始的。1975年7月14日，他在中央军委扩大会议上讲了在军队设顾问组的问题。他指出："设顾问是一个新事物，是我们军队现在状况下提出的一个好办法。设顾问，第一关是谁当顾问，第二关是当了顾问怎么办。""顾问组的组长，不参加党委，可以列席党委会，好同顾问组通气。其他待遇不变，但是配汽车、秘书要变一变。""顾问也有权，就是建议权。顾问要会当，要超脱。不然，遇事都过问，同级党委吃不消。设了顾问，究竟会有什么问题，等搞年把子再来总结经验。"当时，邓小平提的顾问制度并未完全行得通，虽然道理大家都明白，但却没人愿意当顾问。后来，由于邓小平再次被打倒，设顾问的事情便被搁置。

1977年，邓小平第三次出来工作后，在解决了党的政治路线和思想路线后就着手解决组织路线问题。邓小平感到，我们国家当时面临的一个严重问题，不是四个现代化的路线、方针对不对，而是缺少一大批实现这个路线和方针的年富力强、有专业知识的干部。确定了实现四个现代化的目标还不够，还要有人干。谁来干？靠老干部坐在办公室画圈圈不行，没有希望。一次，邓小平在中央党、政、军机关副部长以上干部会议上讲道："现在我们搞四个现代化，急需培养、选拔一大批合格的人才。这是一个新课题，也是对老同志和高级干部提出的一个责任，就是要认真选好接班人。老干部现在大体上都是60岁左右的人了，60岁出头的恐怕还占多数，精力毕竟不够了，不然为什么有些同志在家里办公呢？为什么不能在办公室顶8小时呢？我们在座的同志中能在办公室蹲8小时的确实有，是不是占一半，我怀疑。我们老同志的经验是丰富的，但是在精力这个问题上应该有自知之明。就以我来说，精力就比过去差得多了。一天上午、下午安排两场活动还可以，晚上还安排就感到不行了。这是自然规律，没有办法。"邓小平接着说："粉碎'四人帮'以来，我们把老同志都陆续请回来了，并且大体上恢复了原来的或者相当于原来的职务。这样，我们的干部就多起来了。把老同志请回来是完全必要的，是非常正确的。现在我们面临的问题，是缺少一批年富力强、有专业知识的干部。而没有这样一批干部，四个现代化就搞不起来。我们老同志要清醒地看到，选拔接班人这件事情不能拖。否则，搞四个现代化就会变成一句空话。"邓小平清醒地看到顾问制度只是一个出路，要真正解决问题不能只靠顾问制度，重要的是要建立退休制度。

从1980年起，邓小平即开始做退休的准备工作。8月，中央政治局召开了扩大会议，邓小平在《党和国家领导制度的改革》讲话中透露："中央正在考虑再设立一个顾问委员会（名称还可以考虑），连同中央委员会，都由党的全国代表大会选举产生。这样就可以让大批原来在中央和国务院工作的老同志，充分利用他们的经验，发挥他们的指导、监督和顾问的作用。同时，也便于使中央和国务院的日常工作更加精干，逐步实现年轻化。"

1981年，华国锋辞职时，党内外一致要求邓小平出任党中央主席，甚至连一些外国领导人也通过各种渠道表达了此种愿望。邓小平力排众议，推荐年轻的同志主持党和国家领导工作。7月2日，党的十一届六中全会的帷幕刚落下没几天，邓小平便又在各省、市、自治区党委书记座谈会上提到设顾问委员会以容纳一些老同志的设想，并说："这是为后事着想。"1982年1月13日，邓小平在中央政治局扩大会议上谈到要老同志让路，让中青年干部上来接班的问题时，把它比喻为"一场革命"，并疾呼：这场"革命"不搞，让老人、病人挡住比较年轻、有干劲、有能力的人的路，不只是四个现代化没有希望，甚至要涉及亡党亡国的问题，可能要亡党亡国。

邓小平想出两个办法：一是"劝退"。他用国家前途和四化大义苦口婆心地劝说老干部自觉让位。同时，规定退职后仍然享受在职时一样的待遇，未到年龄而离休，还有优惠。二是设立中顾委。邓小平有意识地采用这种史无前例的办法，目的是为了平稳过渡。顾问不任现职，这样就可以把位子让给忠于四化的年轻人。

顾问又是一种职务，而且它的级别不低于同级党委成员，让老同志把自己的椅子移到这种地方，工作比较好做。然而，顾问的头衔不单是起安慰作用，还有"传、帮、带"的责任。邓小平的这一层谋虑用意很深。因为当时的中国领导班子不仅存在老化问题，还存在断层问题。"文化大革命"影响了一代人，在这种情况下，老的一下子丢开不管也不行，必须在离开前选好接班人，并把他们放到领导岗位上加以帮助。接班人在一线顶事，老同志则利用他们的经验在二线做参谋，必要时指导指导，发现选得不当就换人。到时年轻人成熟了，老同志放心了，顾问制自动取消，终身制到此为止，过渡到常规退休制，新老交替就顺利完成。

但当时有部分老干部对此不理解，认为老干部刚恢复工作又要离休，屁股还没有坐热，中央对老干部不公正。还有一些人认为，三四十岁的人是"文化大革命"经历者，他们没学到什么好东西，提拔干部也没他们的份儿，干脆一个也不提拔。看来，邓小平还得做一些劝说工作。

真正考虑成熟并下定决心设立顾问委员会是在党的十二大召开前夕。1982年2月18日，邓小平在会见柬埔寨的诺罗敦·西哈努克亲王和夫人时说，干部老化问题已到了非解决不可的地步了。7月4日，邓小平在军委座谈会上谈到"老干部在上面，中青年干部上不来"的问题时转述了聂荣臻的一句话：聂荣臻提出，步子要稳妥。我赞成。他有一个意见，就是要结合，老的一下丢手不行，老的要结合中青。他还说，干部年轻化，台阶可以上快一点。这个问题解决不了，我们这些人交不了账。如果再拖5年，怎么办？

9月6日，在中国共产党第十二次全国代表大会上，通过了新的《中国共产党章程》，在新党章的第三章第22条里明确了中顾委的组成原则和职能作用：党的中央顾问委员会是中央委员会政治上的助手和参谋。中共十二大上，邓小平出任过渡形式的中央顾问委员会主任，他意在为退休作铺垫。会上，邓小平就中顾委的性质和任务作了重要讲话。他说：中央顾问委员会是个新东西，是根据中国共产党实际成立的，是解决我们这个老党、老人实现新旧交替的一种组织形式。目的是使中央委员会年轻化，同时让老同志退出一线后继续发挥一定的作用，顾问委员会就是这样一个组织。可以设想，我们再经过10年，最多不要超过15年，就取消这个顾问委员会。

1987年党的十三大召开前，邓小平、陈云、李先念等人共同约定"一齐退下来，而且是一退到底。即退出中央委员会，不再担任任何职务。彭真、邓颖超、徐向前、聂荣臻也要求'全退'"。对于邓小平、陈云、李先念"全退"的要求，尤其是对邓小平"全退"的要求，中央许多人表示不能接受，特别是老同志。后来，经过中央政治局反复讨论，并征求多方意见，决定邓小平、陈云、李先念3人"半退"，即退出党的中央委员会，但仍担任一定职务——邓小平担任中央军委主席，陈云担任中顾委主任，李先念担任全国政协主席；彭真、邓颖超、徐向前、聂荣臻"全退"，即退出党的中央委员会，不再担任任何职务。在党的第十三次全国代表大会上，在三老"半退"、四老"全退"的带动下，中央和各省、市、自治区又有一批老干部退出第一线的领导岗位，增选为中顾委委员和各省、市、自治区的顾问委员会委员，一批年轻干部走上了一线领导岗位。

1989年6月23日至24日，中共十三届四中全会在北京召开。全会选举江泽民为中央委员会总书记，增选了中央政治局常委，这标志着以江泽民为核心的第三代中央领导集体的建立。

9月4日，一个极为平常的日子。几辆小轿车驶过喧闹的大街，前后

第五章 政治嘱托

有序地驶进景山后街一条僻静的胡同，在两扇铁门前停了下来。须臾间，铁门悄然无声地被打开，等几辆小车轻轻地滑进去后，又轻轻地关闭了。院子里是一片生机盎然的景象：几棵石榴、核桃、柿子、海棠树和葡萄架已经长出了果实，3棵雪松已经长得遮天蔽日，几棵白皮松优美挺拔，伸向蓝天。特别惹人注目的是两棵油松，长得拙朴、苍健。这就是邓小平的住处。

江泽民等几位中央领导从车里走下来，在工作人员的迎候下，走进了宽敞明亮、陈设简朴的屋子里。邓小平和他们一一握手后，面对大家开门见山地说："今天主要是商量我退休的时间和方式。"由于几位中央领导同志从心里讲还是希望邓小平不要退，所以想开口解释。

邓小平挥了一下手，说："退休是定了，退了很有益处。"他理解在座几位政治局常委的心情。此时，春夏之交的那场政治风波平息不久，以江泽民为核心的第三代中央领导集体建立还没有3个月，大家还希望自己来掌舵。于是，邓小平耐心地解释："如果不退休，在工作岗位上去世，在世界会引起什么反响很难讲。如果我退休了，确实不做事，人又还在，就还能起一点作用。"

邓小平在同中央几位负责同志作政治交代时讲了一番话。他说："我过去多次讲，可能我最后的作用是带头建立退休制度。我已经慢慢练习如何过退休生活，工作了几十年，完全脱离总有个过程。下次党代表大会不搞顾问委员会了，还是搞退休制度。我退休的时间是不是就确定在五中全会？犹豫了这么几年了，已经耽误了。人老有老的长处，也有老的弱点。人一老，不知哪一天脑筋就不行了，体力到一定程度也要衰退。自然规律是不可改变的，领导层更新也是不断的。退休成为一种制度，领导层变更、调动也就比较容易。"邓小平的这段话强调了顾问委员会只是为建立退休制度而采取的过渡性措施,下次党代会不需再设立了,要纳入正常的退休制度。

邓小平与新一代党的领导人座谈时,真诚地提出:"我不希望在新的政治局、新的常委会产生以后再宣布我起一个什么样的作用。现在看来,我的分量太重,对党和国家不利。我多年来就意识到这个问题。一个国家的命运建立在一两个人的声望上面,是很不健康的,是很危险的。"邓小平认为,实行退休的时机已经成熟。他坚定地表示:退休这件事就这样定下来吧。

未等前一支香烟的雾团散去,邓小平点燃了第二支烟。他伸出两个指头说:"第二个问题,退的方式。"对这个问题,邓小平反复考虑,并且也同杨尚昆谈过,就是越简单越好。邓小平认为,简化比较有利,特别是从自己简化更为有利。而利用退休又来歌功颂德一番,实在没有必要,也没有什么好处。邓小平说:"来个干净、利落、朴素的方式,就是中央批准我的请求,说几句话。"他一一地看着几位中央负责同志,诚恳地嘱咐:"我的退休方式要简化,死后丧事也要简化,拜托你们了。"

江泽民、李鹏等政治局常委被邓小平毕生为党、为国、为民的精神所深深感动。邓小平很快又提到第三个问题,即"我退休时的职务交代"。他环视着刚组成不到100天的中央领导班子,最后把眼光落在江泽民身上,说:"军委要有个主席,首先要确定党的军委主席,同时也是确定国家军委主席。"他加重了语气,一字一句地说:"我提议江泽民同志当军委主席。"

在这次谈话中,邓小平还语重心长地谈了新建立的中央领导集体加强团结、加强权威,冷静观察,应付国际形势变化等问题。同一天,邓小平郑重地向中央政治局呈上了请求退休的报告,要求实现"全退"。这封不足 700 字的辞职信，字里行间无不体现着这位老党员、老公民对党、对国家、对人民的赤诚之心。

邓小平终于说服了中央政治局常委。中央政治局决定，将邓小平退休问题提交十三届五中全会讨论。

10 月，在中美关系紧张的严峻时刻，美国前国务卿亨利·基辛格博士访华。当基辛格走进人民大会堂福建厅时，精神矍铄的邓小平身着深灰色中山装，面带笑容地迎上前去同他热情握手。邓小平对基辛格说："博士，你好。咱们是朋友之间的见面。你大概知道我已经退下来了。中国需要建立一个废除领导职务终身制的制度，中国现在很稳定，我也放心。"

基辛格说："你看起来精神很好，今后你在中国的发展中仍会发挥巨大的作用，正像你在过去所起的作用一样。你是中国改革的总设计师。"邓小平说："我仍是中华人民共和国的公民、中国共产党的党员，在需要的时候，我还要尽一个普通公民和党员的义务。你现在不当国务卿了，不也还在为国际事务奔忙吗？"

11 月 9 日，瑞雪纷飞，人民大会堂里却热浪袭人。经过激烈的讨论和大量的说明工作，中央委员们逐渐理解了邓小平请求退休的决心和意义，同意在全会上进行表决。上午 9 点多钟，邓小平办公室主任王瑞林来到邓小平身边，向他讲述了正在召开的中共十三届五中全会的情况，重点汇报了全会关于他退休问题的讨论情况。通过汇报，邓小平得知许多同志对自己恳求退休表示理解后很高兴，他如释重负地说："总之，这件事情可以完成了！"

中午吃饭，全家人饭桌上的话题自然离不开邓小平退休的问题。有的说："咱们家应该庆祝一下。"有的说："我捐献一瓶好酒。"邓小平则从容平静地表达了自己的心境："退休以后，我最终的愿望是过一种真正的平民生活,生活得更加简单一些,可以上街走走,到处去参观一下。"邓小平的孙子笑了,说了一句:"爷爷真是理想主义。"

下午3时,十三届五中全会通过表决,接受了邓小平辞去中央军委主席职务的请求。消息传来,一直在家等候的邓小平如释重负,即刻驱车前往会场。在休息厅,江泽民趋前一步,激动地握住邓小平的手,建议第三代领导人以及在场的杨尚昆等老一辈革命家一起合影留念。在会议大厅,邓小平同中央3个委员会的委员以及列席会议的代表亲切会见。掌声中,邓小平激动地说,感谢同志们对我的理解和支持,全会接受了我的退休请求。衷心感谢全会,衷心感谢同志们!

代表5000多万中共党员和12亿中国人民,中共中央总书记、继任中央军委主席的江泽民把邓小平送出了会场。临别时,江泽民表示:"我一定鞠躬尽瘁,死而后已。"两个人的手紧紧地握在一起……

夜幕降临,喧闹了一天的京城趋于平静。但在邓小平家中,却是灯火通明,笑语不断。晚饭的时间到了,4个孙子、孙女跑着跳着来到邓小平身边请他去吃饭,还送给他一张他们赶制的贺卡。邓小平打开一看,贺卡的4个角上别着4个蝴蝶结,代表他们自己,中间画了一颗红心,代表孩子们的心愿。贺卡上边还端端正正地写有一行"童体"字:"愿爷爷永远和我们一样年轻!"

邓小平眼看贺卡,耳听女儿们的讲解,欢快的神情浮在脸上。大女儿邓林眼疾手快按下快门,留下了那令人难忘的一幕。看完贺卡,孙辈们分别上前来亲吻敬爱的爷爷,刚满3岁的小孙子竟亲了爷爷一脸口水,逗得全家人开心大笑。邓小平也情不自禁地笑了起来。

在家人的簇拥下,邓小平来到餐厅。墙壁上,一排鲜红的大字映入眼帘:"1922——1989——永远!"邓小平理解家人的心意,脸上浮现出深沉

第五章　政治嘱托

◇ 1988年8月22日，邓小平在北戴河过84岁生日（卓琳与邓朴方、邓榕等一起分享生日蛋糕）

的微笑。

到了中央电视台《新闻联播》节目的时间，邓小平又坐到电视机前。这个节目他必看，因为这是他了解世界的另一个重要渠道。他知道，今晚《新闻联播》的内容与自己有关。

果然，播音员那标准、抑扬的音调传了出来："11月6日至9日，中国共产党第十三届中央委员会第五次会议在北京召开。全会讨论通过了《中国共产党十三届五中全会关于同意邓小平同志辞去中共中央军事委员会主席职务的决定》。全会高度评价了邓小平同志对我们党和国家建立的卓著功勋。全会认为，邓小平同志从党和国家的根本利益出发，在自己身体还健康的时候辞去现任职务，实现他多年来一再提出的从领导岗位上完全退下来的夙愿，表现了一个伟大的无产阶级革命家的广阔胸怀。"

这铿锵有力的声音，走进了千家万户、大江南北，传遍了五洲四海。消息传开，人们惊愕之后无不对这位中国改革开放的总设计师身体力行，为废除干部领导职务终身制作出表率，表示崇高的敬意。

11月10日至12日，中央军委召开扩大会议。会议结束这天，邓小平来到参加扩大会议的全体同志之间，并和他们合影留念。这时，军委领导请邓小平讲话。邓小平感到，最近一段时间，自己讲的话很多，没有新的话要讲了。但是，在离开军委领导岗位之时，在自己领导的这些将军们面前，还是应该讲点话。

于是，邓小平手拿话筒，作了简短的即席讲话。他满怀信心地说："我确信，我们的军队能够始终不渝地坚持自己的性质。……我们的军队始终要忠于党、忠于人民、忠于国家、忠于社会主义。"他再一次充满希望地表示："我确信，我们的军队能够做到这一点，几十年的考验证明军队能够履行自己的责任。"

将军们目不转睛地静静倾听着。他们从心里敬佩眼前这位红军的创建人之一、称呼了几十年的"邓政委"。他们衷心地敬仰这位身无军衔、就任8年军委主席，在新时期指引人民军队走上革命化、正规化、现代化道路的人民解放军最高统帅。如今，他主动辞去中央军委主席职务，功高隐退，怎不令人由衷地敬仰呢！

最后，邓小平满目深情地环视着出席会议的代表们，向大家袒露肺腑之言："我虽然离开了军队，并且退休了，但是我还是关注我们党的事业，关注国家的事业，关注军队的前景。"

11月13日，邓小平在人民大会堂福建厅正式会见了最后一批外宾。站在屏风旁边的邓小平容光焕发，同来访的日中经济协会访华团的日本客人一一握手。当着几十位日本客人、几十位中外记者的面，邓小平向他们、也向全中国、向全世界宣布："日中经济协会代表团将是我会见的最后一个正式的代表团。我想利用这个机会，正式向政治生涯告别。"

短短几句话，像以往那样说得明确、平和，几十位在场的中外记者却由此得到一条重要信息：今天，敬爱的小平同志将正式告别他60多年的政治生涯。

他说："退就要真退，这次就要百分之百地退下来。我今后不再代表集体、党和国家领导人见客人，要体现真正退休。"他端起茶杯喝了一口后又说："今后有些朋友来中国，可能不见不礼貌。我可以去客人住地拜访，谈友谊，谈非政治性的事情。要让党、政、军领导放手工作，我不插手。这对他们的成长和工作很有必要。"

话题自然而然地引到了新的中央领导集体上面。邓小平赞扬说："江泽民同志是一个很有本领的人。作为知识分子，他比我知识多，当然经验比我差一些，但经验是可以锻炼出来的。他今年63岁，有这个领导班子我很放心。"接着，他又谈到了治理整顿和发展中日友好关系问题。

会见开始前，有的记者就把想和邓小平合影留念的愿望同陪同会见的邓小平的女儿讲了。邓小平的女儿很理解记者们的心情，说："等会儿会见外宾结束后再说，好吗？"大家高兴地回答："好！"福建厅内，友好会见正在进行；大厅外，大家已经准备着和邓小平合影。

会见结束后，日本客人握着邓小平的手充满感情地说："为了中国的繁荣、亚洲的繁荣和日中友好，希望你健康长寿！"邓小平用力地握了一下手，含笑点点头表示感谢。日本客人刚一离去，记者们就围了上来要求合影。邓小平欣然同意，并幽默地说："好，这比会见外宾要轻松得多了。"大家边笑边说："这也是你最后正式一次会见记者。"大厅内一片欢笑声。

随后，大家簇拥着邓小平走到屏风前，"咔嚓""咔嚓"的声音不断响起，有的同志为了离邓小平近点还不时地调换位置尽量靠在邓小平身旁。邓小平很理解大家的心情。正式会见最后一批外宾，正式接受最后一批记者采访，就这样，邓小平告别了领导工作岗位，正式退休了。

早在1980年8月，邓小平在北京会见意大利著名女记者法拉奇，回答提问"你对自己怎么评价"时说："我对自己能够对半开就不错了。但有一点可以讲，我一生问心无愧。"

"问心无愧"，这是世纪伟人邓小平对自己一生的评价。是的，他把自己的一生都贡献给了中国和中国人民，正是他对祖国的忠诚和对人民的热爱，使他无私无畏，无愧无悔。

中国最高实权人物把一切职务让给后来人，这在中国、在国际共产主义运动史上都是罕见的。功高身退的邓小平，虽然告别了他那充满传奇色彩且辉煌的政治生涯，但共和国和人民永远不会忘记他！一如他的思想和理论……

★ 邓小平一边眺望上海中心城区的面貌，一边嘱托身旁的朱镕基："我们说上海开发晚了，要努力干啊！"作为一个战略家，他以其独特的视角看出上海在对外开放方面的优势

人总是会退下来的，邓小平的高明当然不在于退，而在于退得成功，

退得顺利,每退一步,其开创的事业都会向前迈进一步。有人说,从1980年辞去副总理职务开始,到1992年南方谈话和接见中共十四大全体代表,邓小平用了12年多的时间完全退出来。这显然是很有步骤,十分稳妥的。正如他1989年9月4日正式提出辞去最后一个领导职务时所言,"特别大的问题"他还是要管。

邓小平的退是为了进,为了更好地推进中国的改革开放和社会主义现代化建设事业,为了中国的长治久安,为了社会主义事业的千秋大业。这种以退为进,不同于个人玩弄权术的以退为进,那只会祸国殃民。邓小平成功的退,还在于他是真退——从"尽量少做工作""逐步过渡到完全不做工作"。这就是政坛伟人的政治艺术!

进入20世纪90年代,中国对外开放的区域开始由沿海向内地转移。实现这一具有战略意义转移的第一大决策,是开发开放上海浦东。

在中国近代史上,上海曾是远东最大的贸易金融中心和中国最大的工商业城市,被称为"东方巴黎"。中华人民共和国成立后,上海仍是全国特大型工商经济中心城市之一,对国家财政的贡献曾长期傲居全国各省、市、自治区之首,独领风骚几十年。但进入20世纪80年代,南部沿海经济特区迅速崛起,广东、江苏等省的经济发展显示了强劲的势头,上海"老大哥"的霸主地位开始动摇了。

作为一个伟大的战略家,邓小平以其独特的视角看到了上海在对外开放方面拥有的优势:地理位置、交通条件、人才资源、自然资源以及历史积淀的与国际交往的联系和经验,等等。这些都预示上海有着迅速发展的内在潜质,有着重塑国际化、现代化大都市之形象的先天条件。

如果说长江是一条绵延千里、舒身待飞的巨龙,那么位于长江入海口的上海就是龙头。只有龙头高高昂起,吟啸四海,才能有腾云寰宇的龙的飞升!

在中国对外开放这块棋盘上,邓小平将上海浦东开发开放视为举足轻重的一枚棋子。

1990年初,邓小平视察上海,特别关注了浦东的开发开放。他说,上海的浦东开发,不是上海一个地方的事。浦东开发,可以带动长江三角洲和长江流域的发展,所以是全国的事。

回到北京后,邓小平对中央政治局的同志们说:"我已经退下来了,但还有一件事,我还要说一下,那就是上海的浦东开发,你们要多关心。"邓小平特地要求李鹏总理负责抓一下浦东的开发和上海的发展问题。

3月3日,邓小平同几位中央负责同志进行谈话。他指出:"现在特别要注意经济发展速度滑坡的问题,我担心滑坡。世界上一些国家发生问题,从根本上说,都是因为经济上不去,长期过紧日子。如果经济发展老是停留在低速度,生活水平就很难提高。人民现在为什么拥护我们?就是这10年有发展,发展很明显。假设我们有5年不发展,或者是低速度发展,这不只是经济问题,实际上是个政治问题。加强思想政治工作,讲艰苦奋斗,都很必要,但只靠这些还不够。最根本的因素,还是经济增长速度,而且要体现在人民的生活逐步地好起来。"

"要实现适当的发展速度,不能只在眼前的事务里面打圈子,要用宏观战略的眼光分析问题,拿出具体措施。机会要抓住,决策要及时,要研究一下哪些地方条件更好,可以更广大地开源。"说到这儿,邓小平亮出了底牌。他加重语气说:"比如抓上海,就算一个大措施。上海是我们的王牌,把上海搞起来是一条捷径!"

6月,中共中央、国务院正式发出《关于开发和开放浦东问题的批复》。9月,国务院批准建立上海浦东外高桥保税区。浦东这块被多年遗

第五章 政治嘱托

忘的角落开始沸腾了!

时隔一年,邓小平又踏上上海这片热土。此时,浦东开发正处于启动阶段。

1991年1月28日晚,邓小平所乘的专车抵达上海。在去住地的途中,他听取上海市委书记、市长朱镕基汇报。在听到去年上海各项经济指标完成得不错,但国营企业十分困难时,邓小平说:"这是全国性的问题。这个问题抓晚了。我说搞活国营大中型企业冒点风险也要干,就是说有点通货膨胀也要干,其实也不一定多发多少票子,现在积压产品占用流动资金太多了。"

◇ 邓小平画像(张建华 绘)

在谈到浦东开发问题时,邓小平说:"那一年确定4个经济特区,主要是从地理条件考虑的。深圳毗邻香港,珠海靠近澳门,汕头是因为东南亚国家潮州人多,厦门是因为闽南人在外国经商的很多,但是没有考虑到上海在人才方面的优势。上海人聪明,素质好,如果当时就确定在上海也设经济特区,现在就不是这个样子。……开发浦东,这个影响就大了,不只是浦东的问题,是关系上海发展的问题,是利用上海这个基地发展长江三角洲和长江流域的问题。"同时,邓小平又充满信心地说,这是件坏事,但也是好事,你们可以借鉴经验,可以搞得好一点,后来居上。

2月18日，即农历大年初四的上午，邓小平兴致勃勃地登上了新锦江大酒店41层的旋转餐厅，一边透过宽敞明亮的玻璃窗眺望上海中心城区的面貌，一边嘱托身旁的朱镕基："我们说上海开发晚了，要努力干啊！"

旋转餐厅里挂着两张大幅地图，一张是上海地图，另一张是浦东新区地图，地图旁摆着浦东开发的模型，一切就像当年组织重大战役备战时的情景一样。邓小平看着地图和模型，说："抓浦东开发，不要动摇，一直到建成。只要守信用，按照国际惯例办事，人家首先会把资金投到上海，竞争就是靠这个竞争。"

朱镕基向邓小平汇报了浦东开发开放中"金融先行"的一些打算和做法。邓小平听后，精辟地说："金融很重要，是现代经济的核心。金融搞好了，一着棋活，全盘皆活。上海过去是金融中心，是货币自由兑换的地方，今后也要这样搞。中国在金融方面取得国际地位，首先要靠上海。那要好多年以后，但现在就要做起。"

"要克服一个怕字，要有勇气。"邓小平对上海的负责同志说，"什么事情总要有人试第一个，才能开拓新路。试第一个就要准备失败，失败也不要紧。希望上海人民思想更解放一点、胆子更大一点、步子更快一点。"邓小平一席语重心长的话语，使上海市的负责同志感到心里特别敞亮……

邓小平在上海期间与离开上海后不久，上海市委的机关报《解放日报》以社论的形式非正式地传达了邓小平的思想观点。这年2月15日，《解放日报》头版发表了题为《做改革开放的"带头羊"》的文章。文章的署名是"皇甫平"，据说是寓"黄浦江评论"之意。这篇文章结合上海浦东新区的开放、全国的改革开放形势，对邓小平上海谈话的精神加以阐

第五章 政治嘱托

释和发挥。文章说:"从辛未羊年开始,今后的10年,是中国历史的关键10年,也是振兴上海的关键10年。10年看头年,辛未羊年,对于上海来说,应该是一个'改革年'。"

这篇文章选择发表的时机用尽心思,单凭选在2月15日,也就是在农历辛未年的大年初一来发表,也说明了文章组织者的良苦用心。文章积极"鼓吹"、倡导改革开放,将邓小平上海讲话的主要精神的一部分——强调改革创新的精神——贯穿其中,又联系上海的发展实际,比后来的文章要显得谨慎些。

3月2日,皇甫平的第2篇文章《改革开放要有新思路》发表了。文章主要论述邓小平关于计划经济、市场经济不属于社会主义和资本主义任何一种社会制度,它们只是一种方法和手段的思想观点。

20天后,即3月22日,《解放日报》再次发表文章,批评"新的思想僵滞",提倡敢冒风险、敢为天下先的探索精神,题目是《扩大开放的意识更强些》。

4月12日,《解放日报》发表了皇甫平的第4篇文章,题目是《改革开放需要大批德才兼备的干部》。

皇甫平的4篇文章,虽然是结合上海实践论,但由于文章"鼓吹"市场经济、反对思想僵滞,并且鲜明地提出了社会主义市场经济的提法,而且4篇文章将思想解放与选人用人联系起来,遂引发了全国性的更大层面上的关于"姓社姓资"的大论争。这场论争持续时间较长,反映了理论界不同的思想观点。

当时《解放日报》社党委书记兼副总编辑周瑞金,主持报社的社务党务和评论、理论、经济宣传,也是皇甫平文章的主要策划者和主要作者之一。日后,周瑞金回忆说:"凭自己多年从事新闻工作的政治敏感,我觉得邓小平同志的两次谈话有针对性,他是有意识地就全国的深化改革、扩大开放问题作一番新的鼓动的。……这不仅对上海工作,而且对全国都有深刻的指导意义。……《解放日报》这4篇署名评论当时被称为'吹来一股清新的改革开放春风',不少人来信来电询问文章作者'皇甫平'是谁,并说读了文章很受启发,能有助于解放思想,打开思路。……与此同时,国内一些人利用座谈会和少数报刊对'皇甫平'文章进行责难和批判。他们虚设论敌,无限上纲地指责什么'改革开放可以不问姓社姓资吗?''不问姓社姓资,必然会把改革开放引向资本主义道路而断送社会主义事业',等等。有的人明目张胆借批'庸俗生产力论'和'经济实用主义',把矛头直接指向了邓小平同志。"

周瑞金回忆说:"我们在撰写文章时,是有一定的冒风险的思想准备的。但我绝对没有预料到,几篇署名评论会招致如此火力凶猛的'大批判',拿大帽子吓人到如此程度!我们本想批驳,但上海市委领导出于维护大局,指示我们淡化处理,不搞争论。这样,我们便顾全大局,不予置理,相信大多数干部群众会明辨是非,服膺真理。"

其实,《解放日报》并没有停止论争,对论争采取了策略化的处理,将"皇甫平"改为"吉放文",继续发表文章。此后,陆续发表的文章有《论干部的精神状态》《论"科学技术发展是第一生产力"的理论和实践意义》《改革要有胆识》等。

第五章 政治嘱托

> ★ 车轮滚滚。专列上的主人公，是中华人民共和国一位并不普通的普通公民。车至武昌，他有话要讲，言简意赅。车到长沙，那严肃的眼神隐含着一丝微笑。车抵深圳，老人毫无倦意："想到处去看看。"

1992年1月17日，农历腊月十三。一列火车从北京开出，向着南方奔驰而去。这是一趟没有编排车次的专列。除了中枢机关和随行人员之外，谁也不知道此趟专列载的是什么人物；包括中枢机关和随行人员在内，谁也不曾料到这趟专列的南方之行将会被载入史册。

专列上的主人公，是中华人民共和国的一位并不普通的普通公民——邓小平。熟悉邓小平的人都知道，他向来重视天伦之乐，喜欢和家人在一起。这次南下，正值寒假，他把全家都带上了。

虽已是耄耋之年，但邓小平精神矍铄，身体健康。选择新年伊始出京，无疑他是经过深思熟虑的。刚刚过去的一年，国际上形势错综复杂，风云变幻莫测；与动荡的世界相比，中国的稳定则为海内外所称道。刚刚开始的1992年，将是不平凡的一年。中国共产党第十四次代表大会将要召开，它将是继往开来的一次重要的大会。

此刻，邓小平坐在南行列车上，回顾1991年，展望1992年，纵观世界形势，思考中国未来，运筹着大计方略……

车轮滚滚。专列穿过华北平原，越过中原大地，过黄河，跨长江，于

1月18日到达武昌。

专列在武昌停留了短短20分钟。中共湖北省委书记关广富、省长郭树言到车站迎接。关广富简要介绍了湖北的情况。邓小平在站台上一边散步，一边向关广富、郭树言作了言简意赅的重要谈话。邓小平说："现在有一个问题，就是形式主义多。电视一打开，尽是会议。会议多，文章太长，讲话也太长，而且内容重复，新的语言并不很多。重复的话要讲，但要精简。形式主义也是官僚主义。要腾出时间来多办实事，多做少说。毛主席不开长会，文章短而精，讲话也很精练。周总理四届人大的报告，毛主席指定我起草，要求不得超过5000字，我完成了任务。5000字，不是也很管用吗？我建议抓一下这个问题。"

邓小平这席话绝非无缘无故讲的，而是有感而发，有的放矢。近来形式主义的东西实在太多了！会议多、文件多，简直成了灾。这个奠基，那个落成；这个开业，那个开幕；这里通车，那里通航……剪彩、揭幕、庆典，一个比一个盛大；酒会、宴会、招待会，一个比一个排场。名堂繁多的检查评比令人应接不暇——这个大检查，那个大检查，不吃不喝过不了关；这项那项评比，不送不请别想得奖。诸如此类，举不胜举。邓小平向来对形式主义深恶痛绝，尤其反对会议多、文件多。

邓小平的武昌谈话迅速传到北京。中共中央办公厅、国务院办公厅于1月21日起草并向党中央、国务院呈递了《关于减少领导同志过多事务性活动的建议》。江泽民、李鹏当即批示同意。

当列车南下行驶到湖南长沙站时，已是18日下午4时。列车停留10分钟，中共湖南省委书记熊清泉等上车迎接。邓小平目光炯炯，神采奕奕，与熊清泉等人一一握手，互致问候。熊清泉邀请邓小平下车散步，看看车站。邓小平高兴地答应了，随即健步下车。

第五章 政治嘱托

长沙车站站台宽敞、漂亮,在20世纪70年代仅次于北京车站。熊清泉介绍说,这是1975年整顿期间设计,十一届三中全会时竣工通车的。"这事,我知道。那年,万里当铁道部长。"邓小平举目观望站台、轨道,心情很愉快。

在漫步中,熊清泉简要地汇报了湖南工作。熊清泉见邓小平兴致很高,重视情况汇报,又把湖南改革开放的战略、方针、目标作了简略介绍。邓小平高兴地说:"构想很好。实事求是。从湖南实际出发,就好嘛!要抓住机会,现在就是好机会。"

同时,邓小平严肃指出:"改革开放的胆子要大一些,经济发展要快一点,总要力争隔几年上一个台阶。"那严肃的眼神中隐含着一丝微笑。

时间很快过去,就要开车了。熊清泉恳请邓小平返回时在长沙住一段时间。邓小平微笑道:"不麻烦了。"迎送他的同志们祝愿他健康长寿,他欢快地回答:"大家都长寿。"他又高兴地向大家招手:"来,一起照个相。"摄影师举起照相机,一声"咔嚓",一个个温馨的笑脸拍下来了。这笑脸给湖南人民留下了希望与力量。

1月的鹏城,花木葱茏,春意盎然。1月19日上午9时,专列到达深圳火车站。一节车厢门打开,车站服务人员敏捷地把一块铺着红色地毯的长条木板放在车厢门口。不一会儿,穿着深灰色夹克、黑色西裤的邓小平出现了!人们的目光和闪光灯束都一齐投向这位引领一代风骚的伟人。

他,身体十分健康,眼神炯炯,笑脸慈祥,身着深灰色的夹克、黑色西裤,神采奕奕地步出车门。他的足迹,在时隔8年之后,又一次踏在处于改革开放前沿的深圳这片热土上。

下车后,邓小平满面笑容地同前来欢迎的广东省委书记谢非、深圳市委书记李灏、市长郑良玉一一握手。谢非趋前一步,搀扶着邓小平,发自肺腑地说："我们非常想念您！"李灏动情地说："我们全市人民欢迎您的光临。"郑良玉说："深圳人民盼望着您来，已经盼了8年了！"邓小平的女儿邓榕大声地对老爷子半哄半撒娇地说："人民欢迎，广东和深圳的领导欢迎你。"邓小平同省市负责人登上一辆中巴，来到下榻的市迎宾馆桂园。在这里恭候的市委副书记厉有为、市委常委李海东迎上前来，与邓小平握手并问好。

千里迢迢，舟车劳顿，市负责人劝他好好休息。但是，邓小平却毫无倦意，兴奋地说："到了深圳，我坐不住啊，想到处去看看。"

随行人员说，小平同志身体好，昨晚在车上休息得不错。既然他兴致高，就安排活动吧。在桂园休息约10分钟，邓小平和谢非等在迎宾馆内散步。散步时，邓楠向小平提起他在1984年为深圳特区题词一事。邓小平接着将题词一字一句念出来："深圳的发展和经验证明，我们建立经济特区的政策是正确的。"一个字没有漏、一个字没有错。在场的人都很佩服他那惊人的记忆力。

散步后，邓小平在省市负责人陪同下，乘车作市容观光。上车时，邓小平说："坐车出去走，不会招摇过市吧。"陪同的人说："不会，不会，您放心。"

车子缓缓地在市区穿行。这里，8年前有些地方还是一汪水田、鱼塘，羊肠的小路，低矮的房舍。现在，宽阔的马路纵横交错，成片的高楼耸入云端，五颜六色的广告招牌布满街道两旁，到处充满了繁荣兴旺、生机盎然的现代化气息。看到这些，邓小平十分高兴。李灏说："深圳这些年来，除个别年份外，发展速度都很快，平均年增长超过20%。利用外资情况也比较好，国有经济和其他经济成分增长也很快。"邓小平问："外资比重有多大？"李灏说："约占25%，在总量中不到四分之一。"邓小平点了点头，感慨地说："8年过去了，这次来看，深圳、珠海特区和其他一些地方，发展得这么快，我没有想到。看了以后，信心增加了。"

深圳最值得骄傲的是，它年轻。深圳不仅是亚洲最年轻的城市，甚至可以说是地球上最年轻的一个城市。这里没有北京流金溢彩的宫殿，没有西安那些埋葬着众多皇帝的巨型坟墓，也没有像重庆那样在中国近代史上扮演过重要角色，没有可继承的传统，没有古老而神奇的传说。但深圳的的确确是中国20世纪末一篇迷人的神话。

看到深圳今天的气派，你怎么也不敢把它和前些年的荒凉、偏僻的边陲小镇连在一起。一位"老深圳"是这样描述8年前她初来乍到的情景的："我第一次见到的深圳，没有宽阔的大街、没有车流人海、没有公共汽车、没有菜市场、没有公园，眼前有的只是一片片野草，尘土飞扬的小道和建设者们住的一排排油毡棚。我不禁潸然泪下。"

如今，现代化的高楼大厦一栋栋走进邓小平的视野，窗外红绿相映、黄蓝相交的景色和李灏的高门大嗓刺激了邓小平的思维。邓小平情绪激昂，大声说："对办特区，从一开始就有不同意见，担心是不是搞资本主义。深圳的建设成就，明确回答了那些有这样那样担心的人。特区姓'社'不姓'资'。从深圳的情况看，公有制是主体，外商投资只占四分之一。就是外资部分，我们还可以从税收、劳务等方面得到益处嘛！多搞点'三资'企业，不要怕。只要我们头脑清醒，就不怕。我们有优势，有国营大中型企业，有乡镇企业，更重要的是政权在我们手里。有的人认为，多一分外资，就多一分资本主义，'三资'企业多了，就是资本主义的东西多了，就是发展了资本主义。这些人连基本常识都没有。我国现阶段的'三资'企业，按照现行的法规政策，外商总是要赚一些钱。但是，国家还要拿回税收，工人还要拿回工资，我们还可以学习技术和管理，还可以得到信息、打开市场。因此,'三资'企业受到我国整个政治、经济条件的制约,是社会主义经济的有益补充,归根到底是有利于社会主义的。"

一席话说得在场的省、市负责人心里激动起来,感觉浑身的劲更足了。

车子行至火车站前,女儿邓林指着火车站大楼上那苍劲有力的"深圳"两个大字对父亲邓小平说:"你看,这是你的题字,人们都说写得好。"邓楠打趣说:"这是你的专利,也属知识产权问题。"说得邓小平笑了起来。

汽车转弯向南,驶上一条更宽阔、更高级的新建马路——皇岗路。车速加快,车子瞬间即到皇岗口岸。望着宏大、气派的口岸设施,邓小平满意地笑了。他登到口岸最高处,这里可以很清楚地看到只有一河之隔、但有公路桥连接的香港落马洲。他深情地久久凝视着香港方向,目光非常坚毅。他对香港回归及回归后的前途充满信心。

看过皇岗口岸,邓小平乘车返回市区。邓小平显得很兴奋,一路与省、市负责人交谈。

这天晚上的晚餐也是在十分热烈的气氛中进行的。大家谈笑风生,无拘无束。邓楠对父亲说:"给你准备了你喜欢的家常菜,知道你已不吃辣椒,这盘辣椒是给我们吃的。"邓小平风趣地说:"这好,各取所需,不强加于人。"

邓楠又说:"对深圳人民来说,你是一朵大牡丹花,大家爱你!"邓小平说:"我可不能一花独放。红花要有绿叶扶,没有绿叶花不好看。再说,绿叶还要接受阳光照射,通过光合作用给鲜花提供营养。"

这时,女服务员小曾充满崇敬地说:"邓爷爷,你是我们心中的太阳。没有你,深圳哪有这么好的今天!你的理论思想为我们指明了方向,使我们走上了一条发展、富裕的道路!"邓小平指着小曾说:"你也成了小理论家了。"

一会儿,邓小平又若有所思地对大家说:"做人不能处处突出个人。智慧来自集体。好的领导能把群众的智慧汇集起来,充分运用。"他指指邓楠说:"你现在也是领导,要注重调查研究,不要脱离实际。科学发展要多听专家意见,你才是个明白人。"晚饭后,邓小平照例散步半小时左右。他一边散步,一边同深圳市负责人交谈。当散完步往回走时,市领导建议从原来的路走回去,邓小平却坚持走另一条路,并风趣地说:"我不走回头路!"

★ 他谈笑风生,有时一两句幽默的话语,引得大家发出一阵阵笑声。得知有的竹子是悄悄从成都"弄"来的后,他开玩笑说:"这也属知识产权问题啊。我是四川人,要你们赔偿啊。"

国贸中心大厦高高耸立,直插云霄,这是深圳人民的骄傲。深圳的建设者曾在这里创下了"三天一层楼"的纪录,它成了"深圳速度"的象征。到深圳来的中外人士,总要登上楼顶的旋转餐厅,远眺深圳城市的景色。1月20日上午9时35分,邓小平来到国贸大厦参观,该大厦的女职工,整齐地站在两旁,鼓掌欢迎,并齐喊:"邓爷爷好!"邓小平高兴地向她们招手,并鼓掌致意。

在谢非、李灏的陪同下,邓小平乘快速电梯直达53层的旋转观光层。这是高达 160 米的大厦的最高层，楼顶是一个电动控制的旋转楼层，人坐在任何一个位置都能慢慢地鸟瞰到深圳的东西南北。室内古香古色，室外天高云淡。邓小平站在巨大的玻璃墙边，随着旋转观光层的转动，俯瞰深圳市容。

工作人员挪过一把扶椅，邓小平面窗而坐。李灏告诉邓小平，顺着他手指的方向即是通向火车站的人民路、建设路、和平路。再往远看，那就是香港，就是新界的元朗，一群白色的高楼像雾飘在山中间。

邓小平看到高楼林立，鳞次栉比，一派欣欣向荣的景象，很是高兴。他充分肯定了深圳在改革开放和建设中所取得的成绩。然后，他说："要坚持党的十一届三中全会以来的路线方针政策，关键是坚持'一个中心、两个基本点'。不坚持社会主义，不改革开放，不发展经济，不改善人民生活，只能是死路一条。基本路线要管一百年，动摇不得。"

邓小平思路清晰，记忆力强。他谈笑风生，有时一两句幽默的话语，引得大家发出一阵阵笑声。在场的省、市负责同志聚精会神地聆听他老人家的谈话，不时还插上几句，谈话气氛轻松活跃。在谈话中，他强调要多干实事，少说空话。他说，会太多，文章太长，不行。谈到这里，邓小平指着窗外的一片高楼大厦说，深圳发展这么快，是靠实干干出来的，不是靠讲话讲出来的，不是靠写文章写出来的。

这次参观国贸大厦，谢非原是有准备的，他带了一个小录音机放在口袋里——当邓小平讲话时，他按下的是放音键，可是没有按下录音键，结果没录下音来。谢非后来说："这是我人生中最大的政治错误。"幸好，谢非的秘书陈建华录了音，而且录得很完整。

离开旋转观光层下到一楼大厅时，大厅的音乐喷泉，随着优美的乐曲，喷出图案多变的水柱，蔚为壮观。

第五章 政治嘱托

一楼到三楼，站满了群众，黑压压的一片。一位白发苍苍的老者好不容易才挤到人群的前面。当公安人员要他后退时，他一边顺从地后退，一边央求说："我当了几十年右派，是邓小平解放了我，让我看看他老人家吧！"这番话感动了大家，也感动了在场的公安局局长梁达均。他做了一个手势，示意给老人一个方便。

邓小平坐电梯下来时，群众以雷鸣般的掌声表达他们对倡导改革开放政策的邓小平的爱戴和崇敬之情，表达他们对身受其惠的改革开放政策的拥护和支持。人人心花怒放，个个喜笑颜开。这是多么令人难忘的时刻！人们为有幸能一睹邓小平的风采而激动万分，也为他的身体健康、精神饱满而无比高兴。

群众在尽情地鼓掌，阵阵掌声响彻国贸大厦。邓小平满面笑容地频频向群众招手致意。

离开国贸大厦，邓小平一行乘车去深圳先科激光公司参观。车子到达先科激光公司时，该公司董事长叶华明等人迎上前去，同邓小平紧紧握手。

叶华明是叶挺将军的儿子，1946年4月8日叶挺将军因飞机失事不幸遇难，叶华明和弟弟叶正光曾先后生活在聂荣臻元帅家。邓小平常去聂帅家，见过叶华明和他弟弟。

此时，邓小平握住叶华明的手亲切地问："你是叶老二吧？"叶华明激动地握着这位慈祥老人的手，伸出四个手指回答说："不是，我是老四！"

"呵，我们快四十年没见面了。"邓小平深情地说。接着，他又关心地询问了叶华明弟弟的情况。

在公司贵宾厅，邓小平听取了叶华明关于公司情况的介绍，并兴趣盎然地看了激光视盘的特性、音响效果、功能和检索能力的表演。在这里，当邓小平看到传记资料片《我们的邓大姐》时，对坐在身旁边的谢非说：

◇ 1992年1月20日，邓小平在深圳先科激光公司参观

"我今年88岁，邓颖超同志和我同年，都是1904年生的。我是8月生的，她比我约大半岁。"

当时，先科公司的一位四川籍歌手还当场用先科生产的音响唱了一首歌《在希望的田野上》。邓小平听完后，高兴地带头鼓掌说："声音很好，我听得很清楚，音响效果也不错。"

从贵宾厅出来，邓小平一行来到激光视盘生产车间。当叶华明介绍他们每年要生产一部分外国电影激光视盘时，邓小平关切地问："版权怎么解决？"叶华明回答说："按国际规定向外国电影公司购买版权。"邓小平满意地说："应该这样，要遵守国际有关知识产权的规定。"

邓小平边走边详细询问公司的情况，从职工待遇到产品原料来源到生产质量，无不涉及。

"锦绣中华"是集中国名胜古迹于一体的世界上最大的微缩景区。中国民俗文化村，是中国民俗艺术的荟萃之地，是集民间艺术、民族风情、民居于一园的大型游览区。1月21日，是华侨城建设者永远难忘的日子。这一天，邓小平到这里的中国民俗文化村和锦绣中华微缩景区游览。

邓小平的身影一出现在中国民俗文化村东大门广场，顿时，民俗文化村沸腾起来了。广场上欢声雷动，鼓乐喧天，身穿鲜艳民族服装的青年男女，载歌载舞迎接邓小平的到来。邓小平登上电瓶车，由徽州街西行，缓缓驶过各个民族村寨，领略了千姿百态的民族风情，欣赏了古朴纯美的民间歌舞。正在这里游览的群众、港澳同胞和外国朋友，纷纷驻足道旁，鼓掌向邓小平致意。邓小平也频频向他们招手。

到新疆维吾尔族民居，邓小平走下电瓶车，在这里坐下来，兴致勃勃地观看维吾尔舞蹈。他边看边问华侨城负责人、香港中旅集团分公司总经理马志民："我来了会不会影响你们今天的收入？"这位负责人告诉他，今天是照常对外开放，业务不会受影响。邓小平会心地笑了。

维吾尔族青年演员们在漂亮的新疆地毯上弹起

◇ 1992年1月21日，邓小平在深圳中国民俗文化村新疆村参观

了冬不拉，敲响了手鼓，跳起了欢快的新疆舞。姑娘们舞姿翩翩，人在飞旋，裙在飞旋，满头的辫子也在飞旋。邓小平看了非常高兴。人们或许不曾忘记，邓小平曾经幽默地说过："维吾尔族姑娘——辫子多。"这大概是他特别喜爱维吾尔族姑娘的缘故吧。

演出结束时，邓小平站起来鼓着掌，向演员们走去，称赞她们表演得好。这时，邓小平的小孙子也走过来，邓楠抱住他，说："亲亲爷爷。"小孙子亲昵地吻了一下爷爷的面颊，邓小平十分开心。

接着，邓小平到锦绣中华微缩景区游览。在"天安门"前，他走下电瓶车观赏了"故宫"景色。然后，他走到"故宫"景点旁边的小卖部，很感兴趣地欣赏玻璃柜内的纪念品。在"布达拉宫"前，邓小平停了下来，他说："这里的景点很多我都到过实地，布达拉宫却没有去过，以后也没有机会去了。"他的家人提议：那我们就在"布达拉宫"前照张全家相吧。于是，他们就在此照了全家相。之后邓小平与陪同的负责同志合影留念。

兴致勃勃地在锦绣中华和民俗文化村游览一个小时后，邓小平一行驱车回迎宾馆。途中，邓小平说，走社会主义道路，就要逐步实现共同富裕："一部分地区有条件先发展起来，一部分地区发展慢点，先发展起来的地区带动后发展的地区，最终达到共同富裕。如果富的愈来愈富，穷的愈来愈穷，两极分化就会产生，而社会主义制度就应该而且能够避免两极分化。解决的办法之一，就是先富起来的地区多交点利税，支持贫困地区的发展。当然，太早这样办也不行，现在不能削弱发达地区的活力，也不能鼓励吃'大锅饭'。"他接着说，不发达地区大都是拥有丰富资源的地区，发展潜力是很大的。总之，就全国范围来说，我们一定能够逐步顺利解决沿海同内地贫富差距的问题。

1月22日，深圳阳光明媚，仙湖植物园内春意盎然。这一天上午，

第五章　政治嘱托

邓小平和杨尚昆带领两家三代人到仙湖植物园种树和游览，给园内园外带来了无尽的喜悦。国家主席杨尚昆是1月21日到深圳视察，两位老战友在仙湖植物园相逢，自然高兴万分。

"我们在一起几十年了啰。"邓小平深情地说。

"我们是1932年认识的。"杨尚昆说着扳起指头数起来，"42、52、62……92，60年了！"

这时身背三部相机的杨绍明走过来，握着邓小平的手："邓伯伯，新年好！"邓榕介绍说："他是全国摄影家协会副主席呀！"听后，邓小平幽默地说："你们杨家有两个主席了！"全场大笑起来。

邓小平和杨尚昆一同步入观赏植物区。这是一个大温室，培育着古今中外种类繁多的珍稀植物，林林总总，使人目不暇接。他们首先观看了据说距今有一亿五千万年的恐龙时代的树种——桫椤。邓小平说："还有一种古代树种，叫水杉，现在全国都有了。有一棵很大的，在三峡附近。"说着，他还用手比画一下。

植物园负责人陈潭清说："是的。水杉树种距今约7500万年，是在三峡附近的湖北省利川县水杉坝发现的。"在场的人都很佩服邓小平丰富的知识和记忆力。

一行人边走边看，当看到金花茶时，邓小平问："这叫什么花？"陈潭清说："叫金花茶，国家一级保护植物。"邓小平说："这不是最好的茶花。云南有一种茶花，有碗口那么大，那好看，叫什么茶花？"邓榕笑着说："那就叫碗茶。"

邓小平仔细观赏其他植物，兴味极浓。看到一种叫"发财树"的植物时，邓榕风趣地对父亲说："以后咱们家也种一棵。"再往前走，有一棵无叶小树，牌子上写着"光棍树"，邓小平指着牌子问："为什么叫'光棍

◇ 1992年1月22日，邓小平在深圳仙湖植物园种树

树'?"陈潭清回答："因为它不长叶子。"

转弯来到一片竹林。在湘妃竹、人面竹、方竹前，邓小平伫立观赏。植物园负责人介绍说，毛主席的诗句"斑竹一枝千滴泪"中的斑竹，就是这种湘妃竹。相传舜死于苍梧，他的两个妃子——尧的两个女儿娥皇、

第五章 政治嘱托

女英悲痛至极,泪水沾竹,滴淌成斑,所以,斑竹又称"湘妃竹"。邓小平说:"成都竹子很多,有红的、黑的、紫的、黄的,也有方的。"陈潭清说:"成都的望江公园各种竹子都有。"在场有人说,这里有的竹子就是悄悄地从成都"弄"来的。于是,邓小平开玩笑说:"这也属知识产权问题啊。我是四川人,要你们赔偿啊。"周围的人不由自主全都笑了起来。

邓小平被这些珍稀植物吸引住了。他观赏得很仔细,注意听介绍,还不断提问。他指着一棵天鹅绒竹芋问:"它长不长芋头?"陈潭清答:"不长,只供观赏。"邓榕接着说:"爸爸很喜欢吃芋头。"陈潭清说:"这种竹芋的叶子,只是好看而已,摸起来毛茸茸的,有点像天鹅绒毛,所以它的名字叫'天鹅绒竹芋'。"邓小平听了好奇地摸了一下:"真是有一点像天鹅绒啊!"

10时10分,邓小平和杨尚昆在一片开阔的草地上,各领家人分别种下了一棵常青树——高山榕。种完树后,邓小平和家人在湖边散步,一家人其乐融融,尽情享受这温暖的阳光和清新的空气,欣赏这如诗如画的湖光山色。

下午3时10分,邓小平和杨尚昆在市迎宾馆接见了深圳市委、市政府、市人大、市政协、市纪委的负责人,亲切地同他们一一握手。之后,邓小平向省、市负责人作了重要的谈话。他说:"改革开放胆子要大一些,敢于试验,不能像小脚女人一样。看准了的,就大胆地试、大胆地闯。深圳的重要经验就是敢闯。没有一点闯的精神、没有一点'冒'的精神、没有一股气呀、劲呀,就走不出一条好路、走不出一条新路,就干不出新的事业。不冒风险,办什么事情都有百分之百的把握,万无一失,谁敢说这样的话?一开始就自以为是,认为百分之百正确。没那回事,我就从来没有那么认为。"

李灏说:"深圳特区是在您的倡导、关心、支持下才能够建设和发展起来的。我们是按您的指示去闯、去探索的。"邓小平说:"工作主要是你们做的。我是帮助你们、支持你们的,在确定方向上出了一点力。"同时,邓小平指出:"社会主义的本质,是解放生产力,发展生产力,消灭剥削,消除两极分化,最终达到共同富裕。证券、股市,这些东西究竟好不好,有没有危险,是不是资本主义独有的东西,社会主义能不能用?允许看,但要坚决地试。看对了,搞一两年对了,放开;错了,纠正,关了就是了。关,也可以快关,也可以慢关,也可以留一点尾巴。怕什么,坚持这种态度就不要紧,就不会犯大错误。"

★ 邓小平一路风尘仆仆,处处妙语连珠,播下春风万里,使神州大地又一次春潮涌动。群众踮起脚尖欢呼着……一篇文章一炮打响,曾名不见经传的陈锡添因此一跃成为中国新闻界名人

时间过得真快,邓小平在深圳,一晃几天就过去了。1月23日,在谢非的陪同下,邓小平结束在深圳的考察,登上了海关快艇,启程来到珠海特区。专程前往迎接的珠海市委书记、市长梁广大和市委副书记黄静一见到邓小平,就激动地握着他老人家的手说:"我们盼您盼了很久啦!珠海人民盼了您很久啦!"邓小平微笑着说:"我也希望来看看。"

整整8年,当邓小平第二次来珠海视察时,这里已成为一座充满现

第五章 政治嘱托

◇ 在前往珠海途中，听取广东省委书记谢非汇报工作（1992年1月）

代气息的花园式海滨城市。当汽车驶近珠海影剧院时，邓小平指了指窗外说："我1984年来这里时，记得有一座大房子，现在都盖上新大楼，变化真大呀！"这位88岁高龄的老人家记忆依然是那样清晰，令在场的珠海市领导们钦佩不已。

参观市容过程中，邓小平对珠海城市建设的发展给予了很高的评价。他说："这里跟新加坡差不多呀！这么好的地方谁都会来，我要是外商的话，我也会来这里投资的。"

在珠海期间，邓小平马不停蹄地视察。他不停地观看，不停地倾听，不停地思考。他观看特区的变化，倾听人民的心声，思考中国的未来。他语重心长地对人们说:"抓住时机,发展自己,关键是发展经济。现在,周边一些国家和地区经济发展比我们快,如果我们不发展或发展得太慢,老百姓一比较就有问题了。所以,能发展就不要阻挡,有条件的地方要尽可能搞快点。只要是讲效益、讲质量,搞外向型经济,就没有什么可以担心的。低速度就等于停步,甚至等于倒退。要抓住机会,现在就是好机会。我就担心丧失机会。不抓呀,看到的机会就丢掉了,时间一晃就过去了。"

拱北是珠海特区最早开发的地区,芳园大厦是这一带最高的建筑物之一,距澳门咫尺之遥。登上芳园大厦最高层的旋转餐厅,即可俯瞰新兴的经济特区和有400多年发展历史的澳门。1月26日上午,邓小平视察了亚洲仿真公司后驱车来到这里,并乘电梯上到29层的旋转餐厅。随着旋转餐厅慢慢旋转,邓小平边观望边与身边的广东省、珠海市负责同志亲切交谈。他充满信心地对大家说:"我坚信,世界上赞成马克思主义的人会多起来的,因为马克思主义是科学。社会主义从总的方面来说,没犯错误。我们跟着这个路线走,中国永远不会倒。不仅不会倒,而且会沿着社会主义道路飞速发展。从历史长河来说,用那么100年,社会主义就会发展到中等水平。"

结束了在旋转餐厅的观光,邓小平走进下楼的电梯。陪同的邓榕对父亲说:"楼下有好多群众想见您!"邓小平一听高兴地说:"我一定要去看看他们。"

当他步出芳园大厦、出现在几千群众面前时,人们欢呼雀跃。闻讯前来围观的群众多达6000余人,其中大部分是珠海市民和来特区的打工仔、打工妹,也有来珠海观光的游客,还有许多来拱北购物的港澳同胞。大家虽然素不相识,却自发地一起维持秩序,又情不自禁地朝前拥着、挤着,想多看看这位伟人的风采。

第五章　政治嘱托

邓小平面带微笑，稳步向人群走去。顿时，掌声雷动。有人用普通话高呼："小平同志，您好！"更多的群众用广东话喊道："邓伯伯，您好！""邓爷爷，您好！"邓小平举起右手向四面八方的群众依次挥动，点头致意。

掌声、欢呼声如山呼海啸，此起彼伏。人们喊着，蹦着，后排人踮起脚尖或跳跃起来，唯恐错过这一千载难逢的机会。而被挡在厚厚的人墙后面的人索性你抱我看一下，我抱你看一眼，要将衷心爱戴的小平同志的音容笑貌印进脑海！陪同参观的地方领导同志看到这激动人心的场面，眼睛湿润了，泛红了……

1月29日下午2时40分，邓小平离开珠海，前往顺德视察。邓小平一路风尘仆仆，妙语连珠，播下春风万里，使神州大地又一次春潮涌动。

1月30日，江西吹来了春风。这一天，邓小平乘火车从广东去上海，沿浙赣线从湖南进入江西境内。车轮以欢快、轻松的节奏，穿过南昌市区附近的向塘西站，穿过广袤的鄱阳湖平原，于当天下午3时40分徐徐进入鹰潭车站，停靠在月台旁边。一节车门打开，邓小平神采奕奕地走下车来，满面笑容地和江西省委书记毛致用、省长吴官正等一一握手。

虽经长途乘车的劳顿，邓小平却毫无倦意。他精神饱满，步履稳健。他一边沿着月台缓步，一边亲切地和毛致用、吴官正谈话。

毛致用在湖南工作期间，曾先后两次接待过赴湘视察的邓小平，并陪同至韶山等地参观，所以两人很熟悉。邓小平一见到毛致用就关心地问："你来江西几年了？"毛致用说："快4年了。"

邓小平对吴官正也熟悉。他对吴官正说："你是从武汉来的。来几年了？"

吴官正答："5年多了。"

邓小平的最后岁月

◇ 1992年1月30日,邓小平在鹰潭火车站与江西省委负责人交谈

江西是农业大省,邓小平十分关注江西的农业发展。他问:"江西去年的年景怎么样?"毛致用说:"年景还好。1991年农业全面丰收,农业总产值比上年增长5.5%,工业总产值增长14%,财政收入增长10.3%,实现收支平衡。农民人均纯收入达702元。改革的步子是这些年来迈得最大的一年。"邓小平听了很满意,连声赞许说:"那好。"他对农民增收感到欣慰,说:"农民收入702元,那不简单。"

接着,邓小平又问:"去年遭灾了没有?"毛致用回答:"遭受到比较严重的旱灾,但农民积极性高,所以仍是一个丰收年。"

吴官正说:"现在的问题是粮食压库严重,库存有180亿斤,其中在库外露天堆放的有40亿斤。"邓小平说,在粮食问题上,江西是作了贡献的。你们有困难可以向中央反映,你们有这个权利。对江西,中央要照顾一点。

邓小平的记忆力很强，念念不忘江西人民对国家作出的贡献。在三年困难时期，江西人民节衣缩食，艰苦奋斗，调出大批粮食支援全国。1958—1959年度外调了9.5亿斤大米，1959—1960年度又调出14亿多斤大米，同时还补上库存1.18亿斤，是当时全国仅有的两个增加库存的省份之一，多次受到毛泽东主席、周恩来总理和许多老一辈革命家的表扬。这次邓小平又旧事重提，说明党对作出了贡献的地区和人民是不会忘记的。

党的十一届三中全会以来，江西广大农民从农村家庭联产承包责任制中得到了实惠，看到改革开放政策的正确性和巨大威力，生产积极性空前高涨，农业生产得到快速发展，连年丰收。但是，大发展也造成了新的困难：粮食库存增加，压库现象严重。邓小平对江西解决粮食压库问题的关心和支持，使在场的省委、省政府领导深受教育和鼓舞。

邓小平对江西的情况很了解。他指出，水旱灾害的一个很重要的原因是水土保持不好。要坚持把植树造林搞好，否则没希望。他问："你们植树造林怎么样？"吴官正说："这几年我们每年造林600万亩左右，森林覆盖率达到40.3%。"邓小平听了连连点头，说："那好。"

邓小平兴致勃勃地听取了毛致用关于江西在治理整顿期间坚持深化改革、扩大开放的情况汇报，高兴地说，治理整顿这几年，改革开放做了不少事。他指出，没有改革开放，治理整顿就不会有这么顺利，并语重心长地强调："稳定发展我赞成。但是，只要能快一点还是要争取快一点。胆子要更大一点，放得更开一点。不能胆子没有了，雄心壮志也没有了。有机遇能跳还是要跳。"这时邓楠插话说："这个观点，老人家鼓吹了一路。"

解放思想，抓住机遇，快一点将经济建设搞上去，这是邓小平对江西和对全国的期望，也是时刻萦绕在邓小平心头的一件大事。邓小平接过邓楠的话，问毛致用、吴官正：我讲得对不对？毛致用说："您讲得非常重要，我们一定要搞快一点。"

邓楠又插话说："老人家对江西很有感情，在车上不停地讲到江西。"邓楠的话引起邓小平对峥嵘岁月的回忆。他深情地说，我对江西是有感情的。邓小平指着毛致用、吴官正说："我在江西待的时间比你们长。当初，我在瑞金当过县委书记，那是几个人推举的，后来中央认可了。那时苏区的工作，兴国是第一，瑞金是第二。"

是的，在艰苦卓绝的土地革命战争时期，邓小平在中央苏区工作、生活了4个年头。一次，邓小平在讲到这段历史时说，1931年8月间，我们到了瑞金，这时正值红军主力反对敌人三次"围剿"的时期。瑞金是中央苏区的后方，但当时反革命分子篡夺了县的党政领导权，杀了不少革命干部和革命群众，弄得全县群众不满，干部情绪低落，全县面貌是死气沉沉的。这时在红军中工作的谢唯俊同志在瑞金，由上海来的余泽洪等同志也到了瑞金，大家商议推我担任瑞金县委书记（其时与上级没有联系），谢、余等都帮助我作了一段工作。我们迅速地惩办了反革命分子，为被冤屈的干部平了反，开了县苏维埃代表大会，干部（几乎全是本地农民干部）群众积极起来了，全县局面大为改观（关键在于有了大批与群众有联系的本地干部）。三次"围剿"被粉碎后，开了几万人祝捷大会，热情是很高的。

1932年5月，邓小平奉江西省委之命，从瑞金调往会昌担任县委书记。会昌和它南面的寻乌、安远两县是中央苏区的边沿地带，三县毗邻，地势险要，是江西南边的重要门户，也是中央苏区的重要边区。为了适应战争形势的需要，加强中央苏区的边区工作，更有效地粉碎敌人的南面进

第五章 政治嘱托

攻，中央和江西省委决定，将会昌、寻乌、安远3县联成一个整体，在会昌的筠门岭建立会昌中心县委，领导会昌、寻乌、安远3县的革命斗争。1932年7月，在会昌、寻乌、安远3县党的活动分子大会上，正式成立了中共会昌中心县委，邓小平任中心县委书记。邓小平是一个讲实干的人，也是一个有魄力的人。凡是在他主持工作的地方，他都能迅速地打开局面，创造局面。从1932年到1933年，他在会昌这一区域的工作，不但彻底改变了会昌这一红区边沿地带的面貌，而且在他的战友们心中留下了深刻的印象。

由于以邓小平为书记的会昌中心县委认真贯彻了毛泽东所主张的、也完全适应当时边缘地区特点的正确路线，在理论上和实际工作中坚决抵制了王明的教条主义错误，力图减轻这一错误给党造成的损失，由此成为王明"左"倾冒险主义者在中央苏区全面推行"左"倾政策的严重障碍，受到了他们的打击。

在前面提到的那次去中央苏区的情况时，邓小平还说，在博古临时中央进入中央苏区后不久，大约在1933年三四月间，我被调离了这个工作（指会昌中心县委书记），到江西省委当了一两个月的宣传部部长，随即由临时中央开展了反对以邓（小平）、毛（泽覃）、谢（唯俊）、古（柏）为代表的"江西罗明路线"的斗争，撤销了我的省委宣传部部长职务，给了我最后严重警告的处分，派到乐安县属的南村区委当巡视员。我到乐安后不足10天，又令我回到省委（据说乐安是边区，怕出问题）。不久，即调到总政治部当秘书长。当时总政治部主任是王稼祥，副主任是贺昌。我当了两三个月秘书长后，要求另调工作，于是分配我为总政治部宣传部的干事。除一般宣传工作外，我还主编总政机关报《红星》报。这个工作我一直干到长征途中遵义会议的前夕。

沧桑几十载，弹指一挥间。1992年，距邓小平离开中央苏区已经有半个多世纪，然而在邓小平的记忆中，当年苏区的斗争风云依然历历在目，苏区的干部、群众和一草一木都牵动着他的心。

是的，邓小平对江西是有感情的。他时刻关注着江西改革开放和现代化建设的进程，关注着这片红土地上正在发生的日新月异的变化。邓小平这次途经鹰潭市已是他第三次来到江西东部这个新兴的城市了。当时的鹰潭市，已建成为全国重要的铜业生产基地和铁路交通枢纽，赣东大市场开始形成。以鹰潭特有的红石砌成的各式新楼房隐映在一片绿树丛中，使城市充满美感。沿着城旁蜿蜒而过的信江，春水荡漾，綦如玉带。

望着站内站外的巨大变化，邓楠对邓小平说："您记得吧，我们以前也到过鹰潭，是从南昌用小车送来的，从鹰潭乘火车回北京。"她指的这个日子，就是1973年2月19日和20日。邓小平风趣地说，我有"三个专"：从北京到江西是用"专机"送来的；从鹰潭到北京是挂了一节车厢，"专车"送去的；在301医院住院，一个人住一层楼，也是一个"专"。邓小平谈笑风生，气氛轻松活跃，引得在场的人发出会心的笑声。

时间过得真快，邓小平在鹰潭火车站，一晃半个多钟头就过去了。他老人家没喝一口水，也没有坐下休息，在月台上时而信步，时而驻足，与毛致用、吴官正侃侃而谈。快分别时，毛致用、吴官正依依不舍，邓小平与他们握手告别。列车一声长鸣，驶出了鹰潭站，向上海方向疾驰而去。

春节前的上海，洋溢着一派繁荣与欢乐的景象。这是邓小平自1985年以来第五次与上海人民一起欢度春节。这是邓小平南方之行壮举的最后一站。前往车站迎接的上海市市委书记吴邦国、市长黄菊，握着邓小平的手激动地说："上海人民欢迎您来过年并指导上海的改革开放。"邓小平微

第五章 政治嘱托

笑着说，我来过年，要看看南浦大桥，看看上海的经济发展情况。

正月初四（2月7日），邓小平、杨尚昆来到了已经通车的南浦大桥。站在达50米高的桥面上，望着大桥雄姿，邓小平由衷地称赞说，南浦大桥具有国际领先水平，真伟大。他指指大桥横梁上镶着的"南浦大桥"4个大字，说，看来我为大桥题的字，没有给大桥丢丑。一语惹起众人欢快的笑声。

2月初，上海贝岭微电子制造有限公司接到上级部门的一个电话通知：春节休息后有重要接待任务。一听，总经理陆德纯想：会是哪一位中央领导来呢？1月中旬，江泽民总书记刚刚视察了贝岭公司，还题过词，这次会不会是……

陆德纯想到了邓小平。不过，他也只是猜想而已。

2月10日这一天上午，天气虽然晴朗，但春寒料峭，最高气温只有7摄氏度。地处上海西南的漕河泾工业开发区，地势开阔，西北风长驱直入，天气显得格外寒冷。可是，在上海贝岭微电子公司，300多位员工的心中却是暖流涌动，因为此时他们已经知道小平同志要来自己的公司视察。这振奋人心的消息就像春风一样，吹遍了贝岭公司的每一个角落。

陆德纯早早地迎候在公司的大门口。他觉得最重要的准备，是要把生产搞好，把管理抓好，把员工队伍建设好。他有一个设想：今天小平同志来公司视察，不仅要让他老人家看到公司的最新技术成果，还要让他看到公司员工蓬勃向上的精神面貌。

9点15分，几辆面包车驶进了贝岭公司。车门开了，陆德纯迎上前去，握住了老人家温暖的手。

接待室是陆德纯临时安排的。因为公司会议厅还在建造之中，陆德纯决定把接待室放在硅片制造部。这里离主厂房较近，邓小平年纪大了，从这里去视察厂房、设备和生产情况，都比较方便。

在接待室里，陆德纯向邓小平汇报了公司的概况、产品的技术含量和大规模集成电路技术转让等情况。邓小平听得很认真，有的地方没有听清，还要向身旁担任"翻译"的女儿追问一句。邓小平和杨尚昆一边听，一边拿起加工好的硅片仔细察看。他们还饶有兴趣地看了12分钟介绍贝岭公司的录像，对公司的全貌和总体生产情况有了一个全面的了解。

超净化车间是邓小平视察的一个重点部门。这里的空气净化要求极高，严格规定每一个进入车间的人都要换净化工作服。陆德纯想，更换服装麻烦，还要通过风淋通道，由高强度的清洁空气来清除所有进入者身上的灰尘——小平同志这么大年纪，万一被风吹感冒了怎么办？权衡再三，陆德纯最后决定，请邓小平通过过道观察窗来察看。

陆德纯站在隔离观察窗旁边，向邓小平介绍："这个车间里面，是贝岭公司最重要的生产设备和调试检测仪器。这些装备，全部是从国外引进的，其中关键设备大束流离子注入机，是经过国际巴统会批准首次进入中国的。如果没有它们，贝岭公司的高技术生产根本无从谈起。"

听到这里，邓小平指着这些引进的先进设备，向周围陪同的同志发问道："你们看，这些设备是姓'资'还是姓'社'？"吴邦国回答："姓'社'。"邓小平点了点头，意味深长地说："它们姓'社'。资本主义国家的设备、技术、管理，拿来为我们社会主义所用，那就是姓'社'了。"

接着，邓小平又为在场同志分析，苏联原是一个经济技术发达的国家，由于闭关自守而导致落后，最后落得个国家解体的悲剧。他加重语气强调："关键是要改革开放、发展经济。"他鼓励大家，要在社会主义的前提下，把门开得大一些。这时，卓琳轻声对陪同的同志说："老爷子经常思考着改革开放的大问题。"

第五章　政治嘱托

2月18日，正是中国人民传统的元宵节。晚上，邓小平兴致勃勃地来到沉浸在节日气氛之中的上海第一百货商店。由于公务缠身，邓小平已有几十年没有上过商店游览购物。邓小平到来的喜讯此刻已传遍了整个商店，营业员们纷纷聚集在通道两旁。邓小平走到哪里，哪里就爆发出一阵热烈的掌声。他亲切和蔼地向周围的群众点头微笑，许多人激动得热泪盈眶。

参观完三楼的服装柜台，邓小平正准备走向电梯，忽然看见不远处有一个文具柜台，便信步走上前去，饶有兴致地看起了里面的文具。刚才受到接见的全国劳模、正在附近的马桂宁立即走过来当起了"临时营业员"，他热情地向邓小平一一介绍各种新款铅笔、圆珠笔和各式异型橡皮。邓小平女儿邓榕在一旁说："您就买一点吧。"邓小平当即表示赞同，由女儿代付款10元买了4盒上海的名牌产品中华牌铅笔和4支口红形橡皮，准备送给孙子孙女们。马桂宁用包装纸将铅笔、橡皮包好，装进塑料袋递给了邓小平。吴邦国在一旁笑着对他说："马桂宁同志在为您提供优质服务啊。"一句话说得邓小平笑了，马桂宁也笑了，周围的人都笑了。

2月20日，邓小平带着上海人民对未来的信心，带着浦东开发的宏图离开上海返回北京。

1992年，在我国改革开放的重要关头，邓小平亲临南方视察，并以他一贯坚持的实事求是的态度有的放矢地发表了一系列廓清人们思想中姓"资"姓"社"模糊观念的言论。对此，党内人士一般是从中央文件中知悉的，而绝大多数中国老百姓则是通过阅读一篇被全国报刊转载、名为《东方风来满眼春》的新闻通讯才了解到的。

这年1月18日下午5时许，时任《深圳特区报》副总编辑的陈锡添在办公室接到电话通知：速到市委接受一个特别采访任务。陈锡添马上驱车赶到市里，宣传部负责人告诉他："明天一早邓小平同志抵深圳视察，市里决定全市媒体只选派你一位文字记者全程跟随采访。"从19日早随市领导去火车站迎候到23日送别小平同志去珠海，他要一直入住宾馆不回家。

听到这个消息，陈锡添非常激动，记者的职业敏感使他意识到这是一个非常重大的采访任务，感到很荣幸。陈锡添心想："从小平同志上次视察深圳至今，已经过去8年。8年间，深圳是进步了还是倒退了？是否像有些人说的那样完全变成了资本主义？一向倡导实事求是的小平同志此番前来，亲眼看、亲耳听是一方面，肯定还会发表关系我国改革开放走向的重要观感。"后来发生的一切果然印证了陈锡添的猜测和判断。

从1月19日至23日，陈锡添每天都是凌晨2点以后才入睡，因为白天要跟随邓小平采访，只有晚上才能静下心来，同当时任深圳市委宣传部副部长的吴松营一起整理记录。有些场合，自己临时因故不在邓小平身边，他还要找当时在场的有关领导追访，对重要言论及时进行补记。深为邓小平一系列谈话精神鼓舞的陈锡添寻思："当老人家在视察中表露的思想日后通过我们这些记者的笔触传达至千家万户和大江南北时，对全国的改革开放的局势该会产生多么重大的促进作用啊。"

可是，当深圳人送别邓小平后，关于他视察的消息却被有关方面告知"暂不作公开报道"。

不久，党内通过中央文件的形式对邓小平视察南方发表的系列重要言论进行了传达。这令陈锡添为之一喜，他想：能不能在适当的时候，以新闻通讯在表现手法上特有的优势，活灵活现地将小平同志在深圳期间的言谈举止来一个大展示呢？于是，他更留意对有关采访记录的整理和核实，为日后正式动笔写作作着必要的准备。

第五章　政治嘱托

3月22日，是个星期天。陈锡添照例习惯性地到办公室取信和当日送达的报纸。忽然从《南方日报》上看到一则写邓小平视察深圳的报道《小平同志在"先科"人中间》，不由得眼前一亮：这是否意味着自己精心整理的那些关于小平同志在深圳的纪实性材料也可以公开见报了？

陈锡添的这一想法获得了当时报社主要领导的支持，并决定作为近期最重要的报道隆重推出。为抢时效，采取的是边写边发排边内部由当时的社长区汇文审阅的特殊运作方式。陈锡添已经对有关材料烂熟于心，对文章基本构架成竹在胸，一旦闸门打开，文思犹如泉涌。24日，1.1万字的长篇通讯完成了。

25日上午，陈锡添怀着忐忑不安的心情拿着已经打印出来的长篇通讯稿小样同社长区汇文一起到深圳市委宣传部送审，时任深圳市委宣传部部长的杨广慧却说："发吧，稿子我就不看了，你们社里自己把关。但一定注意，要把小平同志写成人，不要写成神。"

当夜，长篇通讯《东方风来满眼春》被排上了次日出版的《深圳特区报》一版头条位置。

此时的陈锡添非但不敢欣欣然，反而不由得生出几丝惶恐。他对那些自己反复核实过的材料和一些比较敏感的问题表述是否准确仍有些不放心，心想，如果出一点纰漏，影响就大了。

这位中国人民大学新闻系66届毕业生，竟然为自己几十年新闻生涯中的一篇行将见报的通讯作品第一次失眠了。

3月26日，通讯在《深圳特区报》一版头条位置刊出；同日下午，《羊城晚报》送到，陈锡添发现该报以少有的规格几乎全文摘发了自己的报道，"心里悬着的一块石头才算落了地"。原来一向以抢抓新闻"快、准、狠"闻名全国新闻界的《羊城晚报》，当看到该报驻深圳记者传回的

◇ 陈锡添的长篇新闻通讯《东方风来满眼春》

《东方风来满眼春》一文时，立即掂量出它的分量，马上决定对基本已拼好的26日报纸的主要新闻版作重大调整，以较大的篇幅摘登。

28日，上海《文汇报》及北京《中华工商时报》全文转载。

28日晚，《光明日报》指示驻深圳记者站向陈锡添要邓小平视察南方的照片，并决定于30日进行全文转载。当陈锡添将此消息转告新华社深圳支社时，支社于29日晚迅速将通讯全文传至北京的总社。

当30日的《光明日报》《北京日报》全文转发了《深圳特区报》的报道后，新华社也于当日正式向全世界播发了《东方风来满眼春》全文，同时又以少有的规格为播发此文专门配发了一条消息⋯⋯

忽如一夜春风来，千树万树梨花开。从次日开始，全国几乎所有省市区的主要报纸都在一版显要位置刊发了《东方风来满眼春》。

第五章 政治嘱托

记录邓小平在深圳的纪实文章《东方风来满眼春》一炮打响,几乎名不见经传的陈锡添因此一跃成为中国新闻界名人。

《东方风来满眼春》一文的不同凡响,自然也引来那些对中国兴趣愈来愈浓的外国新闻界的关注。

4月2日的《参考消息》头版头条以《外电外报评中国报道邓小平深圳之行》为题,译发了美、英、日三国媒体的部分反应;即将访日的江泽民总书记在4月1日会见日本驻华记者,被问及他对日前发表的《东方风来满眼春》一文的评价时,十分肯定地回答:"……邓小平同志视察南方时的重要讲话,早已在全党和全国传达。现在发表邓小平同志视察深圳的报道,可以使全国人民更好地了解他的谈话精神,以便全面地贯彻落实。"

★ 这是他最后一次出现在人民大会堂。也是在这次会议上,开始取消中顾委这个机构。"大会开得很好,希望大家继续努力。"望着年富力强的中共中央总书记江泽民,88岁的邓小平高兴地笑了

邓小平在1992年的南方谈话,经过整理作为终卷篇收入他的文选。南方谈话,可以说是老人的"政治交代",或者说有"政治遗嘱"的含义。南方谈话之后,中国改革掀起了第二次浪潮。

5月的北京西郊,鲜花盛开,一片葱绿。在群山环抱的石景山区,坐

落着我国特大型现代化企业——首都钢铁总公司。首钢，作为我国全民大型企业改革的试点单位，它的每一项改革都涉及我国政治体制改革和经济体制改革宏观问题，其实质是对建设有中国特色的社会主义道路的有力探索。首钢这面全国人民心中的改革旗帜，十几年来同我国改革开放的命运风雨同舟，患难与共，可谓毁誉交加，荣辱参半。邓小平最了解改革第一线同志的心情，每当关键时刻，他都给予巨大的关怀、支持和鼓励，使首钢闯过一道又一道难关。

邓小平视察南方之后，全国上下掀起了改革开放的新高潮。首钢也如一炉钢水，出现了热气腾腾的喜人景象。首钢人思念邓小平，邓小平也牵挂着首钢。

5月22日，邓小平在夫人卓琳及女儿邓楠、邓榕的陪同下，驱车来到北京西郊的首钢。一下车，他就紧紧握住首钢党委书记的手："我早就想来。"两只手握在一起，表现了改革开放的总设计师和处在改革开放前沿阵地的改革者心心相印。

在一片欢声笑语中，邓小平参观了月季园的各种花卉。他连声称赞这里的花比他家里的还好。首钢一位负责人随口应道，那我派几个人给你改造一下。邓小平马上摆摆手说，不用了，你还是专心致志管理企业，把钢铁抓好吧。

在随后的座谈中，邓小平听取了首钢改革后发生的变化，点点头说："我赞成你们。"他伸手指指自己的头，接着说，"主要是解放思想，换个脑筋就行了，脑筋不换哪，怎么也推不动。同样是忙忙碌碌，辛辛苦苦，可干起事了，慢慢腾腾，看不见新气象。想的面宽了，路子也就多了，就更好了。"

"换脑筋"，朴实无华，言简意赅，这3个字揭示了解放思想的历史

第五章 政治嘱托

作用,触及了阻碍改革的深层原因,指出了推动改革的原动力。

听完汇报之后,邓小平参观了首钢刚竣工投产的四高炉、第二炼钢厂、机械厂重型车间。邓小平来到哪里,哪里就一片欢腾。看到邓小平,首钢职工心情激动,奔走相告,举着鲜花,举着标语牌,向邓小平表达敬意。邓小平向周围的人群频频致意,和身旁的工人一一握手。整个厂区沸腾了,首钢职工沉浸在无比幸福之中。

金秋十月,是收获的季节,中共迎来了十四大召开的日子,这是在我国改革开放空前发展之际召开的党的代表大会。其实,邓小平南方谈话给这次党的代表大会定下了一个政治基调,为这次大会作了思想上、理论上的准备。这次代表大会,为我们党、为当代中国的历史,建立了一座重要的里程碑。这座历史里程碑的奠基者和铸造者,无疑首推邓小平。

于是,人们非常关注邓小平。开幕前一天的新闻发布会,数百名记者带着全世界的关注,提出的第一个问题是:"邓小平是否出席本次大会?"这是十四大的第一新闻,邓小平出席大会是新闻,不出席大会也是一个新闻。当记者没有得到是与否的答案时,不得不反复提出这个问题,逼得新闻发言人不得不五次重复提问者不愿意听到的回答:"小平同志作为十四大特邀代表,接受了邀请。"

12日上午9时,全世界数以亿计的观众收看十四大开幕式电视转播时,不约而同地搜索邓小平的身影。然而,开幕式上,没有见到邓小平。在随后的会议期间也没有见到邓小平,闭幕式上也没见他出现。大会代表和全国人民不甘心,虽然没有说出来。

其实,邓小平和全国人民一样,十分关注十四大。十四大报告第4稿出来时,他花了两个半天时间仔细审阅,又用了两个半天时间对报告提出修改意见。他从总体上对报告给予很高评价,认为这个报告有分量,是一大革命。同时，他特地指出，报告中讲他的功绩，一定要放在集体领导的范围内，绝不是一个人有脑筋就可以钻出什么新东西来，这是群众的智慧、集体的智慧。他的功劳是把这些新事物概括出来，加以提倡，要写得合乎实际。

十四大开幕那天，邓小平坐在家中电视机前，认真听了江泽民宣读的报告。结束时，邓小平满意地说："讲得不错，我要为这个报告鼓掌。"说着，他就在电视机前鼓起掌来。十四大召开的这7天时间里，邓小平每天翻阅着十几份报纸，仔细了解大会进程。19日上午，看到十四大胜利闭幕，选出新的领导机构时，他无比欣慰地说："真是群情振奋！"

十四大对于邓小平关于建设有中国特色社会主义理论作了进一步概括，并将这个理论确定为党的基本理论。自然，邓小平是十四大的瞩目中心。以自己特有的方式关注十四大的邓小平，非常了解大会代表和全国人民的心情，他似乎不会让大会代表失望，不会让全国人民留下遗憾。19日下午，十四大代表接到通知，全体代表去人民大会堂。这无疑给代表们带来了一丝新希望。

当红光满面的邓小平出现在人民大会堂宴会厅，2000多名代表的掌声像海啸一般在大厅中回响。"小平同志您好！""祝小平同志健康长寿！"这些肺腑之言伴着掌声此起彼伏。身着银灰色中山装的邓小平，迈着稳健的步伐，沿着红色地毯走到代表面前，边走边招手致意，时而停下脚步同代表亲切握手。

这是邓小平最后一次出现在人民大会堂。也是在这次会议上，开始取消中顾委这个机构。同大家合影之后，精神矍铄的邓小平在江泽民等人的陪同下，沿着宽敞的宴会大厅绕场一周，时间达20分钟，最后在代表饱含深情的目光中离去。

第五章 政治嘱托

7名中央政治局常委送邓小平往外走,在即将跨进电梯的那一刻,邓小平突然转过身来,对江泽民说:"大会开得很好,希望大家继续努力。"江泽民紧握邓小平的手,激动地说:"现在大政方针已定,我们要真抓实干。"望着年富力强的中共中央总书记江泽民,88岁的邓小平高兴地笑了。

以邓小平南方谈话和中共十四大为标志,中国的改革开放和社会主义现代化建设事业进入了一个更高更新的发展阶段。新一轮的改革开放如滚滚春潮势不可当,涌动整个中国。

1993年10月31日,星期天。邓小平一行在北京市常务副市长张百发的陪同下,乘坐一辆乳白色丰田面包车逛京城。

◇ 1992年10月19日,邓小平同新当选的中共中央领导人江泽民、李鹏等一起在北京人民大会堂与出席中共十四大的全体代表亲切见面

邓小平十分关心北京市的建设。早些年，他就希望像一个普通的北京市民一样出来走一走，看一看。但是，他太忙了。现在退休了，他要常出来逛一逛京城。这次出行前的1个月，他就惦记着要出来，看看北京新建的马路、老百姓的房子。

退休以后，在北京视察，他不止一次让张百发为他当向导。他说过，我现在是普通老百姓了，不要过多地惊动部长、市长。这天，他一见到张百发，就高兴地打招呼："队长！队长！"

虽然国庆节已经过去了快1个月，但街头的花坛仍时有所见，傲然盛开的菊花点缀着街头巷尾。上午9时，邓小平乘坐的车子驶入宽阔的长安街。同车的医生要求，他的活动控制在1个小时以内，因此视察路线确定以看新落成的道路为主，先经长安街看市区，再上东南三环快速路、四元立交桥和首都机场高速路。

车子缓缓行进。邓小平坐在车上，透过车窗注视着掠过的人群、建筑、街道。窗外掠过的每一幢高大建筑物，他都要问问是什么楼：国际饭店、海关大楼……陪同的张百发手指路旁，告诉邓小平，筹建的长安大戏院将在那儿建起。"再有两年就可以投入使用了，到时请您去看戏。"张百发笑着对邓小平说。

出建国门，奔劲松路，上了东三环高架桥。邓小平看着窗外，感慨地说："北京全变了，我都不认识了。"

交谈中，张百发建议邓小平常出来走动走动。邓小平说，年纪大了，不愿多走动。张百发"怂恿"他：有些老人同您年纪一般大，还打网球呢。邓小平笑着说：他们胆子都比我大，我不行啊。

谈笑间，一条现代化的道路——机场高速公路展现在眼前。邓小平要下车看看。因外面有风，车上人劝他："到四元桥吧，那里气势恢宏。"车

第五章　政治嘱托

子到了四元桥停下，随行的大夫却坚持不让邓小平下车。邓小平向车上的人做了个无奈的表情，然后问亚运村在哪儿。张百发将亚运村的方位指给邓小平看。

离开四元桥，车子驶上了平展宽阔的机场高速公路。在通过一排民族风格牌楼式的收费站时，邓小平问张百发："收多少钱？"张百发回答说："像咱们坐的这种车，过一次交20元。"

邓榕转身将手伸向父亲，调皮地说："拿钱。"邓小平以浓重的四川口音风趣地回答："我哪里有钱？！从1929年起，我身上就分文全无！"一席话，说得坐在身边的卓琳和全车的人哈哈大笑起来。

已是10点多钟，邓小平仍兴致不减。在返程途中，他指着脚下的高速公路问张百发："这样的路算不算小康水平？"张百发回答说："已经超过了。"

邓小平欣慰地点点头，又扯扯自己身上穿的烟灰色水洗绸夹克衫，风趣地问："我这件衫子算不算小康水平？"张百发笑答："也超过了。"车上又一次响起了一片愉快的笑声。

谈话间，邓小平问到申办奥运会的事情。张百发简要地向他介绍了蒙特卡罗最后投票的情况，说："国外有人捣鬼。"邓小平沉默了一下说："这是意料之中的事情，关键还是把我们自己的事情搞好。"坐在车内的大夫告诉张百发："投票那天，老人家还想看电视实况转播呢，我们动员他睡觉。可早上起来，他第一句话就问投票结果怎样。我们回答没有成功。他说：'预料中的事，没有什么了不起，关键还是把我们自己的事情搞好！'"

回到住处临下车时，邓小平说："我总想出来走走，逛逛公园和商店，可是他们不让。"他一边说一边指指身边的警卫和医生。张百发提议:"明年春暖花开的时候,请您看看世界公园和建设中的北京西站。"他还介绍说,"西客站是京九铁路的起点。1996年这条铁路建成后,您不用坐飞机,坐火车就可以从北京直达香港,实现您1997年去香港看看的愿望。"邓小平听后连连点头说:"好,好!"

第六章　桑榆暮景

退休后，邓小平的生活是恬静的，虽然含饴弄孙意趣超然，却时时与人民同呼吸、共命运，关心中国的命运和前途，但对现任党和国家领导人的工作决不掣肘。

> ★ 沉默而幽默的邓小平，个性中却充满着矛盾的和谐。"打牌要和高手打嘛，输了也有味道。"这位乐山且乐水的高级桥牌迷，还是一位地地道道的铁杆球迷

当历史学家以巨大的精力投入邓小平及其时代的研究时，未尝不可将历史的镜头对准政治舞台外的邓小平。或许，这一侧面的"镜像"更为引人入胜。

邓小平临危不惧，遇喜而不亢，沉稳内向，平时言谈不多，但却富有幽默感。邓朴方这样说："父亲的沉默往往比语言更为有力！"

生前，邓小平曾多次说过："我不要别人为我写传，不要过分地宣传个人。"他平时很少对别人，包括自己的家人讲述自己的家世。谢世后，随着大型电视文献片《邓小平》的播放，人们才对邓小平的家乡与身世有了进一步的了解。他对子女的教育，常常是身教重于言教，身教多于言教。在同儿女谈话、谈心、聊天、忆历史、讲传统时，他从来不向他们摆自己的功，诉自己的苦，说自己的好，称自己的能，夸自己的才。有时子女问到他对那些重要关头或重大问题的处理和重大战役的胜利起到了什么

作用时，他总是淡然微笑，说得那么云淡风轻。

长征路上，每一位红军战士都有讲不完的故事。可是，当女儿问邓小平在长征时干了些什么工作时，他用一贯的简明方式回答——"跟着走"。谁能想到，关于父亲的历史，他的子女是在"文化大革命"中看小报才第一次知道的。邓林说："他在家中与我妈妈都不谈自己的经历，从不说'废话'。"邓小平老了，才和子女说话多一点，也爱听他们讲话。孩子们也越来越感到他是一个内向、含蓄，感情不外露的人。

邓小平性格沉默寡言，而夫人卓琳性格开朗，爱说爱笑。为了协调这种性格上的差异，卓琳在婚后不久就向邓小平提出了要求："我有什么话对你说，你要耐心地听下去，不对的可以批评，但不能不让我说。"邓小平则表示完全同意妻子的建议。正是这种相互包容和理解，使得邓小平和卓琳的爱情与婚姻非常幸福美满。

其实，他不言则已，一言必中，诙谐而善辩。在他异常鲜明的个性中，充满着矛盾的和谐。平常，他言谈不多，但言简意赅，当他酝酿成熟、深思熟虑而作出决策或决断之时，所发出的声音则是掷地有声、字字铮铮，往往震撼人心。他曾教过课，做过许多报告，据当年的一些学员回忆：邓小平讲课深入浅出，生动活泼，风趣有余，他不停地打着手势，操着浓重的四川口音向学员讲解革命道理，做报告也如同拉家常。

邓小平不喜欢一些形式化的东西，是一个务实派。晚年在外地休假时，地方有关领导总爱请他接见、讲话，他都尽可能婉言谢绝，说："我来休假，就是休假嘛！"在他身上绝无丝毫哗众取宠的习气，共产党人所倡导的实事求是的作风在他身上昭然可见。

是的，作为政治家，他既是一个威严的人，又是一个幽默的人。在重大原则的问题上，他从来没有也决不会作出半点让步。在待人接物上，他又十分平易近人，举止随和，谈笑风生，富于幽默感。他的个性反映到语言上，就是鲜明、新颖、别致的个性化特点。如"扭着不放""计算机要从娃娃抓起"，这些带川味的个性化语言实在、形象、生动，让人回味无穷。

坦诚、直率而不矫揉造作，这是邓小平性格的一个显著特征。他对不赞成的东西决不曲意逢迎。比如，他是传统京剧艺术的爱好者，他对江青搞的京剧改革和革命样板戏并不赞成，因而采取不屑一顾的态度。据说有一次，看江青主持拍摄的一部新影片，邓小平未等终场就走了。他就是这样从不掩饰个人真实的观点，这种坦诚就是他的个人魅力。

热爱祖国山山水水的邓小平，喜欢游览名山大川，从自然物象中汲取智慧。早年在长征路上，他就经受过千山万水的洗礼。中华人民共和国成立后，他游览过井冈山、峨眉山、长白山及漓江、西湖、长江三峡等名胜山川。他仰观俯瞰，兴趣盎然，被祖国大好河山的雄伟壮丽深深吸引。

1959年后，由于腿部曾经骨折过，伤愈后脚力很差，邓小平便听从医生的建议，认真进行体育疗法，开始每天散步以恢复脚力，并坚持不懈，久而久之，他便逐渐养成了每天散步的习惯。不仅如此，他还时常同一些老同志或随亲眷去攀景山，登北海的琼岛，爬香山。1977年，复出后的邓小平早已步入晚年，为了不负全国人民的重望，他日理万机，散步的习惯虽说坚持下来了，但时间相对减少了。

1979年7月，75岁的邓小平登上了海拔1800米高的黄山。当时负责警卫工作的中央警卫局副局长孙勇向安徽省委第一书记万里等同志说："邓副主席此次是利用休假时间和家人一起到黄山旅游的，对外不宣传，不封山，不断游，更不能影响群众游览黄山。邓副主席说了，要与群众同走一条路，同看一处景。"于是，有关单位取消了原定的记者随行采访

第六章 桑榆暮景

计划。

60里山路蜿蜒曲折，年已75岁高龄的邓小平却走在前面开路，一口气登上30来级陡峭的台阶，竟把随行的亲属甩在了后面。尤其有趣的是，他这样一位长者还不时回过头去一再嘱咐年轻人要当心。时而，稍事休息后，他弯腰挽起裤管，接过手杖，铿锵一声"走"，顿时大家增添了力量，一行人于是继续前行。其间，他向大家传授了两条登山的经验：一是把裤脚卷到膝盖上面，二是走起来步子不要太快。大家按照他的方法一试，果然轻快多了。

◇ 1979年7月，75岁高龄的邓小平登上黄山

许多来自海内外的游客，获悉邓小平登览黄山的消息，一传十，十传百，都盼望能在此胜地见一见他。保卫人员出于安全考虑，还是想悄悄控制一下上山游客的人数，结果被邓小平发觉了。他严肃地说："要让群众上山，不要搞得戒备森严。"一路上，遇到身后有年轻人或挑担子的老百姓，他就连忙停到路边让道，招呼随行的人员："让一让，请他们先走。"然而，许多游客往往赶到邓小平身边就不走了，同他攀谈起来，似乎一见如故。邓小平是那样谦和，使游人一点也不感到拘束。

快到鳌鱼洞时，有一位姑娘气喘吁吁地从后面跑了上来。邓小平一行以为她急着赶路，连忙让路。但她走到跟前却突然停了下来，上气不接下气地说:"邓伯伯,您好!我是上海复旦大学的学生,本来已经下山了,听到您老人家在这里,我们又赶来了……"他便问这位学生念的什么专业,当听说读的是新闻专业时,不由得感叹:"噢,难怪消息这样灵通。"邓小平幽默而风趣的话语,把大家都逗乐了……

用3天的时间,邓小平举步攀岩,纵横踏过了黄山林立的群峰。饱览黄山秀色后,他风趣地说:"爬了黄山,天下的名山都不在话下嘛!"真可谓踏遍青山人未老,风景这边独好!

邓小平总是把自己看成人民中的普通一员,他平易近人,和蔼可亲。吴山越水,西子湖畔,留下了一个又一个小平同志和普通群众相处的动人故事。1983年2月11日,他来到杭州灵隐寺,不少游客认出了他,人群中立即爆发出一片热烈的掌声和欢呼声。邓小平向人们挥手致意,还不时地握握游客的手。他看见一个小女孩在大人的怀抱中拍着可爱的小手欢迎他时,就笑着用手摸了摸孩子的小脸说:"这娃娃长得好胖啊!叫什么名字?"从南京来杭州探亲的孩子父母激动得满脸通红,一个劲地让孩子快叫"邓爷爷好"。两岁的孩子乖巧地叫了声:"邓爷爷好!"邓小平高兴地笑着说:"好!好!"第二天,他在三潭印月又碰到了这个小女孩。邓小平直呼只有一面之交的小女孩。小女孩大声地叫:"邓爷爷好!"并展开双手扑向他的怀抱。邓小平用他那温暖的手抚摸着孩子,亲昵地说:"来,跟爷爷亲亲!"孩子高兴地在他的脸上亲着,邓小平亲热地搂着她,和孩子的小脸庞紧贴在一起。

在三潭印月,还留下了邓小平让一位青年工人拍照的故事。当时,一位来自宁波的青年工人正在三潭印月游玩,当看到邓小平一行人向他缓步走来时,他便端起相机对着邓小平按下了快门。见到有人拍照,邓小平赶忙停下脚步,好像什么事也没发生一样,非常和蔼地与这位青年攀谈了起来，问他是哪里人，做什么工作，是不是坐火车来的，等等。当得知这位青年是宁波人时，他风趣地说："宁波不错，很大嘛。"这位青年拍摄的照片，后来在上海出版的《青年报》上发表，在全国引起了强烈的反响。

邓小平的一生几乎都与波峰浪谷有不解之缘，他历经坎坷，其中有三次大落，几近灭顶之灾，然而他都否极泰来，由危转安，化险为夷。这位在政治风浪面前往往如履平地的伟人，在大海巨涛骇浪中同样是劈波斩浪，沉着稳健，胜似闲庭信步。正如孔子所言"智者乐水"，邓小平喜爱游泳，从年轻时代起就养成了洗冷水浴的习惯，几十年如一日，一直没有间断。

"乐水派"邓小平曾对来访的李政道说："我的身体还好，头脑还清楚，记忆力还不错。在北戴河每天游泳一个小时。我不喜欢室内游泳池，喜欢在大自然里游泳，自由度大一些，有一股气势。"1983年夏，邓小平在黄海之滨的棒棰岛之游留下的影像记录，使一切敬仰邓小平的人们形象地看到这位中国政治风浪中的中流砥柱似的伟人是如何度过他的余暇，并为邓小平健康的体魄深感庆幸。他畅游于蓝色的波峰浪谷之间，与风浪为伍，从容泅渡。白浪滔天，他舒展双臂，从容地向海的深处游去。浪花一个接一个地扑来，他泰然自若，挥臂击水，顽强地向前游去。在他身旁看护的游泳好手们见到风急浪猛，便劝他上岸，但他却没顺从这好意的劝告，照旧在水里畅游不止……已经入海游了90多分钟了，他依然没有丝毫倦色，难以置信的是，当时的邓小平已经年近80岁，身体竟然如此硬朗，实在难能可贵！当时，他抑或会因沉浮而联想到人生的起落，抑或会因击水而想到奋斗的快乐……这一切不得而知。或许，他那时那刻什么也没想。上岸后，他不时地同天真可爱的外孙、外孙女嬉戏，不时和女儿聊上几句……其乐融融，多么温暖的天伦之乐！

邓小平的最后岁月

◇ 1984年夏，邓小平、卓琳同孩子们在海滨浴场嬉水

大海，是他革命生涯的起点。1923年，19岁的邓小平在法国参加旅欧中国共产主义青年团，从此，他走上无产阶级职业革命家的道路。大海，磨炼了他坚强的意志。从百色起义到浴血太行，从挺进中原到决战淮海，从横渡长江到挥师西南，他出生入死，南征北战，为共和国的创建立下了不朽功勋。邓小平一生迷恋大海，一下海，他就舒展双臂，游向深处。无论海多深，风多急，浪多大，他都破浪前行。捐献角膜、解剖遗体，不留骨灰、撒入大海——这是把毕生毫无保留地献给祖国和人民的邓小平的遗愿。回归大海，回归大自然，他的遗愿得到了实现。

大海，浩浩渺渺，茫无涯际。喜爱到大海中游泳的邓小平，其襟怀更像大海那样深沉、宽广。"我能游泳，特别喜欢在大海中游泳，证明我身体还行；还打桥牌，证明我的脑筋还清楚。"晚年邓小平常常这样对友人说。游泳和桥牌这两大业余爱好，使他在体力和智力上得到交替松弛与反复磨炼，并产生了积极的潜在作用。

邓小平可以称得上是中国桥牌运动的推动人。"文化大革命"中，桥

第六章 桑榆暮景

牌被当成资产阶级娱乐方式而遭到禁止。1978年7月,北京的几位桥牌元老周家骝、裘宗沪和郑雪莱曾联名给邓小平写了一封信,希望在中国开展桥牌运动。很快,邓小平作出批示:"请体委考虑。"之后,桥牌运动才在中国重新开展起来。在邓小平的关怀下,1979年,国家体委举办了第一次全国性的桥牌比赛。1980年中国桥牌协会成立,并加入了世界桥牌联合会。

1981年12月,国际桥牌新闻协会为表彰邓小平为中国桥牌运动的发展所作出的贡献,将最高荣誉"戈伦奖"授予了他。1988年7月,邓小平担任中国桥牌协会荣誉主席。1989年2月26日,世界桥牌联合会授予他"世界桥联荣誉金奖"。1993年6月,在国际桥坛久负盛名的美国桥牌名家鲍比·沃尔夫以世界桥牌联合会主席的身份来华访问,向邓小平颁发了"主席最高荣誉奖",以"感谢他多年来为中国及世界桥牌运动所作出的巨大贡献"。邓小平曾说过:"桥牌如同音乐一样是一种世界语言,理应

◇ 邓小平在上海打桥牌(1989年1月)

成为中国同世界各国人民之间相互交流、理解与友谊的桥梁。"

"桥牌女皇"、美籍华人杨小燕说，邓小平的牌技可不仅仅是业余水平，够得上专业水平了。战争年代，邓小平统率精兵决胜疆场的雄姿，只有在枪林弹雨中穿过的老将军们有幸亲睹；不过，邓小平在桥牌桌前展示的运筹帷幄的风采，使许多在和平年代长大的年轻一代不难想象他当年的凛凛威风。谁说将军无闲情？邓小平曾操着富有音乐感的四川话说："打牌要和高手打嘛，输了也有味道。"

打桥牌是邓小平 20 世纪 50 年代在四川学会的，此后就一直成为他的一大业余爱好。晚年，打桥牌更是成为他寄情之所在，而他的桥牌技艺日益精湛，几臻炉火纯青，无怪乎外国人称他为中国的"高级桥牌迷"。他出色的桥牌技艺，莫不是与他长期的戎马生涯所练就的素质之间存在着某种关联性？

一次，他与胡耀邦、万里应邀参加在文津俱乐部举办的"运筹与健康"老同志桥牌邀请赛。比赛中，他思路敏捷，与牌友密切配合，叫牌果断，攻守自如，凭借几十年打桥牌的深厚功底，凭神机妙算掌握了桥牌桌上的主动权，结果使对方以 0 比 20VP 败北。

邓小平自己也说："唯独打桥牌的时候，我才什么都不想，专注在牌上，头脑能充分地休息。"的确，他需要思考的问题实在太多了，所以他往往连散步时也在思考各种问题。况且，他干什么事情都永远那样认真、那样专心致志，因此打桥牌被邓小平用来作为换换脑筋的有效休息手段。

在桥牌桌前，邓小平总是那样平易近人，与人一起娱乐，大家都深羡其雅量高致，在他身上看不到丝毫颐指气使的影子。正因为如此，世界桥坛都为有这样一位可敬的桥牌爱好者而自豪。有时，他还将全家人动员起来，一同观战；激战中，他会不时冒出几句轻松幽默的话语，场上气氛顿时活跃起来。据对战者介绍:"邓小平牌风稳健,自始至终保持冷静,不论打牌或叫牌,都颇有扼制对方、驾驭全局的气概。面临危局时,他更表现出处变不惊、临危不惧的大将风度。"他"打牌时情绪是轻松愉快的,即使输了牌局,也没有不开心的表现"。

邓小平能否适应长时间的桥牌比赛?对此,经常陪晚年邓小平打桥牌的聂卫平说:"完全没有问题。有一段时间,他每周日都要打桥牌。每次从下午3时打到6时,大家一起吃饭后,再从7时打到10时多。他严格遵守时间,非常注重效率。打牌中,他总是注意在不成局的牌上节约时间,而在成局、满贯或难度较大的牌上多花一点时间和精力。自始至终,他总是精力充沛、头脑清醒。"

邓小平非常关心中国围棋事业的发展。第二届中日围棋擂台赛进行到第15场比赛时,中国队只剩下聂卫平一个人了,而日本队还有5名选手。第4场比赛在北京举行,聂卫平战胜了武宫正树,取得了四连胜。聂卫平回忆说:"我家离比赛场地很近,我人还没到家,老爷子就让秘书打电话,向我表示祝贺,并请我吃饭。我真是非常感动。在所有的运动员中,得到老爷子打电话祝贺并请吃饭待遇的,我可能是第一人。"

邓小平对体育的爱好简直可以说是全方位的,游泳、桥牌、足球、棋类、散步、登山等都是他的业余爱好所在。他对体育运动的广泛爱好源于对体育运动的深刻理解,并把个人的爱好、兴趣同锻炼身体、训练脑筋、磨炼意志、陶冶情操结合起来,始终不脱离革命工作这个中心。

邓小平的女儿曾对记者介绍说:父亲生平主要有三个爱好,一为足球,二为言菊朋的京剧,年轻时为此着迷,后来只是耳朵不好使唤而放弃此好,三为桥牌。不过,足球恐怕要算是他历史最久远的业余爱好。据悉,早在书声琅琅的少年时期,足球场上就已经晃动着邓小平敏捷、灵活的身影。青年邓小平远涉重洋前往法国勤工俭学，在繁重的劳动和艰苦的学习之余，足球依旧对他具有强烈的吸引力。有一次举行奥运会足球赛，他十分希望能够一睹为快，却苦于没钱，于是深感懊丧。忽然，一个念头闪进他的脑海："对了！衣服当了不就是钱吗？"想到这里，邓小平飞快地跑回寓所拿出自己一件外衣送到当铺，买票看了这场精彩的足球赛。

风风雨雨数十载，足球一直是邓小平难以割舍的爱好之一。20世纪50年代，他是足球场的常客；以后，他是足球赛电视转播的忠实观众。有一次，正逢一场精彩的足球赛，不幸的是他因腿骨骨折住进医院，在床上吊着腿。可是他并不愿错过观看足球赛的难得机会，便躺在病床上看完了整场比赛的电视实况转播。那场精彩纷呈的足球赛似乎使他忘记了骨折的疼痛，他显得如此兴致勃勃，看得那样津津有味。当时目睹这一情景的一位人士后来曾对记者说，邓小平热爱体育活动的劲头，给他留下了难忘的印象。

1977年，邓小平第三次复出后首次在群众场合露面就是看足球比赛，他刚刚出现在主席台，群众就对他报以热烈的掌声，经久不息，持续了数分钟……

就是这样，中国足球运动从没有离开过他的视野。为了振兴中国足球，邓小平尽了很大的力量，倾注了许多心血，办到了一切可能办到的事情。当中国足球队接连铩羽而归、国人议论纷纷之际，邓小平大声疾呼"从娃娃抓起"。这位在战争年代叱咤风云的伟人登高一呼，举国上下应者如云，少年足球事业如雨后春笋般勃然而兴，千万个小选手活跃在绿茵场上，中国足球事业显露出迷人的曙光。这寄寓着一个伟人的闲情雅趣，也载负着一个伟人热望中国足球事业走出困境的深情厚谊。

除足球之外，邓小平喜欢篮球等球类运动。1979年他访问美国时，

第六章　桑榆暮景

东道主得悉他喜欢篮球，还在文艺节目中特意安排了一场篮球表演。谁会想到，邓小平的爱好居然很好地用在了外交上？

> ★ 他的生活很有规律，严格按自定的作息制度运行。喝酒可以说是邓小平的一种嗜好，他虽能喝但从不贪杯。这位中国的"头号烟民"说戒就戒，放下就没有再抽

1989年11月，邓小平终于辞去了自己最后一个政治职务——中共中央军委主席。一个伟人主动离开政治舞台，同他步入政治舞台一样，具有重大而深远的历史意义。全家人支持他退休，为的是他能更加健康长寿；而他自己一直希望早点退下来，为的则是国家的前途、党的利益。退休后，邓小平的生活是恬静的，虽然含饴弄孙意趣超然，却时时与人民同呼吸、共命运，关心中国的命运和前途，但对现任党和国家领导人的工作决不掣肘。

作为妻子，卓琳非常了解邓小平的生活习惯和爱好。邓小平爱看书，看马克思、列宁著作及中国历史经典书籍、中外文学名著。因此，卓琳平时很注意收集邓小平喜爱看的书籍。据说，少年时代的邓小平就聪颖过人，书读三遍即能背诵。在莫斯科学习期间，他更是接触到大量的革命理论书籍。他早年的读书经历，给他后来的革命活动和生活带来了巨大帮助和精神安慰。邓小平看书时不死记硬背，不死读书，而是特别着眼于运

用，着眼于为解决实际问题而进行思考，着眼于用书本知识正确指导新的实践和新的发展。他以读书为最大乐趣，乐此不疲，孜孜不倦，废寝忘食。家里订了10多份报纸，他每天"雷打不动"，都要将它们浏览一遍，家人常开玩笑说他是家里的"信息源"，是各种新消息的"发布官"。

据报道，邓小平还喜欢看小说。中国现代文学研究会第二任会长、北京大学教授严家炎在国内出版的新著《金庸小说论稿》中指出：邓小平是内地最早阅读金庸小说的人。严家炎在北京中关园接受记者采访时指出，邓小平夫人卓琳女士说，邓小平先生在20世纪70年代后期自江西返回北京，就托人从境外买到一套金庸小说，很喜欢读。1981年邓小平接见金庸时，第一句话就是："你的小说我是读了的。"邓小平成了目前有据可查的最早阅读金庸小说的内地人士。

自己读书，劝人读书，他还指导编书。1993年，年近90岁的邓小平冒着酷暑，亲自审定《邓小平文选》第三卷文稿。他很认真，一篇一篇地看，有时送的速度赶不上他看的速度。邓小平认为，这本书是从大的方面讲的，从大局考虑的，认为这是一个政治交代性的东西。他认为革命要靠"两杆子"——"枪杆子"与"笔杆子"。重视"枪杆子"的邓小平也是个"笔杆子"，他才思敏捷，作文如行云流水，一气呵成。早在战争年代，与他共事的同志形容他写东西是"倚马可待"。简洁、明快、短小，是他文风上的特点。

他的生活很有规律，严格按自订的作息制度运行。通常，邓小平每天早晨8时起床，然后在庭院内散步半小时左右。院子外围约140米，他每天"定额"走上18圈方才"鸣金收兵"。每转一圈，他走的步数都是固定的，像在虔诚地完成一件十分严肃的任务。他对待散步就像对待工作一样认真，从不偷懒、不取巧、不抄近道。雨雪天不方便，他就在走廊里来回

第六章 桑榆暮景

走动。有时，他还做几节自编的健身操，扩胸、伸腿、舒筋骨。这是晚年邓小平"动补"的主要方式。早餐多安排在8点半，多是喝些豆浆，吃些油条或馒头。上午，他阅读国内外报刊新闻摘要，阅读中央办公厅送来的简报与文件。

午餐安排在12点，和家人一起用餐，一大家有十三四人分坐两桌。午餐通常是四菜一汤，其中两荤两素；另有一杯白酒或黄酒；他爱吃辣椒。午饭后，他一般稍作休息。下午有时约牌友打桥牌。

晚餐在6点半，常常是一个汤和一碟炸花生、黄豆、杂果仁。吃饭时，他爱了解子女的一些情况，但只听不作回答。晚饭后，中央台的《新闻联播》没有特殊情况他一般是要看的。晚10时许，他结束一天的活动休息。

喝酒可以说是邓小平的一种嗜好，他虽能喝但从不贪杯。70年代初，他蒙难江西时，就喝当地最便宜的酒，有时夫妇俩自己酿米酒。1989年退休的当天，邓朴方深知父亲的喜好，提出送一瓶好酒给父亲。后来，医护人员出于对邓小平身体健康着想，提议他不喝白酒为好，邓小平欣然接受，改喝加饭酒，进餐时喝一小杯，从不过量。

曾在邓小平家做过近两年厨师的管建平回忆说："打心里说小平一家是过日子的人。两

◇ 邓小平兴致来时会喝上几盅

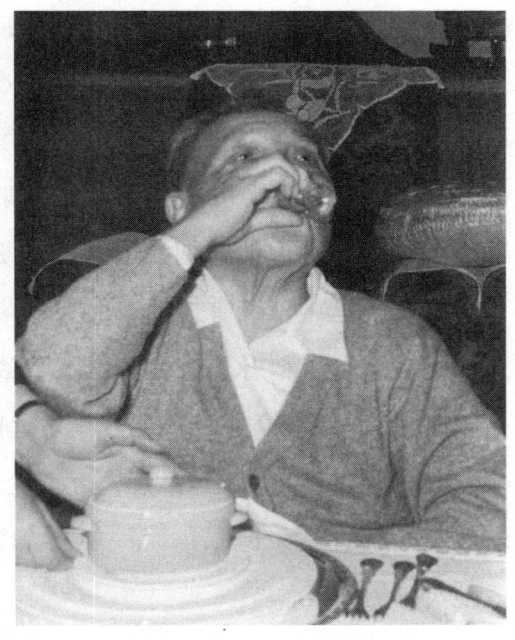

年里，我弄什么，他们吃什么，绝对不挑食。只是他们的口味重一点，偏爱辣，我便在做菜时多放点辣椒、辣粉就行了。"据介绍，邓小平用餐时喜欢各色各样的菜都吃一点，于是管建平特意为邓小平准备了一个小盘子，各种菜都夹上一点，戏称为"五味俱全"。回锅肉、扣肉、粉蒸肉、臭豆腐、腌胡萝卜丝，是他常吃的菜。"他家有一个习惯——不浪费，剩饭剩菜一律下顿做成烩饭、烩菜接着吃，就是炖菜剩下的汤都要留到下顿吃。"无论法定节日还是民俗节日，或者遇上谁的生日，邓家把握住一点，从不办酒席；只有在亲友、同事和部下来时，卓琳才会特地关照厨师加菜，还特地让厨师少放辣子。

20世纪80年代初在邓小平身边工作的保健医生傅志义说："小平同志从不吃补品，唯一可算'补品'的，是每天吃几丸大粒维生素。在他身边工作3年，我竟从未见他患过感冒，也很少见他吃药。"作为保健医生，傅志义明白像邓小平这样有多年烟龄的老人，如果一下子让他戒掉，反而会引起机体的平衡失调，危害更大，"况且他自己也在克制，平时在办公时基本上不抽，会见外宾参加重大国事活动也尽量少抽"。

有人说，邓小平是中国的"头号烟民"。当然，这话是从其政治地位而言的，并非是说他的烟瘾最大。即便是在战争时代，他也难以离开香烟。在长征途中，没有烟抽，他和罗荣桓两人曾沿路找点破纸、干树叶子，用破纸包上树叶子当烟抽。在下放江西劳动的日子里，邓小平抽着烟，时常陷入深深的思索，居江湖之远而忧国忧民。在恢复工作后日理万机之时，他抽着烟，沉思默想，万家忧乐在心头，以民众苦痛为怀，构思着改革开放的每一个方针、每一项政策、每一次行动，吸烟在这时成了激发他灵感的源泉。

人们曾看到，在会议上，邓小平侃侃而谈，听者聚精会神。谈着谈着，他从放在桌上的"熊猫"牌烟盒中取一支，叼在嘴上，"噌"地划燃火柴，点烟，深深地吸了一口，烟雾在眼前飘浮，接着他顺着先前的思路讲下去，逸兴遄飞……

不过，吸烟危害身体，为此，家人十分替他担心，对他作出了种种限制性安排。1986年9月2日，他在中南海紫光阁接受美国哥伦比亚广播公司的电视采访时，一如往常那样掏出了香烟。记者迈克·华莱士也要了一支，可仔细一看觉得这烟不对劲："哈哈，过滤嘴比烟还要长。"华莱士的这个发现使邓小平大为得意："这是专门对付我的。我抽烟的坏习惯改不了啦。"

1988年3月25日至4月13日，第七届全国人大第一次会议在北京举行。一天下午，大会选举国家领导人。在主席台上就座的邓小平投过票后回到自己的座位，便习惯地点燃了一支香烟吸起来。坐在台下大厅中间的一位代表看见了，便对坐在旁边的另一位代表说："世界无烟日刚过，全中国全世界都大力宣传吸烟危害健康，小平同志为什么烟瘾这么大，开大会还吸烟呢？"于是他们商量后决定向邓小平提意见。

◇ "小平式"保健操

不一会儿，主持大会的宋平手里出现了一张小字条，上面写着一行字："请小平同志在主席台上不要吸烟。"宋平看过字条后会意地递给邓小平。邓小平看了看，笑着赶快把正在吸着的烟熄灭了。此后，邓小平在主席台上再也没有吸过烟。

事后，那位全国人大代表一想起他在人民大会堂给邓小平写字条提意见的事，便说："邓小平同志这样认真地接受我们的意见，真使我们非常感动。"这件事被传为佳话，党的领导人和普通代表之间平等相处、自觉遵守公共场合的秩序，赢得了人们的尊敬。退休后，出于健康的考虑，邓小平开始戒烟。对于一个有长期"烟史"的人来说，戒烟无疑是一件需要坚韧毅力才能做到的事，但邓小平说戒就戒，放下就没有再抽。

★ 邓家这个大家庭里，老爷子是家庭的核心，背后的"秘书"则是家庭的中心。和孩子们在一起，邓小平总是无比开心。他平常没什么话说，但跟孩子可有话说了，逗呀、抱呀

在北京景山后街的一条胡同里，有一个两进的普通院子，灰砖灰瓦，方方正正，院内种满了花、草、树，郁郁葱葱，这就是"中国人民的儿子"邓小平生前的生活世界，全家是1977年搬到这里的。邓小平去世后，与邓小平相伴走过了58个风云变幻的春夏秋冬的卓琳仍生活在这里。

卓琳比邓小平小12岁，两人都属龙。院子里有两棵靠得很近的油

第六章 桑榆暮景

松，一棵高大挺拔，一棵婀娜多姿，枝条互相拥抱着，并肩矗立，好像两个人相依相伴。于是，孩子们称这两棵树为"双龙树"。卓琳闲庭信步时，总爱倚着双龙树干静静地回忆些什么……

如同邓小平的政治生涯一样，他在爱情婚姻的问题上也历经了一段曲折坎坷的道路。邓小平曾两次失妻。如果说第一次是由于天灾所致，第二次则是"人祸"所为。但邓小平与卓琳可以称得上是生死不渝、相濡以沫的终身伴侣。

卓琳的经历，虽不像邓小平那样波澜壮阔、震撼人心，但同样充满曲折、耐人寻味。她出生在一个富甲乡里的工商名绅家庭里，是家中第七个孩子，也是最小的一个孩子。卓琳的父亲是云南有名的"火腿大

◇ "老祖"夏伯根（右一）被认为是邓家的"特等功臣"

王"，曾因某种原因而被"软禁"过，于是才四五岁的她同母亲先后赴越南以及香港、广州，千里寻父。她小时候从周围的好多事情中感受到人世间对女性的不平等对待，并为之愤愤不平，小小心灵常常萌发出莫名的反抗意识。

念中学时，有一个女音乐教员常常在课堂上向学生们宣讲革命、宣讲共产主义，卓琳对此感受深刻。有一天，这个教员突然被捕了。在押赴刑场时，这位戴着手铐脚镣的女教员慷慨悲歌，高喊共产主义口号。那英勇就义的场面与大义凛然的共产党人形象，深深铭刻在卓琳心底。于是，追求自由、追求个性解放、追求革命的概念，渐渐在卓琳的心底明确了。

1931年，卓琳被挑选为云南省体育代表团少年选手成员参加在北平举办的全国运动会。从云南出发刚刚到达香港时，九一八事变爆发了。国难当头，运动会自然开不成了，云南队只好撤返。没想到才走到香港就要返回，卓琳心不甘、情不愿，于是写信给家里，表示不回云南，要求去北平读书。家人同意后，她经上海辗转到北平，在一个补习班学习数月。次年，她考入北平女子一中。

1935年，一二·九运动中，19岁的卓琳同数千名学生走上街头，手挽着手，肩并着肩，加入抗议洪流，用不可遏制的愤怒高呼"不当亡国奴"的口号，声讨日本帝国主义的侵略暴行和南京国民党政府的卖国行径。对她来说，这是一次灵魂的洗礼，她的思想觉悟发生了质的飞跃。

第二年，卓琳抱着学习理工以实业报国、科学报国的理想，凭借优异成绩考上北京大学物理系。在校时，她积极参加了抗日民族解放先锋队。不多久，七七卢沟桥事变爆发。乔装成百姓模样的卓琳，躲过日本鬼子凶神恶煞的视线，逃出北平。日本大兵手持刺刀、荷枪实弹搜查学生和进步人士的森严恐怖场面，令卓琳刻骨铭心。

第六章　桑榆暮景

逃出北平后，卓琳决计去延安投奔八路军、投奔革命。北平—天津—青岛—济南—西安—延安，她转船倒车，折腾数回才到达革命圣地延安，并考上了延安陕北公学，经过近四个月的学习圆满完成学业。次年年初，她加入中国共产党，成为一名矢志不渝的革命者，并因工作需要而改现名。

1939年秋，邓小平与卓琳相识在延安。卓琳说："他（邓小平）是从前方回来的，和邓发住在一个窑洞里头。我是在公安部工作，他们经常到公安部来，因为公安部女同志多，他们经常到公安部来玩。有时候也叫我们到他们住的地方去玩，他大概在那个时候就对我有意了，我不知道。他就找跟我一块儿到延安的女朋友，让一个女朋友来跟我谈，说他想跟我结婚，问我同不同意。那个女朋友和我谈了两次，我不愿意。我说我年纪还轻，不想那么早结婚，于是我拒绝了。"邓小平当时是八路军129师政委，卓琳是一个年轻女生。对这位从前方来的长征干部，卓琳自然缺乏了解。

据卓琳讲，当时她怕跟一个工农干部成家，因为去延安的那些干部多是工农干部。"我不是看不起他们，而是怕他们没有知识，跟他们说不到一块儿"，因此她不敢同这些人谈情说爱。后来，邓小平两次主动找上门来，卓琳听了他的有关情况和理想后，觉得他还不错，是个知识分子。"我想，反正早晚都得结婚，那个时候自己已经23岁了，我说算了吧，凑合吧。"

不多久，在延安杨家岭毛泽东住的窑洞前，战友们以淳朴的方式为邓小平、卓琳夫妇举行了简朴的婚礼。几天后，卓琳便随丈夫离开延安奔赴前线。婚后，快言快语的卓琳慢慢适应了同沉默寡言的邓小平相处，也渐渐理解了丈夫的心，她默默地支持着丈夫。

从太行山到大别山,从抗日战场到解放战场,邓小平率领部队每解放一个地方,卓琳随后就带着孩子们赶到那里。"以前都是他们在前方打仗,我们家属在后头住的地方;打完仗休整的时候,他们再接我们去。后来,进军西南时,他下命令不准任何人带家属。我不干,不能把我们'丢'了不管,是共产党员的我一定要跟着你去,你砍我的头也要跟着你去。他没办法了,只好向我'投降',带着家属。"那段日子不堪回首,在战争年代卓琳拖儿带女所经历的苦难难以表述。"日子是很苦的,男孩子尿尿,汽车走着,就那么把着。女孩子要尿尿怎么办呢?教堂里有一种水罐,就拿那个水罐给小孩接尿,接了以后倒在汽车外头。"

战争年代,卓琳就和邓小平一道奔赴前方,转战南北。卓琳是1952年带着全家从重庆随邓小平到北京的。当时,担任党和国家重要领导职务的邓小平对自己的妻子提出了这样的要求:不要到外面去工作,言行要谨慎。这一要求也非常符合卓琳的性格,她本来就是一个不爱出风头的人。到北京后,她多次谢绝了一些单位、团体请她参与工作的邀请,专心致志地为邓小平当秘书、整理日常文件。邓小平第三次复出后,又有一些组织请卓琳出面工作,她还是谢绝了。她曾对自己的好朋友、著名外交家黄镇的夫人朱霖说,我的任务就是把家管好,把孩子管好,不让小平操心,让他专心致志地干好工作。

在家里,卓琳是"中心",而邓小平是"核心"。家里开支都是由卓琳计划、执行,邓小平从不过问,当然卓琳总是尽量将开支向丈夫倾斜。邓小平爱喝龙井茶,比较贵,也爱抽点烟,在三年困难时期,一向精打细算、省吃俭用的卓琳对丈夫舍得开支。每天上午下午,她各给丈夫泡上一杯浓浓的龙井。邓小平喝完后,她自己则接着喝剩下的茶根。

一大家十几口在一块吃饭,卓琳在三年困难时期为保证丈夫吃好一

第六章 桑榆暮景

◇ 1980年春，邓小平和孙辈们在一起

点，要他单独吃，但邓小平不干。后来，她就派次女邓楠一个人陪着邓小平吃。可不久，邓小平又不干了，坚持要跟大家一块吃。卓琳没辙儿了，只得单独给他炒一个菜，别的菜都一样。结果，就这一样菜，到了饭桌也叫邓小平"给你点、给你点"而处理了。最后，卓琳没办法了，就让一大家都吃一样的，谁也不再享受"特殊待遇"了。

在生活上，卓琳给予邓小平无微不至的照顾。邓小平一年四季穿什么衣服，盖什么被子，每天晚上吃几粒安眠药，都是由她来安排。夫妇俩恩爱有余，心心相印，患难与共，几十年来从没红过脸。

多年的共同生活，使卓琳十分了解邓小平爽直的性格、真诚的内心世界。因而，无论政治风云怎样变幻，始终挡不住她对邓小平的一片深情，丝毫动摇不了他们夫妻间多年建立起来的信任。特别是在"文化大革命"年代，邓小平遭到诬陷、迫害的时候，她始终以善良、贤惠的行为去爱抚丈夫那颗深受伤害的心。邓小平一生之所以能为中国的革命和建设事业作出杰出贡献，与他有一个温暖、幸福的家，有一位温柔、善良、不断给自己支持与帮助的妻子是分不开的。

历史是不能假设的，然而如果没有卓琳对邓小平生活的照顾和精神上的支持与理解，如果没有卓琳用行动给予邓小平最大的支持与关爱，我们无法想象后来的历史是否要改写。

卓琳关心邓小平，邓小平也十分爱护卓琳。有一次，卓琳患了重感冒，她担心传染给邓小平，就嘱咐警卫人员说："不要让老爷子到我的房间，免得传染给他。"邓小平那天要参加一个重要会议，出门前他特意嘱咐工作人员："给卓琳找个医生看看。"会议结束，邓小平一进门就问："卓琳怎么样了？"他不顾警卫人员的劝阻，径直来到卓琳的房间，仔细询问病情，嘱咐卓琳一定要多喝水，按时吃药。夫妻情深可见一斑。

邓小平关心和爱护高雅国粹艺术，支持"十足的戏迷"卓琳看戏，卓琳每每去看戏邓小平都是知道的，因为卓琳总是向邓小平"请假"，以免邓小平挂念。邓小平只要不太忙也会问问在哪个剧场、看什么戏。卓琳看完戏后只要邓小平没睡着，她就"汇报"李少春和杜近芳等表演如何精彩、如何获得全场喝彩，等等。程派传人李世济有时应邀到邓家汇报京剧的情况，送给卓琳一些自己表演的录音带、录像带。当然，只要有可能，卓琳必劝邓小平去看戏，邓小平对许多剧的内容也很熟悉。卓琳非常关心老戏新演，如战友京剧团排演《白衣渡江》和《柳荫记》时，从经费到演出,她都给予具体帮助。

卓琳还喜欢听评书,她曾请人帮忙找了很多诸如《三国演义》《隋唐演义》等评书的录音带,没事的时候就听上几段。在中国的古典文学名著中,她尤其喜爱的是《红楼梦》,其中不少精彩段落她还能背下来。她不但订阅了《红楼梦研究》,还多次为"红学"研究捐款。

在家里,卓琳虽是主妇,但烹调手艺并不被孩子们看好。在孩子心目中,父亲的烹饪技术要高出母亲一筹,做的菜特别具有川菜风味。因而有时候,邓小平特意为卓琳寻找"实习锻炼"的机会。

爱儿女,乃人之常情。邓小平疼爱子女,从来都是一视同仁,平等相待,不厚此薄彼。当然,对在"文化大革命"中被造反派红卫兵迫害致残的长子邓朴方,他给予更多的是同情和抚爱。第一次见到坐在轮椅上的邓朴方,当时被下放到江西的邓小平和卓琳面对现实,用慈祥的父爱和温暖的母爱去抚平儿子心灵和肉体上的创伤。内心分外难受的邓小平,帮邓朴方脱下衣服,用毛巾轻轻为儿子擦澡。为了充实儿子的精神生活,邓小平将《资治通鉴》等中外名著送到邓朴方的床头。在邓朴方向命运抗争以及所取得的成就中,无不包含着父母的一片苦心。

说到哥哥邓朴方对自己写作《我的父亲邓小平:"文革"岁月》的帮助时,邓榕的声音哽咽了:"写'文革'中的父亲,就不能不提到我哥哥邓朴方。他是我们家受迫害最重的人。他给我回忆起'文革'那段不堪回首的岁月,讲得很平静,仿佛不是在讲述自己的经历,而是别人的故事。听着听着,我的泪水流出来了,我不愿意在哥哥面前哭,可这不争气的眼泪止也止不住。我对哥哥说,我真不愿意让你讲述那段经历,知道你最不愿意提起'文革',可为了写书还得让你讲。哥哥是理解我的,他把那些平时不愿意回忆起的细节,给我讲得清清楚楚。我当时哭得很厉害,连自己笔下的字都看不清了。我真的太感谢哥哥了。我也在这儿拜托各位记者一句，你们今后采访邓朴方时，最好不要提'文革'那段儿，说起'文革'，他就会特别伤心，这种伤心是刻骨铭心的。"

邓榕写到哥哥出事后有关父亲的一些情况，使我们感受到一个慈父的人格力量："父母得知哥哥出事后，妈妈一连哭了三天，而爸爸却没有流泪，只是默默地一支接一支地吸烟。他内心的痛苦，一点也不比妈妈差，由于自己的所谓'问题'，使亲生儿子受到了如此残酷的迫害，他因内疚而陷入极度的痛苦之中。当父母把哥哥接到江西后，又见当年欢蹦乱跳的儿子，如今成了这个样子，他没有从语言上安慰儿子，而是把深深的父爱化作了照顾儿子的平凡小事。在江西的那段日子里，父亲已是60多岁的老人，可他是家里唯一的壮劳力呀！每天给儿子翻身，每晚给儿子擦澡，他那细致入微的动作里，充满了人间平平常常的父子亲情。"

邓榕的话，让人想起了朱自清笔下那个父亲动作缓慢的背影，一个有血有肉的慈父形象跃然纸上。作为慈父的邓小平，十分喜爱自己的孩子。然而，出于工作的需要，他很少和孩子相聚，畅享天伦之乐。在教育孩子的问题上，邓小平夫妇观点比较一致，都比较民主，注意尊重孩子们自己的选择，培养他们自强、自立的意识。在与子女相处时，他抓住各种机会，利用聊天或摆龙门阵的形式，潜移默化地对他们进行革命传统和艰苦奋斗教育。以往每次重大政治运动来临时，邓小平都要将子女们召集在一起，要求每个人自珍自重，谁出了问题他也不保。

邓小平夫妇非常喜欢孩子，同他们在一块倍感天伦之乐的温馨。自己的5个孩子、邓小平的妹妹及妹妹的孩子、卓琳姐姐的孩子都生活在邓家，由卓琳照顾。和孩子们在一起，邓小平总是无比开心。他平常没什么话说，但跟孩子们在一起时可有话说了，而且对他们逗呀、抱呀。在

第六章 桑榆暮景

◇ 1980年7月，邓小平与家人在武汉东湖游艇上

邓小平晚年时，卓琳"规定"孙辈每天要定时来看爷爷，要来亲爷爷，要来在爷爷面前坐一坐。每天邓小平还没起床，卓琳就把孙辈抱到他被窝里去陪他。卓琳说："他呀，最喜欢跟小孩玩了。小孩在他办公桌底下玩啊闹啊，他有事则专心地做自己的事，没事时就跟他们玩，或分发给他们一些巧克力。"在孩子中间，邓小平说话不多，可既亲切又威严，他的品格深深影响着孩子们。

> ★ 爱穿"小鞋"的邓小平对工作人员比较随和、关心，对下级他有着同志般的体贴与关照、朋友般的真诚与谅解。如果身边的工作人员经济上有困难，他总是尽力给予帮助

大凡伟人，特别是革命家、政治家，往往富有一个普通人的人情世故。邓小平就是这样一个富有人情味的平民领袖。他以自己的真挚情感作为中介，调理着上下左右的人际关系。他那特有的乡情、恋情、亲情、友情、同志情，渗出浓浓的真情……

邓小平故居一如普通的农家院落，是当时川东农村中常见的木结构的三合院，青瓦土墙泥地，朴实无华，屋后是苍翠浓密的竹林。如今，这牌坊村被人们称为"伟人村"。20世纪70年代末邓小平复出后，四川省政府和广安县政府曾有意在此筹建纪念馆，但邓小平坚决不同意："照现在样子原封不动，让乡亲们继续住在那里。"故而，邓家的房舍归村里所有，但当地人还是将旧居拨出老房三间供来访者参观。

自1920年离开家乡后，邓小平再也没有回去过，但他一直关心着家乡的建设与发展。1982年，卓琳代表丈夫亲笔致书邓小平在家乡的至亲舅父与舅母，一者问好，二者嘱咐他们不可给当地政府添麻烦。出于这种缘故，二位老人依靠邓小平每月寄回的几十元钱和自己微薄的收入过着简朴的生活。

1986年1月31日晚，专列徐徐开进成都火车北站，在站台上等候多

第六章 桑榆暮景

时的四川省领导一齐拥向车厢门口，迎来的第一位客人就是邓小平。邓小平向前来欢迎他的人们说："我半个世纪都没有在自己的家乡过年了！这次可要多麻烦大家啊！年岁大了时时都想念家乡，俗话说落叶归根嘛！"

在北京出发前，邓小平特地邀请了他南征北战的老战友王震一家同行。邓小平说，不要太麻烦大家，接待警卫人员要减少，大家都要回家与亲人团聚嘛！吃的也不能太破费，要以像老百姓过年一样的习俗来办，以川菜为主，吃家常便饭就行，腊月三十晚上的团圆汤圆和大年初一的长寿挂面加豌豆尖不能少就行！王震是湖南浏阳人，体弱多病，喜欢吃什么多征求他的意见。

接待人员与金牛宾馆厨师们按照邓小平的要求，并结合邓小平历次回川喜欢吃的东西作准备。他们先后采购了达县用柏树枝丫熏的老腊肉和腊猪头，南充的冬菜炒碎肉，永川的豆豉炒回锅肉，以及他喜欢的白油菜薹、圆根白萝卜、青菜薹等时令蔬菜。伙食标准为北京客人每人每天30元，省内接待、警卫人员每人每天15元，春节加餐另计。

2月5日上午，四川省委、省政府春节团拜会在金牛宾馆新落成的东楼宴会厅举行，四川省党政军领导和各界专家、知名人士、劳动模范聚集一堂。与往年春节团拜会不同的是，大家都知道邓小平住在金牛宾馆，他肯定会参加团拜会，这样大家有机会向这位伟人祝福拜年，有幸看到他的风采，祝福他老人家健康长寿！9时30分，邓小平及夫人卓琳、王震及夫人由接见厅步入会场，顿时全体起立，掌声雷动！邓小平笑容满面，双手合十高高举起说："向各位拜年啰！"接着他与党政军主要负责人一一握手。团拜会在热烈欢快的气氛中进行，四川省、成都市文艺团体表演了短小精彩且川味浓郁的节目。会后，邓小平和王震在金牛宾馆东楼大厅前与四川省党政军领导合影留念。

大年初二，安排邓小平等参观杜甫草堂、武侯祠。当天是成都难得的一个艳阳天，由于天气特别好，杜甫草堂游人很多，人山人海，群众都怀着深深的敬意，感谢这位总设计师给祖国和人民带来巨大的生机和恩惠，更多是想亲眼见到家乡人民的骄傲——邓小平！邓小平向群众不断挥手致意，人们鼓掌祝老人健康长寿！场面壮观热烈，十分感人，人虽多但不拥挤，现场秩序井然。群众中有一对中年夫妇带着孩子要求见一见邓小平，他们是从郊县农村来的，改革开放后办乡镇企业发家了，生活一天天好起来，全托他老人家的福！他们一定要向邓小平说几句心里话，以表达感谢之情。在杜甫草堂的休息室里，邓小平会见了他们，实现了他们梦寐以求的愿望。那个四五岁的孩子跑到邓小平面前，邓小平十分高兴地抱起孩子拍照留念。

无论是在枪林弹雨的战争年代，还是在轰轰烈烈的和平建设时期，一辈子生活朴素的邓小平始终对家乡四川的圆口布鞋情有独钟。他的妹夫张仲仁多年来一直坚持为他买鞋。20世纪90年代中期布鞋市场断档，张仲仁心急如焚，打听许多布鞋厂后得知绝大多数已关停并转。后来，他好不容易找到当地一位做布鞋的老师傅余腾清，并请老人连夜赶制了五双精致的布鞋。邓小平收到这五双鞋后非常高兴，赞不绝口。试穿后只是感觉稍微紧了一点，他幽默风趣地开玩笑说："这是家乡人给我穿的'小鞋'哟！"邓小平的一句玩笑话使余腾清那几天茶饭不思，寝食难安。余腾清第二次按40码规格做了三双送去，邓小平非常满意，于是春节前他又送去了两双。张仲仁按邓小平的要求付鞋钱，余腾清执意不取分文。几经推让，最后张仲仁按每双38.8元的价格付了钱。为了感谢余腾清的深情厚谊，邓小平特地托张仲仁转赠一本精装的《邓小平画册》给他。有了家乡柔软的圆口布鞋相伴行走，邓小平的足迹遍布了长城内外、大江南

第六章　桑榆暮景

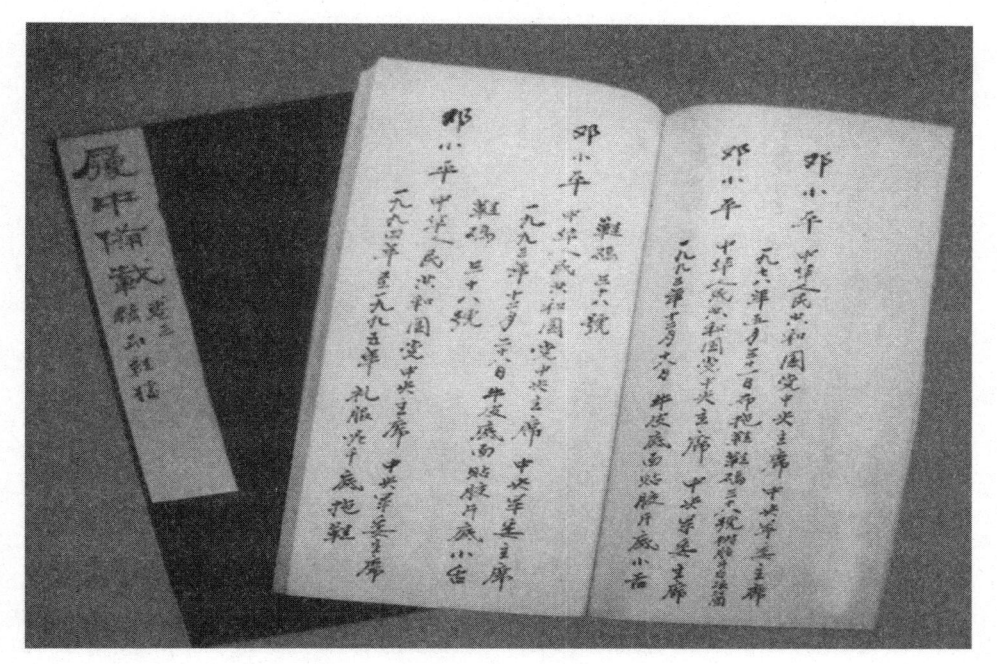

◇　内联升为邓小平做鞋的记录（余玮 摄）

北，他的内心深处始终难了故里情结。

邓小平对工作人员比较随和、关心，对下级他有着同志般的体贴与关照、朋友般的真诚与谅解。每逢过年，邓小平总是叫他们早点回家团聚。如身边工作人员经济上有困难，他总是尽力给予帮助。每年入冬后，邓小平的一些老乡会从四川捎来四五箱广柑和柚子，他照例分给他的秘书和工作人员，还叫人捡些送给邓颖超、康克清、王光美和聂荣臻。他的谦和、关爱之情感染着周围的每一个人。

郭勤英是 1978 年 8 月来到邓小平身边做医护工作的。郭勤英在接受笔者专访时回忆说："这之前，领导找我谈话，说组织上安排我到邓小平同志家工作。当时，我很高兴也很紧张，只是怕工作做不好。"

这年 8 月的一个下午，郭勤英先到邓小平办公室报到，随后在秘书的

邓小平的最后岁月

◇ 邓小平与郭勤英（1993年8月）

带领下，与邓小平夫妇见面。第一次见到邓小平，郭勤英就觉得邓小平特别亲切。邓小平问她："你家在哪里？""家里还有谁？"卓琳可能开始就对郭勤英的有关情况了解一些，跟着介绍说："小郭'文革'前在朱老总那儿工作过，有关情况她比较清楚、熟悉。"这次见面，郭勤英只感觉"首长很平易近人的，一直与你拉家常，让你一点也不紧张"。从此，郭勤英一直在邓小平家里做医护工作，直到邓小平去世。

傅春恩与郭勤英一样，也是自301医院调到邓小平身边工作的医护人员。采访时，傅春恩回忆说："我以前在301医院南楼临床部工作。当时，部领导向我交代，说将安排我到小平同志身边做医生。一听，我也是既高兴又紧张——高兴的是，能在这么高的党和国家领导人身边工作，很幸运；紧张的是，责任更大，压力也更大。于是，我暗暗下决心，一定要做

第六章　桑榆暮景

好医护工作。"

1985年8月20日上午，傅春恩在301医院办公室主任陈家顺的引导下，来到邓小平的家。"当时，首长正在看文件，我们上前一一握手。他放下报纸、摘下眼镜后，问你是哪里人。我回答说，辽宁人。首长听后点点头。"考虑到邓小平当时在家办公，不便久坐，不多时傅春恩就告辞出来。1987年11月后，因工作需要傅春恩曾一度回到301医院，1991年傅春恩又回到邓小平身边参与医疗保健工作。

作为301医院的优秀党员，郭勤英和傅春恩凭借自己政治上的可靠、工作的认真负责，以及良好的护理、医疗保健技术，被抽调到邓小平身边工作，他们自然是欣喜的，并尽职尽责做好自己的本职工作，开始了与一代伟人近距离往来且朝夕相处的因缘。

对医院、医护人员，邓小平有着一种特殊的感情。他曾说："医院是谁也离不开的地方，人吃五谷杂粮哪能担保一辈子不生病。"在他心目中，医院还是人才密集的智力群体。到医院查体，他有更多的机会走到知识分子中间去。他非常尊重医护人员，每次到医院总是把自己当作一个普通人或普通病人，没有任何特殊要求，总是为医护人员着想，不给他们增添麻烦。"我没事"，几乎是所有与他接触的医护人员都熟悉的他的一句口头语。对专家的诊断和治疗，邓小平也总是给予充分的信任。有一次手术前，老专家向他汇报，他说："我没事，你放心吧。世界上没有绝对的事情，出什么问题，由我、由我们全家负责——我相信你，我相信你们医院。"他对为他服务的医生和护士总是心存感激，曾对身边的工作人员说："医院的医生、护士都很敬业，很辛苦，技术上也很强，我很感激他们对我的关心和服务。"医院有规定，医护人员不得要求与住院的首长照相，邓小平则主动提出与医护人员合影。

身为医护人员，跟随邓小平会见一些外宾也是平常的事。郭勤英说，在首长身边工作期间，她真切感受到了政治家邓小平在外交场合的卓越才干与风范。"每每接见外宾，他总是先同对方拉拉家常、聊聊天，使大家都放松放松，聊出气氛来再同人家谈正文。这就是他的外交艺术。"采访中，郭勤英对笔者说，"有时，首长请外宾吃饭，他控制在一个小时，很守时。"

有一次出差到外地，晚上，勤务员把邓小平的衬衣拿去洗，服务员以为是工作人员的，就说："这么破的衣服是你穿的吧？"勤务员解释说："哪是我穿的？是首长的。"服务员一看邓小平还穿这么旧的衣服，非常感动。"他平时在家里不讲究吃穿，只有在开会或见外宾时，才穿上毛料子的衣服，还是中山装，家里也就三四套吧，深蓝色、黑色带白条、深灰，换着穿。"郭勤英说："首长的袜子，无论短袜还是长袜，都是线袜，穿的时间长了，袜底磨薄了，就弄上那种尼龙，加厚袜底。有一天他坐在椅子上，脚搭在小脚凳上，女儿毛毛看见了就说，老爷子，你的袜子都透亮了！这时我们才注意到，他的袜子因为磨的时间长了都发亮了。"

邓小平的家人平时穿着也十分朴素。受其影响，身边工作人员的穿着也都很简单。郭勤英说："现在人们的日子都好过了，越来越多的人注重穿着打扮，和外界相比我们就显得有些土。后来在首长身边工作的年轻人外出时穿上漂亮的衣裳，而回到工作岗位时又换上了朴素的衣服，直到今天在卓秘书身边工作也仍是这样，这已成了习惯。"

有一次邓小平在家里看电视，郭勤英值班陪着看。电视里播报义务献血的新闻，郭勤英在旁边讲解，主要是义务献血法制化的问题，这时，邓小平看着自己的胳膊。郭勤英问："首长怎么了？"他说："你看，我的胳膊的血管有红颜色，我也可以献血。"郭勤英赶紧说："首长，不用你献血，法律有年龄限制，有年轻人去献。"他又表示"以后要把角膜捐献出来"。

"首长的性格比较内向，很少说话，有时也偶尔跟我们聊聊，说上一两句，话不多，但常常很幽默。"一说起邓小平的魅力与风范，郭勤英似乎有说不完的话。有一年，她回老家河南安阳探亲，返回后在邓家大院里碰到正在散步的邓小平。于是，邓小平便向郭勤英问起她父母的身体、家人的工作、家乡的变化，等等。郭勤英一一作了回答。让她吃惊的是，邓小平还清楚地记得她的家乡是河南安阳，并说："40年代，我们刘邓大军到过你的家乡安阳，当时我在安阳珍珠泉住了好几天，那个地方是个半山区。安阳的敌人很顽固，我们怕影响整个战略部署，于是先放弃了解放安阳，先南下，后来才解放这个地方。"郭勤英说，自走进邓家，从未感觉到自己是与一个大人物在一起，就像与一位慈祥的长辈在一起生活。

1991年，江淮流域发生特大水灾，邓小平慷慨捐助，但不肯宣传自己，而中央也对此采取低调的淡化介绍。时任总理的李鹏在讲话里只轻轻提了一句：我们党和国家的一位重要领导人也捐了款，但他不愿意透露他的姓名……

第七章　遗爱九州

大江南北哀思不尽，长城内外万民同悲。一个伟大的人物，推动了一个伟大的时代。邓小平，这是一个改变了中华民族历史进程的名字，一个让世界瞩目的名字。邓小平逝世的消息，让人们陷入了无尽的哀思之中。

★ 一代伟人走到了他生命的最后时刻,他的家人与中央高层对此高度保密,医疗专家全力挽救。奇迹到底没有出现,卓琳声声泣喊"老爷子",可是他什么也听不见了

1997年2月20日清晨,中国北京天安门广场。

这是一个难忘的早晨。守候在国旗基座周围等待观看升旗仪式的人们,不停地盯着"升旗时间预告牌",显示"今日升旗时间:7时01分",并远远眺望天安门城楼正中的门洞。谁也没有料到:今天,他们将是一个重要历史时刻的经历者和目击者。

黎明中,国旗护卫队出现了,人们从官兵异样的神态上似乎悟出了非同寻常。

他们脚步沉重,目光沉重,神情沉重。指挥员王金耀早已持惯了的指挥刀在微微发颤。静默中,国旗护卫队官兵迈过金水桥,跨过长安街,依次列队旗杆下。擎旗手刘跃征用力将国旗递给升旗手郭毅红。两人的目光相遇时,彼此都读懂了一个主题:记住这个时刻,为一代伟人邓小平,我们将以降半旗的形式来哀悼昨日21时08分病逝的敬爱的领袖。

第七章 遗爱九州

"敬礼!"中队长王金耀以略带沙哑的嗓音在7时01分准时下达了升旗口令。国歌激越,国旗如往常一样升高、升高、再升高,直至旗杆顶端。

"降——半——旗!"突然,一声低沉而又庄重的口令石破天惊般砸在观众们的心里。旗,就在这一瞬间,在万众瞩目下开始缓缓下降。王金耀流泪了,刘跃征流泪了,郭毅红流泪了,在场的所有人眼眶都湿润了。多年来,护旗兵们习惯的是升旗,降半旗难以接受。霎时,哀思、降旗、中外记者频频亮起的镁光灯,凝成了一种悲壮氛围。

此刻,还有一名人们看不到的护旗兵在流泪,他就是亲手摇动降旗设备的老战士刘静。听到"降半旗"的口令后,他正在基座的地下室里一圈一圈地、以逆时针方向缓缓摇动手柄降旗。泪光依稀中,他默默地数1圈、2圈、3圈……40秒后,他一共摇了40圈,准确按《中华人民共和国国旗法》要求把国旗降到1/3处(天安门国旗杆30米高,折算需手摇120圈)。庄严、肃穆、悲壮的历史时刻,在他的缓缓摇动手柄中延续、完成。

于是,一个定格的历史画面——1997年2月20日晨天安门首次为邓小平逝世降半旗志哀——迅速走入各报头版和电视新闻中。护旗兵将永远铭记:2月20日至25日,北京天安门前每天降半旗那一个个难忘的早晨。

自从1994年春节以后,邓小平就再也没有公开露面了。境外的媒体至少100次说他"病危",他却在京城里自己那个四方形的院落中,过得既舒适又洒脱。1997年2月,邓小平病危。这一次,境外的媒体没有谁说什么。

只有他的家人和党的新一代领袖们知道这个消息。根据医生诊断,他的心脏健康,肝脾也好,没有老年人常见的糖尿病或者前列腺炎,致命的问题发生在神经系统，在医学上叫作"帕金森综合征"，是一种当时没有办法根治的疾病。"他的心脏并没有什么厉害的病，他肝脏也好，也没有糖尿病，就是后来神经系统不太好。由于帕金森综合征就影响他咳嗽，影响他吃东西，后来只能吞咽，也影响他活动。他患帕金森综合征的时间也长，治了十几年，到后来情况越来越差，再后来就是呼吸的问题了。"医学专家吴蔚然说。

1996年12月12日清晨，邓小平一觉醒来，觉得呼吸不畅。按照过去多年的习惯，他本应走到卫生间去洗脸刷牙，然后坐在一个小方桌子边吃早餐，有牛奶和鸡蛋。秘书通常在这时进来，把他要用的东西放在办公室里——眼镜、手表、放大镜，还有一摞文件和报纸。他把这一天剩下的大部分时间花在办公室里。他喜欢看地图，喜欢翻字典，有时候看看《史记》或者《资治通鉴》，但他更喜欢看《聊斋》。他喜欢打桥牌、游泳、看人家踢足球，但他最经常的运动是散步。每天上午10时，护士就会进来，提醒他出去散步。可是这个早晨，他觉得自己什么也做不了了。他咳嗽不止，这令他不能呼吸，不能咽下食物，更无法完成他的这些活动。身边的医生已经不能应付这个局面，只好把他送到中国人民解放军总医院（也叫301医院）。

从他的家到301医院不过10公里，可是在那一天，这是世界上最漫长的10公里了。"没有想到，他这一走就再也没有回来。"卓琳后来这样说。他的车子经过"神州第一街"北京长安街，一路向西驶去。这是一个非常时刻，可当时没有人意识到这一点。中南海里一些最重要的领导人，在1997年1月份还到外地去巡视——李鹏去了辽宁，李瑞环去了海南，乔石去了江苏和上海，朱镕基去了重庆，胡锦涛也按照计划出访南美三国。多少年来，中国人判断政治气候冷暖的一个依据，就是党的领导人是

第七章　遗爱九州

否在公开场合露面，现在看到领导人的行踪，他们就觉得天下太平，却完全没有注意到党的最重要的领导人江泽民始终坐镇京城。那些已经出京的领导人，也不像往年那样和四方百姓共度春节，全都缩短行程，匆匆赶回京城。

元旦那天下了小雪，把京城变成一片白色。可是在301医院，看不到一点喜庆气氛。邓小平的病房设在院子南端一座小楼的顶层，病榻周围总是站着很多人，还有些医生护士进进出出，但随身医护人员黄琳一直守护在他身边。

当时，中央电视台正在播放一部纪录片。有一阵子，邓小平的精神好一些，可还是看不清楚电视屏幕上那个远远走过来的人是谁。

"那边，走过来的那个。"他问，"是谁啊？"

黄琳笑了："那个是您啊。您看清楚了吧？"

那个人走近了。他终于看到了自己，动动嘴角，笑一笑。黄琳告诉他，这部纪录片片名叫《邓小平》，是中央电视台刚刚拍摄的，有12集呢。他什么也不说，只一集一集地看下去。黄琳知道他耳背，听不见，就俯身靠向他的耳边，把电视里面那些颂扬他的话一句句重复出来，忽然感到这老人的脸上绽出一丝异样的"羞涩"。直到5年之后，黄琳还记得那个瞬间："不知道我形容得准确不准确，就是被表扬以后不好意思的那种感觉。"

一谈起邓小平的临终时刻，郭勤英的眼眶就红了。她说："晚年，首长的病情有一些发展，行动不太方便，有时还是很痛苦的，一般人可能难以忍受。但是，首长像平时一样，从不向医护人员提要求、要什么药，真是太坚强了。"郭勤英清楚地记得，那期间所在的病房很安静，邓小平没有因为痛苦而发出呻吟，进去的人如果不注意还以为没有病人在房间里。

"我们是尽量做努力，让老人舒服点。我们太感动了，这个老人从病了到最后是很不容易的，我们白天给他做治疗，晚上陪他看当时中央台放的有关他的电视文献专题片《邓小平》。他有时躺在床上看，有时坐在沙发上看。"

同样，傅春恩的心头也无法抹去那段记忆："对疾病本身，可以说首长是坚持到底的。他总是积极配合医护人员的治疗。在抢救过程中，他是十分痛苦的，但是没有吱一声痛。"傅春恩还谈到，邓小平的家属十分开明，非常理解医护人员，也十分相信医护人员，完全相信医疗组的治疗方案。"正因为他的家属也十分配合，所以我们感到非常得心应手，在治疗方面没有什么顾虑。"

"首长病重期间，他的家属与首长一样，一点特殊要求都没有，不干涉医护小组的方案，小组完全可以自己做主。当然，每一套方案实施前，我们还是要请他的家属签字，他们只是履行形式上的手续，对我们特别信任、放心。"据郭勤英讲，到最后，邓小平的血管很不好找："很不清楚，扎针扎不准，有时扎了好几针。这不是医护人员的技术不行，他的生命到晚期，血管的确找不准。常常扎好几针才找到（血管），首长也不说你什么，从没提出换一个人（扎针）。我们很心痛，也很佩服老人的毅力，以及他对疾病的态度。"

正因为邓小平对医护人员从不提任何要求，所以在平时邓小平如有什么不舒服，就全靠医护人员细心观察来发现病情。郭勤英说："由于我在工作中比较细心，善于观察异常情况，能及时发现病情，使之及时得到治疗，所以老人家对我很放心，很信任，于是我一直在他身边工作。"郭勤英再次表示，今生能为这样一位伟人的健康做点工作，感到十分荣幸，十分自豪，十分欣慰。

第七章 遗爱九州

谁也没有想到，邓小平的病情越来越重。邓小平从早到晚陷在疾病的折磨中，但难得有痛苦的表情显露出来。黄琳曾见过这样的病，那是很折磨人的，有些人会呻吟，有些人会叫喊，可是"他是个非常坚强的人"。黄琳说："我能体会他临终前还是比较痛苦的，但他一声不吭。就是这样，而且我觉得他很平静。"邓小平有时候昏昏沉沉地睡着，有时候异常清醒，还是不说话——他已经不再评价别人，也不再在意别人对他的评价。黄琳觉得他一定明白自己已经病入膏肓，问他还有什么话想说。他在1992年说了那么多话，现在总该再给中国人留点什么吧？黄琳这样想。可是那几个星期邓小平没有再谈那些话题，他淡淡地回答："该说的都说过了。"

除夕夜，邓小平的病情虽较重但较为平稳，营养室主任侯生伟和炊事员做了几个菜，煮好了饺子，拿到三楼餐厅，与邓小平身边的医护人员、工作人员一起吃年夜饭。他们中有将军，也有战士、服务人员。饭桌上，大家发自内心地祝愿："祝小平同志早日康复！"

除旧迎新之际，警卫战士们写了一副对联贴在门上，上联是"同吃同住同欢乐同在一个空间"，下联是"爱国爱家爱事业共为一个心愿"，横批是"一切为了首长"。这副对联既是警卫战士的心声，也表达了邓小平身边全体工作人员的心愿。是啊，全国人民都盼着小平同志的病情逐渐缓解，身体一天天好起来。

2月7日是正月初一，邓小平没有回家，病房的医生和护士也没有回家，都在近旁房间里守着，一呼即来。邓小平的亲人坐在沙发上，全都默然不语。整座楼一片寂静。警卫秘书张宝忠想起应该互道"新年快乐"，就把大家聚到一块儿。众人举起酒杯，说不出一句话，唯有泪千行。"希望咱们医务界，在新的一年里能创造奇迹。"张宝忠在心里这样说。

可惜没有奇迹，93岁的老人又坚持了12天，到2月19日，他的呼吸功能已经衰竭，只能借助机器来呼吸。下午5时多，开饭的时间到了，但医护人员和其他工作人员都未按时来餐厅吃饭。负责膳食的侯生伟等人得知病房里正在抢救，便焦急不安地等待着，他们多么期盼医学奇迹的出现啊！医生同时向中共中央政治局报告。

当时，傅春恩医生在现场抢救，并一直陪伴邓小平走到生命的最后时刻。接受专访时，傅春恩说："我们早就预料到这一天会到来，这之前，他发生过几次病情变化，都抢救过来了。这一次，我们同样一直进行全力抢救。到晚上9时08分，当医疗组认定已回天无术之时，医疗组组长、阜外心血管医院院长陶寿淇与301医院副院长牟善初正式宣布'停止抢救'。"眼睁睁地看着一直与自己形影不离的首长离开这个世界，在场的医护人员终于憋不住哽咽，大声哭起来。

谈到邓小平的抢救情况，郭勤英掩面而泣。过了良久，她才缓缓地回忆："之前几天的一个下午，他的二女儿邓楠去看老人，时间有一两个小时，老人气色挺好的，我们还暗自高兴。没想到，他说走就走了。"

那一天，郭勤英因前一天24小时值班而在当天清早开始在家轮休。正准备吃晚饭时，突然传来一阵急促的电话铃声，郭勤英抓起电话，只听到对方说："快来！首长不太好。"一听，郭勤英心里隐隐不安，猜测可能不只是"不太好"。一路上，她的心情很糟，心跳特别快。后来，郭勤英追忆说："一般没什么大的事，办公室不会打电话给我们，头天我毕竟已值班一个昼夜。"急匆匆赶到301医院南楼，只见满屋子是人，郭勤英唰的一下泪水就出来了。随即，她跑到卫生间冲洗泪眼，很快加入抢救工作之中。

抢救的时候，邓小平的大部分家属都在现场。"在隔壁的一间房子里或走廊上。"郭勤英说,"卓秘书(卓琳)比较晚才到。他的家人也有心理准备,毕竟发生过类似的几次。我们不相信这是真的,一直没有放弃抢救,最终首长还是走了。"据傅春恩讲,病重期间,江泽民、胡锦涛等中央领导曾到医院看望邓小平,也给医疗人员很大的鼓励,表示要"全力以赴"。

一代伟人邓小平终因患帕金森病晚期,并发肺部感染,呼吸循环功能衰竭,抢救无效而离开人世。卓琳带着全家人来向他告别。4天以前,她就写信给江泽民,转告"邓小平的嘱托":不搞遗体告别仪式,不设灵堂,解剖遗体,留下角膜,供医学研究,把骨灰撒入大海。现在,她心里明白这是最后的告别了,只是非到别人说出来,她是不愿意让这种可怕的想法在脑子里面形成。当时她只想说:"老爷子,我在喊你!你听见了没有!"可是他什么也听不见了。劳累的一生已经终止,战斗的日子已成往事。他的心脏停止了跳动,那时是21时08分。当晚,京城月明星稀。

邓小平身边的工作人员王世斌说:"说实在的,就跟家里人一样,跟自己父母一样。所以首长去世后,我总不相信这个现实。特别是晚上一睡觉的时候,眼睛一闭,总觉得首长还在办公室坐着。首长的音容笑貌老是摆脱不了。"

"他的角膜也贡献出来了,遗体也捐作医学研究,最后,骨灰也撒到祖国的大海里去了。他什么都没有留下,所以我想只能把他默默地装在我们心里。"黄琳说着说着就哭起来。邓小平的确什么也没有留下来,秘书接到命令,把他留下的衣物全都烧了。他们带着他的内衣、外衣、鞋子和袜子,来到一座锅炉房,把这些东西一一投进炉膛。烈火青烟中,他身边的工作人员看到一件带着窟窿的内衣,眼泪再次掉下来:"这么伟大的一个人物穿着破了的衣服,谁能相信啊!"

一声噩耗惊人寰，神州泪雨洒江天。老人走了，披着世纪的风云，披着历史的烟尘走了。他走得那么安详，走得那样从容。

★ "日子一天一天好起来了，可是他老人家走了。"噩耗随着电波传遍神州，中华儿女一片哀恸。这一刻，多少人的泪水打湿了衣襟，多少人的心灵被深深撼动

北京宣武门西大街上的新华社夜班值班室，得到了那份早就准备好的讣告。一阵慌乱之后，大家终于想起该做什么，于是立即中断正常的新闻，把那份讣告播发出去。那天深夜，睡觉晚的人如果打开电视或者收音机，都能听到播音员哽咽的声音。

第二天早晨，中央电视台与中央人民广播电台、中国国际广播电台全文播发了《告全党全军全国各族人民书》，伴着播音员极其沉重的声调及阵阵哀乐，全世界在震惊中接收了一个不得不相信的消息。噩耗传开后，长城内外、大江南北的广大城市、农村、牧区、机关、工矿、学校等沉浸在巨大的悲痛之中。

深深的悲痛，笼罩着京城大地。邓小平谢世的消息，将人们带进了无尽的哀思之中。往日喧闹的大街，一下子沉静了。总是匆忙的游人，似乎没有了游兴。才早上8时多，不少报摊上的报纸就被抢购一空，而平时这些报纸往往要卖到下午四五时。丰台区北甲地9号一个报摊前，有人一买

第七章 遗爱九州

报纸就是10份，有人扔下一张钞票拿份报纸就走了。他们说，留一份报纸收藏，算是对小平同志的一种纪念。头版刊登着邓小平大幅遗像的报纸在人们手中传阅着，黑色讣文让人们在感情上难以接受现实，尽管大家都知道这是一个千古不变的规律。此时，天安门、新华门降半旗，一些合资企业和驻华使馆也降半旗。人们用各种方式沉痛悼念这位伟人的离去。正在出席北京市第十届人大第五次会议的代表默哀致敬，深切缅怀邓小平。

黄浦江呜咽，万众垂泪。牛年春节刚过，突然传来邓小平不幸逝世的噩耗，黄浦江两岸顿失往日的绚丽喧闹，一时间天地同悲。从1988年到1994年，邓小平每年都来沪和上海人民共度新春佳节。这以后，每逢春节，上海人民就有一种特别的期盼，盼望小平同志再来上海，与他共享上海改革开放不断取得新成就的喜悦。邓小平那高瞻远瞩、平易慈祥的音容笑貌仿佛还在眼前，那一次次"向上海人民拜年，向上海人民问好"的亲切声音仿佛还在耳旁回响。目睹在邓小平关怀激励下上海的巨大变化，广大干部群众哀思如潮。

巴山呜咽，蜀水悲泣。四川广安与首都北京，远距千里又近在咫尺。这里的大街小巷，几天来行人稀少，许多商店没有营业。偶尔穿行的汽车，也都扎着白花，挡风玻璃上贴着"小平，家乡人民想您"的白色字条。家乡人情不自禁地涌向协兴镇牌坊村邓小平故居，进行瞻仰和悼念。旧居树竹披白，哀乐低回，群众络绎不绝，聚在邓小平旧居内的灵堂前，追忆他的丰功伟绩。62岁的农民唐永贵是邓小平家的邻居，他的父亲曾与邓小平的父亲一起在磨房里碾过粉。早上听到邓小平逝世的消息，他马上放下手中的饭碗，提着扫帚到邓小平旧居打扫庭院。他和几个老哥儿一同回忆起邓小平对乡亲们的关心，激动不已。邓小平的表弟淡文全老人一边打扫院坝一边说："小平是我们牌坊村的骄傲，是中国人民的骄傲，他去了，是党和人民的一个巨大损失。我们牌坊村人民将永远怀念他。"牌坊村村民邓型弟和爱国村石工艺人李正常师徒俩，用1.4米的大青石刻制了一块石碑，立在故居的大门前，用隶书工工整整地刻着"邓小平同志永垂不朽"九个大字，落款是"协兴乡亲"。瓦店乡的村民们从30多公里外的华蓥山上移来一棵青松，栽在邓小平故居前，以寄托对小平同志的无限怀念。枣山镇一位102岁的老人，从10多公里外专程来到小平同志题名的翠屏公园，用广安古老的吟孝歌的方式，哀哭邓小平不幸逝世。广安地委办公大楼显得格外庄严肃穆，几百米长的青纱上，悬挂着故乡人民送给小平同志的挽联："日星隐曜青山垂首九州儿女恸悼世纪巨擘，风月潜形碧水无言十亿尧舜矢志千秋勋业。"

长江呜咽，武当默哀。湖北、武汉和邓小平革命生涯紧密相连。位于汉口鄱阳街139号的八七会议旧址纪念馆，这一天格外肃穆。从上午9时开始，武汉市的铁路工人、公安干警、居委会干部和外企职员等，纷纷来到这里缅怀邓小平。正是在这栋并不起眼的小楼里，邓小平第一次见到了毛泽东，并改名为邓小平。从此，邓小平这个伟大的名字就和中国革命的命运紧紧地联系在一起。

"翻身不忘毛主席，致富不忘邓小平！"这是山西太行山、吕梁山区农民的心声。柳林县王庄村农民刘笑早上起来，就从电视中得知邓小平逝世的消息。他在悲痛中想了一上午，写了一上午，完成了一篇文章《中国人民将永远记住自己伟大的儿子》。他说毛主席、周总理、邓小平的去世，是自己一生中三次最为刻骨铭心的记忆。在当地被称为"农民秀才"的刘笑说："当年毛主席去世，我才13岁，和家人一起泪水止不住地流，好像天塌了下来，以后的路不知该如何走。而小平去世，虽然也像家里的老人走了，感到无比悲痛，但孩子们已经长大了，知道路该怎么走了。小

第七章 遗爱九州

平走了,他把一个充满了希望和活力的国家留给了后人。"

春寒料峭,哀思深深。太行山深处的山西省左权县突然沉寂了下来。电视机中传出的令人心碎的哀乐声,回荡在太行山中。抗战岁月里,作为八路军一二九师政委、北方局代理书记、太行区委书记的邓小平,前后在这块土地上战斗了5年。这里的人民深深地爱着他,人们依旧称呼他"老邓""邓政委"。20日晚7时,抗战年代曾经在小平同志家帮过忙的左权县上麻田村的要玉娥和老伴、儿子,端着饭碗坐在电视机前的小板凳上,静静地看。这天上午,当老伴从电视上看到小平去世的消息,惊慌地告诉她时,要玉娥一把拉住老伴,连着说了几声"你可不敢瞎说"。当老人证实了这个消息后,她难受了一上午,一遍又一遍地看电视。回忆起当年的情景,要玉娥说,当时她只有15岁,卓琳同志每天教她认三个字,小平同志经常背着手走到她身后检查她的作业。

……………

延河呜咽,群山垂首。被冬云冷霜笼罩的革命圣地延安,沉浸在无尽的哀思之中。革命旧址、纪念馆以及机关、学校、商店,纷纷降下半旗,悬挂出悼念邓小平的黑纱白字挽幛挽联;孔孔窑洞和座座楼房里,人们眼含热泪,围着电视机收看有关报道。阵阵哀乐与人们的哭泣声在延水河畔交织回荡。76岁的村民杨在林回忆起当年邓小平与卓琳在杨家岭举行简朴的婚礼、毛主席设宴庆贺的往事,激动地说:"小平同志为革命为人民操劳一生,给我们带来了好光景,我们永世不忘。"许多老红军老八路边看电视边失声痛哭。76岁的四川籍长征老红军张清义泣不成声地回忆当年他参加的邓小平亲自指挥的长乐村战役,歼敌2000多人,一次邓小平风趣地对他说:"咱们还是老乡呢,你当宣传员不简单,要好好干。"这些天来他和老伴不知流了多少眼泪。

井冈含悲，赣江呜咽。噩耗传至江西省新建县拖拉机修造厂，全厂职工沉浸在悲痛之中。1969年10月至1973年2月，身处"文化大革命"逆境的邓小平和卓琳在这里工作和生活了3年多，与这里的工人结下了深厚的友情。曾在小平同志工作过的车间担任过主任的陶端缙，听到邓小平去世的消息时，怎么也不相信自己的耳朵。全家人坐在电视机旁一边流泪，一边收看中央《告全党全军全国各族人民书》，过去与小平相处的情景宛如昨日。陶端缙老人含着泪说："今天，在小平同志强国富民政策指引下，厂子有很大发展，日子也一天比一天舒坦，我们多么希望他能够再回来走一走，看看我们。我们想念他啊。"

韶峰含悲，湘江哭泣。无论是韶山人，还是外来参观者，都在交口赞扬邓小平的丰功伟绩，都在为痛失改革开放的总设计师而叹息。韶山毛泽东纪念馆馆长田余粮深情地说："小平同志是个了不起的伟人。他受过不少委屈，但不计较个人恩怨。粉碎'四人帮'后，有的人对毛泽东同志功过的评价缺乏实事求是的态度。在这个时候，邓小平挺身站出来，实事求是地、科学地评价毛泽东同志和毛泽东思想，并主持起草了《关于建国以来党的若干历史问题的决议》。邓小平不仅维护毛泽东同志的历史地位和捍卫毛泽东思想，他还继承、发展了毛泽东思想。"饮水思源，韶山人民忘不了邓小平同志的恩情。韶山村党支部书记毛雨时对记者说："我们韶山人民永远忘不了毛主席，永远忘不了小平同志。毛主席领导我们推翻了三座大山。小平同志提出建设有中国特色社会主义理论，为我们开辟了致富路。没有邓小平，就没有韶山人的今天。"

在"大包干"发源地安徽省凤阳县小岗村，当收到邓小平谢世的消息后，全村一下笼罩在无限哀伤之中。2月21日下午，全村300多名村民不约而同地汇集到村委会，在邓小平遗像前声泪俱下。当年，全村18户农

第七章 遗爱九州

民带头搞起家庭联产承包责任制,并按下血红的手印,向"左"倾路线、向贫困宣战。18位庄稼汉的带头人严俊昌含泪诉说着:"我们搞大包干,因为小平同志给予充分肯定,才使我们按手印的18个庄稼人免受坐牢之苦。我们一辈子也忘不了小平同志的恩情。"

清晨,具有50亿元资产的深圳石化商社的董事长陈涌庆,被电视中的哀乐震惊,这位曾同"铁人"王进喜共同生活、工作过的汉子,脱口说出了大家不愿意听到的噩耗:"小平同志走了。"他眼眶顿时湿润了。与他一起正在大鹏湾集训的80多位商社的经理,也纷纷打开房间里的电视机。"特区从边陲小渔村,到初步建成现代化城市,每一步都浸透了小平同志的心血。没有小平同志,就没有深圳特区的今天。"《邓小平同志在深圳》的大型宣传画前的橘红色台阶上,摆满一束束洁白的马蹄莲、黄色的菊花和一朵朵雪白的纸花。络绎不绝的深圳人从四面八方涌到邓小平画像前,捧来一束束鲜花,献上一个个花圈。他们一次次地鞠躬,一遍遍深情地呼唤:"小平同志,您永远活在我们心中。"白发老人带着小孙女,一队队共青团员列队画像前,默默地、呜咽地流着泪献上心中那份对邓小平的哀思。

天山雪域同悲,草原河川呜咽。连日来,新疆、西藏、内蒙古、广西、宁夏5个自治区的维吾尔、藏、蒙古、壮、回等各民族干部群众以各种形式缅怀邓小平。

一场白雪覆盖了西藏高原,寄托着雪域儿女对邓小平的无限哀思。在堆龙德庆县东嘎镇,老阿妈德吉捧着邓小平的照片,哭得泣不成声。这位翻身农奴是中华人民共和国成立后当地的第一位女乡长,1963年到北京受到毛泽东、邓小平等老一辈革命家的接见。她听到邓小平逝世的噩耗后,心情十分悲痛,以藏族特有的方式祝愿小平安息。

"日光城"天色暗淡，大昭寺广场哀乐低回。藏族群众含着悲痛的泪水，默默行走在古老的转经道上，以特有的传统方式寄托对伟人的哀思。"名垂青史恩泽永存，功著神州音容宛在"，一副巨大的对联贴在拉萨市水泥厂礼堂的门柱上。礼堂正中上方悬挂着工人连夜绘制的邓小平巨幅遗像，下面是全厂工人亲手编扎的大型花圈。工人们和着哀乐的节奏，缓缓地走到邓小平遗像前，鞠躬告别。在贡嘎县甲日村三组，靠手工业致富的农民边巴在听到邓小平去世的消息后流下了眼泪。他取出一条洁白的哈达披在邓小平的照片上，点上酥油灯、供上酥油茶，双手合十祈祷。他说，农民富起来，幸福不能忘记邓小平。在边城乌鲁木齐，各族干部群众围聚一起，一边听广播、看电视，一边谈论邓小平一生的丰功伟绩。

噩耗传来，百色山城一片哀痛。屹立在市中心的当年中国工农红军第七军军部、如今的百色起义纪念馆更显得雄伟、庄严。20日起，从早到晚，前来悼念伟人寄托哀思的人络绎不绝：当地党政军领导来了，学生和市民来了，外地来出差的人员来了……86岁的黎先贤，这位当年跟随邓小平从百色打到江西、参加过4次反"围剿"、身上伤痕累累的老战士，一连两天，让人搀扶着来到纪念馆。他一件件察看邓小平当年用过的用具，泪水打湿衣衫。一队又一队的参观悼念人群，神情肃穆，久久不愿离去……

1992年，邓小平捐赠给"希望工程"的5000元钱救助了广西平果县15岁的壮族学生黄成武和另外13名最贫困的学生。得知自己敬爱的邓爷爷逝世了，黄成武禁不住失声恸哭。

…… ……

大江南北哀思不尽，长城内外万民同悲。一个伟大的人物，推动了一个伟大的时代。邓小平，这是一个改变了中华民族历史进程的名字，一

第七章　遗爱九州

◇ 人民网专家和网友在连云港小平公园缅怀世纪伟人邓小平（右二为余玮）

个让世界瞩目的名字。邓小平逝世的消息，让人们陷入了无尽的哀思之中。悲痛，浓浓地笼罩在960万平方公里的大地上。各界、各地、各族人民以不同的声音、相同的方式传递着一个共同的心声："小平同志，我们想念您！"

> ★ 周南两度泪洒灵堂，马万祺悲痛之情溢于言表，哀思绵绵绕宝岛。"一国两制"伟大构想的创造者走了，他的心愿变成了遗愿，他的遗愿正在一步步实现

百年梦归炎黄根，但悲不见九州同。他走了，走得那么匆匆。他生前曾表示，香港回归祖国时，哪怕是坐着轮椅，也要去亲眼看一看。然而，就在距离香港回归祖国仅剩100多天的时候，他平静地走了。他把自己对祖国的忠诚、热情和坚定融入了历史，把自己对世界、对人类的巨大贡献留给了后人，同时也留给世人永远的怀念。

2月20日清晨起，新华社香港分社下半旗志哀，设灵堂接待前来吊唁的香港各界人士和在港外国友人，以表达对邓小平的无比崇敬和深切悼念之情。全国政协副主席安子介、香港特别行政区行政长官董建华在灵堂开门不久便来到，站在邓小平遗像前三鞠躬。香港特区临时立法会主席范徐丽泰、财政司曾荫权及港府部分官员也前来吊唁。安子介感慨地说："我曾有机会与邓先生有过一次谈话，深感中国有这么一位杰出的人物做领导，是中国之福，是中国人民之福。我们多么盼望在香港'九七'政权交接时，他能来香港看一看。"至当日下午5时，香港的港事顾问、筹委会委员、推委会委员、有关商会会员、有关党派负责人及各界人士和外国友人近1000人前来吊唁，近150个团体和个人送来花圈。

来吊唁的市民均显得非常哀痛，令在场的新华社香港分社社长周南在

第七章　遗爱九州

灵堂开放的当天两度洒泪：第一次是上午，一位身材魁梧的男子在邓小平遗像前非常激动，又跪又拜，周南受其感染，忍不住落泪，随后进内堂休息；而下午又有一位行动不便的老伯，撑着拐杖，一拐一拐地走到灵堂，并向邓小平的遗像叩首，周南受其诚所感，再度双目含泪，更趋前安慰这位老人家。

周南发表谈话，对邓小平的逝世表示沉痛哀悼。他呼吁香港同胞化悲痛为力量，团结一致，同心同德，全面落实邓小平"一国两制"的伟大构想，实现香港的平稳过渡，保持香港的长期繁荣和稳定。董建华表示，邓小平的逝世使中国失去了一位伟大的领袖。他说，在悲痛之余，可以告慰的是，在邓小平的理论指导下，中国的发展成就很大，已奠定坚实基础，21世纪的中国必定更加富强，香港一定会更加繁荣稳定，祖国统一的愿望一定会实现。香港总督彭定康等港府主要官员也发表谈话，对邓小平的逝世表示沉痛哀悼，并赞扬邓小平"一国两制"的伟大构想为香港的繁荣稳定奠定了稳固的基础。

香港各报纸、电视台、电台大量报道邓小平逝世的消息，许多报纸还出版了特刊、专辑，用大量文字和图片介绍邓小平的生平事迹，并发表社论、评论颂扬邓小平的历史功绩。邓小平逝世的消息在香港市民中引起强烈反响，许多市民从一早就一直守在电视机前观看有关报道。清晨，在地铁、公共汽车上，很多人都在看报纸上有关邓小平逝世和生平的报道。

香港中资企业的员工惊闻邓小平逝世，万分悲痛，连日来举行了多种形式的悼念活动，以表达对邓小平的无限哀思和深切怀念。从2月20日清晨起，许多中资企业就通过新华社香港分社向邓小平治丧委员会发出唁电、唁函，驻港中资企业的员工还到灵堂吊唁，以表达他们对邓小平逝世的沉痛哀思。

　　整个香港沉痛悲伤而又平静。20日,由特别行政区第一任行政长官董建华提名、中华人民共和国中央人民政府任命的特区第一届政府主要官员名单如常公布,香港恒生指数上扬了300多点。香港舆论说,这显示了市民对大局已定的回归、对香港的前途充满了信心。这10多年香港的繁荣稳定,市民对香港前途的信心,要归功于邓小平提出的"一国两制"伟大构想,以及根据这一构想制定的"一国两制""港人治港"、高度自治方针一步步得到落实;香港能够经受住一次次风浪,与香港市民对邓小平的充分信赖是分不开的。香港报纸在痛悼邓小平时这样说:"用什么赞美之词也难以表达'一国两制'构想的伟大。"

　　2月20日,邓小平逝世的消息,在澳门同胞和其他人士中引起一片悲痛和悼念之情。清晨,各报摊前,许多人争购当日报纸。各报均在头版用特大字号刊登了邓小平逝世的消息和大幅照片。"澳广视"在电视新闻中和电台广播中反复播报这一消息。正在澳门访问的葡萄牙总统若热·桑帕约取消了当天的所有日程,并在上午发表声明,"以葡萄牙的名义悼念杰出的政治家邓小平"。桑帕约说,在20世纪中国历史上,邓小平先生有极为重要的地位,堪与孙中山先生和毛泽东先生比肩,其人生道路和政治历程,与中国历史是分不开的。澳门总督韦奇立给江泽民主席发去了唁电。

　　哀乐低回,鲜花翠柏布满灵堂。新华社澳门分社和中葡联合联络小组中方代表处20日清晨起下半旗志哀,并在分社大楼中设立了灵堂。葡萄牙总统若热·桑帕约、澳门总督韦奇立和澳门当地政府一些官员于下午3时首批到此吊唁。下午4时,立法会主席林绮涛率全体议员前来吊唁。澳门总督府、最高法院和澳门市政厅均下半旗志哀。新华社澳门分社社长王启人及全国政协副主席、澳门中华总商会会长马万祺，全国人大常委会委员、澳门立法会副主席、澳门大丰银行总经理何厚铧，全国政协常委、澳门吴福集团董事长吴福等社会知名人士均向记者发表谈话，对邓小平的逝世表示沉痛哀悼。马万祺悲痛之情溢于言表，他说，澳门人将永远铭记邓小平的功绩，在"一国两制"方针的指引下，实行"澳人治澳"，澳门的未来一定会更美好。

前来吊唁的澳门各界人士、普通百姓排成长队，络绎不绝。哀思发自肺腑，真情催人泪下。在参加吊唁活动的人群中，既有白发老人，也有怀抱婴儿的母亲，还有带领孩子一同前来的家长。老师们带着穿着整齐校服的学生，列队向邓小平遗像鞠躬、默哀，学生童稚的脸上个个显出哀痛之情。一位年逾七旬的老人手捧祭文来到灵堂，在邓小平遗像前半跪着宣读，其后向遗像行跪礼。他说，邓小平推行的改革开放拯救了他，使中国富强。老人的深情令人感动，催人泪下。

同时，越来越多的来自内地以及其他国家和地区的游客，自发地来到新华社澳门分社所设的灵堂，吊唁邓小平的逝世。各国友人在签到簿上用各种文字写下了他们对邓小平的崇敬和哀悼。

宝岛缅怀巨人魂，哀思绵绵骨肉情。一代伟人邓小平的逝世在台湾岛内引起极大关注。台湾海基会董事长辜振甫20日致函海协会会长汪道涵，对邓小平逝世表示哀悼。来函说，邓小平先生生前倡导改革开放，推动经济发展，指引中国走向现代化之路，并为两岸交流互动开启新局，作了贡献。来函并请代向邓夫人及家属转达致意。同日，海基会也致函海协会，对邓小平的逝世表示哀悼，并对邓小平家人表达慰问之意。

台湾岛内媒体20日对邓小平逝世作了大量报道，从各个角度反映了台湾各界对此事的态度。一些报纸发表社论和专文，岛内部分专家学者和工商界知名人士也发表看法，论述邓小平对结束中国近现代以来备受屈辱的历史所做的功绩，希望海峡两岸加强交流，共同完成百年来实现中国富强的愿望。

台湾《中国时报》和《工商时报》发表社论说，邓小平是"历史无法磨灭的人物"，他"在举世瞩目的目光中"去世，从邓小平的一生可以看到，"19世纪末以降的中国历史，那战乱的、被殖民的、破败的近现代史正在结束，而一个和平的、发展的、现代化的中国历史时期正在来临"，"祈愿中国强盛起来的理想，成为早年两岸中国人共同的愿望，即使当年的台湾还在日本殖民统治下，却也寄望一个强盛的祖国来解决台湾的殖民地的悲哀处境"。社论说，香港回归是邓小平另一个无法磨灭的历史功绩，百年前殖民主义时期留下来的历史问题，得以在今年和平解决，它和邓小平创造性地提出"一国两制"的制度性设计有关。社论还提到了邓小平提出的"和平统一"原则，表示希望海峡两岸能在此基础上，共同实现百年来中国人对国家富强的愿望。

台湾地区工商界三大团体负责人高清愿、王又曾、辜濂松都就邓小平的逝世对两岸关系的影响发表了看法。高清愿表示，祖国大陆的经济将继续发展，在祖国大陆投资的台商可以放心。包括中华汽车、裕隆汽车和庆丰环宇集团等汽车、机车厂商都表示，对祖国大陆的投资不会因此而停止。已投资两岸直航的长荣、阳明海运两大公司表示，投资策略不会改变，将继续争取两岸直航先机。

许许多多的港澳台同胞无法接受邓小平就这样离去的事实，无尽的哀伤伴着痛惜在港澳台地区弥漫开来。成千上万的市民噙着热泪、捧着鲜花吊唁邓小平，献上一瓣心香；电台、电视台所有的黄金时段，报纸的号外、祭文、社论、社评一起痛悼他。邓小平生前的照片，铺满了数天来这

第七章　遗爱九州

些地区报纸的版面……

展望祖国完全统一的前景，邓小平亲自确立的和平统一的大政方针已得到完全的继承。我们可以告慰小平同志，他所期待的祖国完全统一的大业一定能在后人手中实现。他走了，但他的名字——邓小平，将和他的思想与功绩一道镌刻在历史的丰碑上。他带领着全中国人民走上了一条充满了希望、自豪的富强之路，而且已走了很远，很远。他少时就立志于民族自强，他一生都在盼望祖国的统一，但在香港回归祖国就要到来之际他离去了。人们为他没能亲眼看到自己曾为之呕心沥血的那一幕而痛惜，为他没能亲手实现祖国的完全统一而抱憾。然而能使这位伟大人物宽慰的是，他所开创的通向未来的光明之路上正行进着十几亿国人，他的遗志将化为一个民族的誓言与行动从而得以实现。

挥泪送小平，再说一次："小平，您好！"再说上一声："小平，放心！"

★ 安南久久凝视着邓小平的遗像，默默哀悼。不幸的消息牵动了世界的神经，华人华侨及各国政要、国际友人等纷纷表达缅怀之情，整个世界与中国同哀

邓小平辞世，全世界为之动容。全球所有重要新闻传媒均以最快速度进行报道，许多报纸为此在19日连夜撤换了头版内容。第二天，主流报纸的头版均以黑色报头面世。世界震动了，全世界的新闻一时似乎只有一

◇《深圳特区报》1997年2月20日"邓小平逝世"号外（余玮摄）

个关键词——"邓小平"。

全球同悲巨星陨。美国各界华人、华侨获悉邓小平逝世的消息后分别以各种方式表达沉痛悼念之情，他们盛赞邓小平的丰功伟绩，称他是海内外所有炎黄子孙心目中的伟人。

曾受到邓小平接见的美国华侨总商会总顾问应行久悲痛地说，邓小平的逝世是中国的巨大损失，海外华人、华侨痛失一位伟大导师。他对中国革命、现代化建设和世界和平的贡献是非常巨大的。纽约华人社团联合会总会主席黄启成说，邓小平为中国革命和建设作出的伟大贡献将永远铭刻在海外炎黄子孙的心中。中美经贸科技促进会主席杨功德、旅美北京联谊会会长杨昆溥、纽约中国学生学者联谊总会主席徐晓蕾、美东各界华人华侨庆祝香港回归筹备会总干事王碚和纽约中国和平统一促进会副会长章爱龙也以不同的形式表达了对邓小平的怀念之情。纽约华裔学者和旅美学子也纷纷发表谈话，深切悼念邓小平的逝世，缅怀他伟大的一生。纽约市立大学历史系教授唐德刚说，邓小平是"中国共产党历史上的千古功臣"。哈佛大学历史学博士龚忠武认为邓小平树立了"大公无私、光明磊落"的领袖风范。纽约大学教授熊介回忆了1987年7月10日邓小平在北戴河会见他时的情景。他说，当时邓小平与他相约1997年香港再见，为此他已准备从6月起担任香港岭南大学的客座教授,而邓小平却在此时逝世,令他万分惋惜。

自中国驻纽约总领事馆设立的灵堂于20日向公众开放之后,前往吊唁的华人、华侨络绎不绝。前国民党爱国将领沈策与中国和平统一促进会的20多位代表首先来到灵堂,沉痛悼念邓小平。全美华商总商会、全美华裔妇女会、美国福建工商总会、纽约中国贸易中心、美国上海总商会等团体、中资机构以及许多华人、华侨、旅美学子都送来了花圈。

伟人已逝英容在。连日来,亚洲一些国家的华人、华侨以各种形式对邓小平的逝世表示沉痛哀悼,并高度评价了他的伟大功绩。马来西亚最大的华人政党马华公会总会长兼交通部长林良实20日发表谈话说,邓小平是一位坚韧不拔和睿智的政治领袖,他对邓小平的逝世感到悲痛。在菲律宾,菲华联谊会发表声明说,邓小平是中国伟大的政治家、军事家和建设具有中国特色社会主义现代化的倡导人,也是为香港、澳门回归和海峡两岸和平统一提出"一国两制"的倡导人。他的逝世是全世界中华民族子孙的巨大损失。菲华商联总会、菲律宾中华总商会、菲律宾华侨善举公所等组织在唁电中说,邓小平是中国改革开放的总设计师,他把毕生精力都献给国家、民族和人民。在缅甸,仰光华侨悼念邓小平筹委会22日带领各界侨胞代表前往中国驻缅甸大使馆吊唁邓小平逝世。前往吊唁的华侨代表连甲宝说:"邓小平给中国带来了新的希望,使中国走向现代化、走向富强,这是我们华侨永远怀念邓小平的原因。"柬埔寨的华人群众组织柬华理事会及其所属各会馆和华文学校、各省的柬华理事会分会纷纷组团前往中国驻柬埔寨大使馆吊唁邓小平逝世,他们在留言簿上赞颂邓小平的丰功伟绩和光照日月的领袖风范,为中国失去一位杰出的领导人、中华民族失去一位英雄、世界失去一位崇高的伟人、柬埔寨失去一位伟大的朋友而深感痛惜。

四海悲歌，千山痛诀，冷雨弥天共鸣咽。旅居澳大利亚各地的华人、华侨和留学生纷纷到中国驻澳大利亚大使馆，驻墨尔本、悉尼总领事馆，吊唁邓小平逝世。中国驻墨尔本总领馆21日起设灵堂，华人、华侨络绎不绝地从各地赶来参加追悼活动，不少人专门驱车数百里从外地携全家人赶来吊唁。前来吊唁者上至八十岁高龄的老人，下至只有两岁的幼儿。一些吊唁者面对小平画像，悲痛难抑，泪流满面，三鞠躬后，突然跪倒在地。著名旅澳画家姚迪雄连夜挥笔，为邓小平作像，第二天一早便送到总领馆。一名7岁儿童精心制作了一面颂扬邓小平丰功伟绩的纪念牌和一幅纪念邓小平的画。22日下午，悉尼华人社团的600人在悉尼市政大厅举行了庄严隆重的追悼仪式，追思邓小平为中国的统一和繁荣，为世界的和平与发展所作出的杰出贡献。23日，维州华人社区30多个新老华人团体集体前往领事馆吊唁，并于吊唁之后联合召开座谈会，畅谈邓小平对国家和人民的伟大贡献。

22日上午，在韩部分留学人员抬着连夜扎制的花圈，戴着自制的小白花，举着"小平同志，海外学子永远怀念您"和"继承遗志，报效祖国"的黑色横幅，来到中国驻韩国大使馆邓小平的灵堂进行吊唁。他们在邓小平的遗像前默哀，泪水模糊了他们的双眼，他们心中呼唤着小平您好……

哀思，远已超越了民族和国界。"中国现代化之父"邓小平的溘然离世，着实在全球引发了不小的"地震"。当日，联合国秘书长科菲·安南发表声明，对中国卓越领导人邓小平的逝世深表悲痛，对其家属、中国政府和人民表示最深切的慰问。声明说：邓小平在中国最令人振奋的一段历史中，打下了自己永不磨灭的烙印，他将毕生的精力贡献给自己的祖国，

第七章 遗爱九州

不仅他的国家将永远铭记这位中国现代化和经济腾飞的设计师，而且国际社会将缅怀他的伟大业绩。在他的卓越领导下，中国进行的大幅度改革，使人民的生活发生了难以想象的变化，这一成就无疑是他留给后人的最伟大遗产。时任联大主席、马来西亚常驻联合国代表拉扎利也发表了声明。他在声明中指出，邓小平一生对中国作出了巨大的贡献，牢固确立了中国在世界上的大国地位。中国人民从他的英明领导中受益，整个世界也从他追求和平与发展的努力中获益。

2月20日，纽约曼哈顿岛的东河之滨、静静屹立的联合国总部大楼，迎来了庄严肃穆的一天。来联合国工作和参观的每一个人都注意到：联合国升旗手斯考特·萨巴清晨升起的半旗在空中迎风飘扬。世界人民都在悼念这位卓越的中国领导人。联合国官员特赖曼说，他曾去过中国，中国给他留下了美好的印象。邓小平在推动中国现代化、执行改革开放政策方面所取得的成绩世人皆知。在联合国工作了23年的联合国保安人员约翰·布利恩多说，虽然每个国家元首逝世，联合国都要降半旗志哀，但许多总统的名字他都叫不出来，但他知道，中国这位领导人的名字叫邓小平。同时，联合国发言人办公室宣布，在近期召开的联合国大会和联合国安理会会议上，与会者将以默哀一分钟的形式悼念中国改革开放的总设计师邓小平。

2月21日，安南前往中国常驻联合国代表团驻地，对邓小平的逝世表示哀悼。安南在吊唁册上写道，邓小平的逝世"不仅对中华人民共和国，而且对整个世界都是巨大的损失。人们将永远怀念他"。随后，他久久凝视着邓小平的遗像，默默哀悼。

美国总统克林顿在波士顿获悉邓小平不幸逝世后随即发表声明，称邓小平是"世界舞台上一位非凡的人物"，并高度赞扬他为实现中美关系正常化所起的作用。他说，由于邓小平果断地确立对外开放政策，在当今国际事务中，中国在很大程度上发挥着主要的作用。邓小平推动中国进行了历史性的经济改革，极大地提高了生活水平和现代化程度。同时，美国前总统布什表示："当我获悉邓小平先生逝世的消息时，我为中国人民失去这样一位伟大领袖而深感悲痛。我非常敬佩他，也敬佩他为中国创立的丰功伟绩。""我想强调的是，他的逝世不仅使中国失去了一位伟大领袖，而且世界也失去了一位真正伟大的领导人。"

90岁高龄的阿尔希波夫在20世纪50年代曾以苏联专家总顾问的身份在中国工作多年，和邓小平等中国领导人结下了深厚的个人友谊。惊悉邓小平不幸逝世的消息后，阿尔希波夫这位中国人民的老朋友、苏联第一副总理十分悲痛。他深情地说，邓小平是中国共产党和中华人民共和国伟大的领导人、中国改革开放的总设计师，他贡献出自己毕生的力量、智慧和能力，使中华人民共和国成为一个伟大的国家。对于邓小平的逝世，他表示深切的悼念。阿尔希波夫把中国看作自己的"第二故乡"，坚信中国将沿着邓小平开辟的道路继续胜利前进。另悉，俄罗斯议会下院国家杜马20日上午开始举行全体会议时，为悼念邓小平不幸逝世，全场起立默哀一分钟。

法国总统雅克·希拉克在第一时间致电江泽民主席，对邓小平逝世表示衷心的哀悼。电文说："获悉邓小平去世，甚为悲痛。邓小平作为中国历史上最伟大的人物之一将永远为人们所怀念。"

消息传到英伦三岛，英国前首相希思的心情格外沉重。连日来，他多次向英国新闻界和中国朋友表达他对邓小平的悼念之情，高度评价邓小平的历史功绩，并表示坚信中国会继续稳定发展、取得更大成功。"邓小平逝世，我非常悲痛！他有过充实的、富有建树的人生！"在谈到香港问题时，希思认为，邓小平富有远见卓识，他提出的"一国两制"的原则，为香港的稳定与繁荣提供了保障。

邓小平逝世的消息传到日本，在日本引起极大震动。日本政要纷纷前来中国驻日本大使馆吊唁。20日上午11时许，一位身着素服、鹤发童颜的老人来到大使馆吊唁大厅。他向邓小平遗像鞠躬志哀后，戴上老花镜，在吊唁簿上庄重地写下了自己的名字：日本国会议员竹下登。73岁的日本前首相竹下登是中国人民的老朋友，他曾多次访华，会见过邓小平。他深情地说："邓小平逝世对中国人民来说，是失去了一位伟大的领导人，对我个人来说，则是失去了一位最令人尊敬的朋友。""在任何时候、任何国家，人事代谢都是不能避免的事。但令人欣慰的是，邓小平先生的思想和魅力已为中国新一代领导人所继承。我坚信，邓小平改革开放和发展日中友好关系的遗志一定能够得到继承和发展。"

2月的新加坡，天空中时而骄阳似火，时而阴云密布。无论是在灼热的烈日下，还是在瓢泼大雨中，人们络绎不绝地前往中国驻新加坡大使馆悼念一代伟人邓小平。新加坡总理吴作栋和内阁资政李光耀在灵堂设立的第一天就来到大使馆沉痛悼念邓小平。在吊唁簿上，吴作栋写道："我怀着无限的崇敬志哀。"李光耀在发表的悼文中说，邓小平是"世界领袖中的巨人"，他是"一个伟大的人物。他从灾难和混乱中拯救了12亿人"。22日，新加坡总统王鼎昌、前总统黄金辉到中国驻新加坡大使馆沉痛悼念邓小平逝世。王鼎昌在吊唁活动结束后，深情地回顾了与邓小平几次交往的经历。据中国驻新加坡大使馆统计，22日一天，共有3000多位新加坡各界人士冒着暴雨前来吊唁邓小平逝世，情景非常感人。

朝鲜政务院代总理洪成南，副总理金福信、金润赫、张澈、孔镇泰22日前往中国驻朝鲜大使馆，向邓小平的遗像敬献花圈。洪成南说，邓小平的逝世不仅是中国人民的一大损失，也是朝鲜人民的损失。朝鲜将积极使朝鲜人民的伟大领袖金日成同邓小平等中国老一辈革命家共同缔造的朝中友谊继续发展下去。前往吊唁并敬献花圈的还有朝鲜政务院各部委、朝中友好协会等400多人。

…………

伟人已逝，风范长存。各国首脑与国际友人深情悼念邓小平，高度评价邓小平，为世界失去一位伟人而惋惜。邓小平虽身在东方，但声誉遍及全球。世界将记住邓小平开创性的思想和理论以及他为维护地区和世界和平作出的贡献，邓小平创造的"一国两制"的伟大构想为国际社会解决历史遗留问题提供了一个新的思路，中国以"一国两制"方式对港澳恢复行使主权，在现代史上创造了一个奇迹。

这一刻，世界沉默了……

笔者怀着一种复杂的情感，写下了《再道一声：小平您好》的诗行——

    瑟瑟中　半垂的旗杆默默站立
    整个世界日全食
    拉长的汽笛回旋在宇宙
    全球在向世纪的伟人
    作最后的告别

    三落三起
    东方小个子传奇的一生
    写的是一个斗大火红的"人"字

第七章　遗爱九州

邓——小——平，这打不倒的名字世人瞩目
让贫血的思想充满智慧与灵气
让深圳这块试验田盛产一个个神话
让香江回流长江黄河
让12亿的老百姓鼓着钱袋子微笑
让卫星火箭一次次考察无边的星空
让赛场上的五环紧扣闪烁的五星
让遍身疮痍的神州巨人般崛起在东方
从此　中国开始了新的万里长征
从此　中国龙腾飞在跨世纪的上空

天地含悲
山河披素哭泣
大海饮泪呜咽
全人类在送别一个共同的亲人
浪花在哭泣地呐喊——
小平，一路走好

> ★ 人们胸前戴着自制的白花，举着连夜赶制的横幅，在早春的寒风中伫立。从五棵松到八宝山短短两公里多的路程，沿途两侧站满了悲泣的人群，洒满动天撼地的痛惜之情

2月24日上午，邓小平的遗体在北京火化。江泽民、李鹏、乔石、李瑞环、朱镕基、刘华清、胡锦涛、荣毅仁等人到301医院为邓小平送别，并护送邓小平的遗体到八宝山革命公墓火化。

301医院南楼小礼堂布置得庄严、肃穆，洁白的花朵、黑色的挽幛表达着人们深深的哀思。黑底白字的横幅上写着："敬爱的邓小平同志永垂不朽。"横幅下方正中是邓小平的大幅彩色遗像。邓小平遗体静卧在鲜花和常青松柏中，面容安详，身上覆盖着中国共产党党旗。四名人民解放军礼兵持枪肃立，守护在两旁。邓小平遗体前摆放着邓小平夫人卓琳率子女敬献的花篮，花篮的缎带上写着："我们永远爱你。"送别室内摆放着江泽民、李鹏、乔石、李瑞环、朱镕基、刘华清、胡锦涛、荣毅仁和中共中央、全国人大常委会、国务院、全国政协、中央军委、各民主党派、全国工商联、无党派人士、人民团体、首都各界群众敬献的花圈。

上午9时整，党和国家领导人胸佩白花、臂戴黑纱缓步来到送别室，在邓小平遗体前肃立。哀乐声中，他们向邓小平的遗体三鞠躬，表达对在70多年波澜壮阔的革命生涯中，为中国新民主主义革命的胜利和新中国的成立，为中国社会主义的创建、巩固和发展，建立了永不磨灭功勋的邓小

平的崇高敬意和深切缅怀之情。随后，江泽民等人与邓小平的夫人卓琳及子女一一握手，向他们表示深切慰问。

9时28分，和着哀乐的节奏，8名人民解放军礼兵抬起安放着邓小平遗体的灵柩，缓缓走出送别室。江泽民等人护送邓小平的遗体上灵车。

9时31分，在江泽民、李鹏、乔石、李瑞环、朱镕基、刘华清、胡锦涛、荣毅仁等人，以及邓小平亲属和治丧办公室成员的护送下，灵车徐徐驶向八宝山革命公墓。当灵车启动时，在场送别的人悲痛肃立，向邓小平的灵车行注目礼。

千花堆雪，万头攒动。长街恸哭，万众同悲。从301医院到八宝山，短短两公里多的路途两旁，挤满了首都各界人士和从各地赶来的人民群众10多万人。壮丽的首都仿佛蒙上沉沉灰雾，天公仿佛也在为邓小平的离去而哀伤，天空忽然变得阴沉。宽阔的街道失去了昔日的喧嚣，沉浸在一片庄严肃穆的气氛中。

凌晨4时，环卫女工张彦芳和她的小组开始一遍遍地清扫这段马路。她们边哭边扫，边扫边哭，仔细得如同擦拭玻璃，生怕遗落一点灰尘。这天，天刚放亮，北京市民和首都高校的大学生们，就迈着沉重的步伐，陆续聚集在301医院外的五棵松一带为伟人送行。

人们从北京的四面八方，从祖国的天南海北，默默汇集到这里，胸前的一朵朵白花，在料峭的晨风中不停地颤动，心中的一缕缕哀思，在天地间绵绵不绝。许多人不知道邓小平起灵的日子，怕赶不上送行，几天来多次到这里等候。一位82岁的老八路，前一天已在这里守候过半天，24日清晨7时他又站在了五棵松路口。"我今天一定要送送小平同志。"他一边抹泪一边说，"毛主席让我们站起来，邓小平使我们富起来，都功比天高。"

北大生命科学院院长周曾铨教授指着旁边同学们正要举起的横幅"再道一声小平您好",追忆道:"1984年,在小平同志检阅国庆35周年游行队伍时,北大生物系(现在的生命科学院)学生们举起了'小平您好'的横幅,道出了师生们的心声。13年后的今天,当我们'再道一声小平您好'时,却已是在为他老人家送行的队伍中了……"他哽咽着说,"我们北大师生,说不尽对小平的热爱之情,千言万语,汇成这一句话。"北大微电子系的韩汝琦教授是第二次站在五棵松路口。21年前,他站在这里,为敬爱的周总理送行。他说:"今天,我怀着同样悲痛的心情来为小平送行。"

9时34分,哀乐响处,灵车缓缓驶出301医院西门。过来了,简朴的白色灵车,四周披着黑黄相间的挽幛;过来了,哀乐从灵车中低低地传出,如凝重的铅水,和着人们的泪水在徐徐地流淌。两旁送行的人们站直

◇ 1997年2月24日,北京长安街,群众自发悼念邓小平

第七章 遗爱九州

了身体,用深情的目光迎接灵车驶来,目送灵车驶去。

君不见花山人海哀思重,群情默默以当歌。车队呀,你慢些走;时间啊,你停一停!这是小平同志最后一次来到人民中间,请让我们再多看上一眼!请让我们再道一声:"小平您好!"

9时45分,灵车缓缓通过玉泉路口,伴着低回的哀乐声,人群里传出低声的哭泣,路旁有人举起了"小平同志您走好"的横幅,不少人举起了邓小平的画像和刊有遗像的报纸,执勤的武警列队向灵车行注目礼……

松柏簇拥的八宝山革命公墓,格外肃穆凝重,这里全神贯注地在迎候着一位伟人。从玉泉路口到这里,是送灵行程的最西端。越来越多的人在乍暖还寒的晨风中,静静地守候着。

9时45分。远远送来了哀乐声,挂着素花披着黑纱的灵车,从人们的面前缓缓驶过,人们的目光随着灵车缓缓地移动,默默地投下最后深情的一眼。

送行的人群中,有陈景润的妻子由昆。一早,她请了假直奔送行的长街。快走到玉泉路时,灵车过来了,她挤进人群,拼命想多看两眼,可是眼泪止不住地往外流,她不停地擦呀、擦呀。她小声念着:"小平同志啊,你是我们全家的恩人啊!要是景润在世,他知道你去世的噩耗,一定会随你而去了。"她看见那辆缓缓驶来的灵车的车牌号和陈景润乘的是同一辆,就再也无法按捺悲痛,失声大哭。早在20世纪70年代,邓小平就亲自过问陈景润的生活,邓小平对陈景润及其家人的爱护和关怀,在由昆心里留下了太多的感激。邓小平关怀的又岂止一个陈景润?"科学技术是第一生产力""知识分子是工人阶级的一部分",邓小平对知识和人才的尊重,让多少科技、教育工作者欢欣鼓舞!

一位湖北广水来京做生意的青年说：没有小平同志的改革开放政策，家乡不可能富起来，我也不可能来北京做生意致富。当灵车经过时，后面的人因看不清而拥挤，这位青年把拎着的行李一放，说："站在我的行李上吧，大伙好好看看。"

在八宝山革命公墓门口南侧，天津武清县农民方子青哽咽着说，他昨天和妻子乘汽车转火车，赶了120多公里路到北京，专程来给小平同志送行。"是他让我们吃饱了穿暖了。""我们乡下农民衷心拥护小平同志制定的政策，没有他我们过不上富裕的日子。"

9时51分，灵车驶进八宝山革命公墓。在第二告别室，江泽民等人和邓小平亲属向邓小平作最后的诀别。

送别邓小平的灵车队伍驶过，路边的人却久久不肯散去。不少人把戴在胸前的白花轻轻摘下，系在路旁的松柏树上，一丛丛常青树成了一个个巨大的花圈，似乎一瞬间绽开了千朵万朵梨花。白色的小花，体现出人民的哀思，表达着人们心中无尽的悼念。

早春的中国，银杏树身姿挺拔，松柏树挂满白花，国旗低垂半降。这是松枝和白花的海洋，这是哀思和深情的海洋。2月，把一个哀伤的日子留给了中国……

第七章 遗爱九州

★ 江泽民挥泪致悼词，胡锦涛悲痛送伟人，卓琳深情唤亲人。以最朴素、最庄严的方式，完成一位彻底的唯物主义者生前的嘱托

2月25日，中共中央、全国人大常委会、国务院、全国政协、中央军委在人民大会堂隆重举行邓小平追悼大会。党和国家领导人江泽民、李鹏、乔石、李瑞环、朱镕基、刘华清、胡锦涛、荣毅仁，邓小平的夫人卓琳和子女等亲属参加了追悼大会。

一大早，中央党政军群机关和首都各族各界代表，邓小平生前好友、

◇ 1997年2月25日，党和国家领导人和各族各界人士1万余人参加邓小平同志追悼大会

家乡代表等1万余人怀着悲痛的心情，从四面八方络绎不绝地来到人民大会堂，参加追悼大会。

追悼大会会场庄严肃穆。主席台以银灰色为底色，台口上方悬挂着黑底白字横幅："邓小平同志追悼大会。"主席台正中矗立着5米多高、黑色镶框的邓小平同志彩色巨幅遗像，两旁是大型花环、16棵常青树和冬青。邓小平的骨灰盒安放在遗像前的白兰花和常青松柏中，骨灰盒上覆盖着中国共产党党旗。卓琳率子女敬献的花圈摆放在邓小平的骨灰盒前。6名人民解放军礼兵持枪肃立，守护在两旁。

主席台两侧摆放着江泽民、李鹏、乔石、李瑞环、朱镕基、刘华清、胡锦涛、荣毅仁和中共中央、全国人大常委会、国务院、全国政协、中央军委、中央纪委、最高人民法院、最高人民检察院敬献的花圈。

大会堂二楼眺望台悬挂的黑底黄边白字横幅上写着："全党全军全国各族人民衷心爱戴的邓小平同志永垂不朽！"三楼眺望台悬挂的黑底黄边白字横幅上写着："在以江泽民同志为核心的党中央领导下，继承邓小平同志的遗志，把建设有中国特色社会主义伟大事业推向前进！"

大会堂主席台下两侧和大礼堂外的中央大厅摆放着各民主党派中央、全国工商联、无党派人士，中共中央各部门、中央国家机关各部门、各人民团体、首都各界群众，人民解放军三总部、全军各大单位、各大军区，30个省、自治区、直辖市，新华社香港分社、新华社澳门分社，以及邓小平家乡等敬献的300多个花圈。

上午10时整，中共中央政治局常委、国务院总理李鹏宣布追悼大会开始。全场肃立，默哀3分钟。由500人组成的军乐团奏起悲壮的哀乐。群山肃立仰风范，万众静默寄哀思。现场转播的电视和广播把悲壮的哀乐声传到祖国城乡，传到北国南疆，传到辽阔疆域各个地方的工厂、农村、商店、学校、连队、机关、街道。神州大地在静默，亿万人民在含泪缅怀邓小平的丰功伟绩和崇高风范。与此同时，在奔驰的列车上，在江河湖海的轮船和军舰上，在祖国各地的工厂和矿山，在一切有汽笛的地方，笛声长鸣，震彻云霄。

凄婉悲凉的汽笛声从千里铁道，从万里海疆，从星罗棋布的厂区、矿区冲天而起，和着人们的呼唤声、痛哭声、哽咽声……神州大地涌动着绵绵不绝的哀思。北京西站内外，旅客们放下了行李，军人脱下了军帽，他们久久伫立着，为邓小平默哀，聆听江泽民致悼词。香港、澳门地区也是一片哀伤。香港车流如潮的马路上，800多辆中华巴士汽车缀上了白花和黑丝带，迎风播撒着不尽哀思。香港看通中文传呼有限公司所有用户的传呼机同时响起，"敬爱的邓小平先生永垂不朽"的字样在液晶显示屏上频频闪现……澳门许多出租汽车司机以鸣笛、公司员工以默哀等形式悼念邓小平。

山垂首，水含悲；巨星虽陨落，伟人风范日月辉。汽笛声声催奋进，小平回眸应笑慰！北京往日拥挤的交通处处通畅，人们聚集在一台台电视机前收看实况转播。北京火车站前的大屏幕下，聚集了很多悲痛的人。长安街格外肃穆，人们悲容庄严。充满沧桑的古都在此追悼一位伟人，长街当哭。在呜咽的3分钟里，中国仿佛凝固了……

默哀后，人民大会堂奏起了庄严的国歌。雄壮的旋律，表达着亿万人民共同的心愿：在以江泽民为核心的党中央坚强领导下，全党全军全国各族人民高举邓小平建设有中国特色社会主义理论的旗帜，坚定不移，满怀信心，一定能够把邓小平开创的社会主义改革开放和现代化建设的伟大事业坚持下去，胜利地到达我们的目的地。

接着，江泽民含泪致悼词。他在悼词中缅怀了邓小平的丰功伟绩和崇高风范，表达了全党全军全国各族人民的深切哀思。悲怆、哽咽的话语回荡在人民大会堂，回荡在天安门广场，回荡在亿万人民的心上。"中国人民爱戴邓小平同志，感谢邓小平同志，哀悼邓小平同志，怀念邓小平同志，是因为他把毕生心血和精力都献给了中国人民，他为中华民族的独立和解放、为中国的社会主义现代化事业建立了不朽的功勋。""邓小平同志这样说过：'如果没有毛泽东同志，我们中国人民至少还要在黑暗中摸索更长的时间。'我们今天同样应当说，如果没有邓小平同志，中国人民就不可能有今天的新生活，中国就不可能有今天改革开放的新局面和社会主义现代化的光明前景。"

此时此刻，天安门前国旗低垂，来自四面八方的人们一大早就聚集在这里，伫立志哀。

一代伟人长辞，九州儿女同悲。悲恸笼罩着天空、陆地、海洋，泪雨洒落在乡村、城市、军营……亿万颗心紧紧地聚到了一起。

江泽民在悼词中还指出，在中国共产党历史上，党领导中国人民进行了一场把半殖民地半封建的旧中国变成社会主义新中国的伟大革命，十一届三中全会以来又领导人民开始了一场新的革命，要把中国由不发达的社会主义国家变成富强民主文明的社会主义现代化国家。在这两次伟大革命的进程中，实现了马克思主义同中国实际相结合的两次历史性飞跃，形成了两大理论成果，这就是毛泽东思想和邓小平建设有中国特色社会主义理论。两次伟大革命，两次历史性飞跃，造就了两个伟大人物，这就是毛泽东和作为毛泽东的战友、事业继承者的邓小平。

举国同悲之时，无数双泪眼依然浮现着邓小平为国奔波的身影，亿万个家庭追忆着邓小平为民操劳的故事。带着对邓小平的崇敬与思念，山西宇达工艺总厂100多名职工加班加点铸造出邓小平铜像，把全国人民对邓

第七章 遗爱九州

小平的爱戴之情铸成了永恒的怀念。再过 120 天就和祖国人民永远团聚的香港同胞，深深为邓小平不能看到香港回归的历史性时刻扼腕。香港市民李文辉给治丧委员会寄来了一捧泥土，信中他写道："虽然邓先生不能于有生之时踏足香港的土地，还是希望在他去世之时能把香港的泥土放在他的脚下，让我们完成他的遗愿。"

江泽民最后说，邓小平同志和我们永别了。他的英名、业绩、思想、风范将永载史册，世世代代铭刻在人民的心中。在党中央的坚强领导下，全党全军全国各族人民一定能够继承邓小平同志的遗志，坚定不移，满怀信心，把邓小平同志开创的建设有中国特色社会主义的伟大事业推向前进，把我国建设成为富强、民主、文明的社会主义现代化国家。

的确，虽然岁月没能留住邓小平的脚步，但他的英名、他的业绩、他的思想和风范将永载史册。虽然时间无法让他的生命再次燃烧，但他的理想、他的信念、他毕生奋斗的事业，却在他深爱的祖国化作了不朽的丰碑。

江泽民致悼词后，全场向邓小平遗像深深三鞠躬。

九州同悲悼小平。当雄浑的《国际歌》在首都人民大会堂的上空回荡的时候，亿万群众为这位世纪伟人垂泪。大家决心紧密团结在以江泽民为核心的党中央周围，完成邓小平未竟的事业。

邓小平是彻底的唯物主义者。关于后事，他曾对家人多有交代。他嘱托家人：捐献角膜，遗体解剖供医学研究，不留骨灰，撒入大海。

3月2日上午，邓小平生前长期工作的中南海下半旗志哀。怀仁堂礼堂庄严肃穆，哀乐低回。蓝色的幕布上，悬挂着邓小平的彩色遗像，两侧低垂着黑黄相间的挽幛。遗像下方，摆放着邓小平的骨灰盒，上面覆盖着中国共产党党旗。骨灰盒前是由卓琳率子女敬献的花圈。四周摆放着鲜花和翠柏。8名中国人民解放军礼兵持枪肃立,守护在灵前。

邓小平治丧委员会办公室的有关领导同志和治丧办成员同邓小平的亲属一起,在这里肃立默哀,怀着极其沉痛和深切缅怀之情,向邓小平遗像三鞠躬。随后,在胡锦涛等领导同志和邓小平夫人卓琳等亲属及礼兵的护送下,邓小平的子女捧着遗像、骨灰盒等,缓步走出怀仁堂。

灵车缓缓驶出中南海。中共中央办公厅、国务院办公厅的工作人员和人民解放军指战员胸戴白花,聚集在道路两旁,挥泪为邓小平送别。

灵车驶入西郊机场。机场降半旗志哀,松柏枝上缀满了白花,寄托着亿万人民对邓小平的崇敬与怀念。哀乐声中,胸佩白花的空军官兵脱帽列队,默默地目送载有邓小平骨灰的专机向着大海飞去。

专机内悬挂着邓小平的遗像和"敬爱的邓小平同志永垂不朽""敬爱的邓小平同志永远活在我们心中"的横幅。遗像前摆放着邓小平的骨灰盒,上面覆盖着一面鲜红的中国共产党党旗。这是党和人民给予一位93岁的老共产党员的最高荣誉。机舱四周垂挂着挽幛,上面缀满了白花。

专机穿云破雾,向大海飞去,飞向这位一生波澜壮阔的伟人最迷恋的地方。也许是苍天为之动容,当专机飞临大海时,天空出现一道绚丽的彩虹。

11时25分,专机飞至1800米高空。81岁的卓琳强忍着悲痛,眼含热泪,用颤巍巍的双手捧起邓小平的骨灰久久不忍松开。她一遍又一遍地呼唤着邓小平的名字,许久才将骨灰和五彩缤纷的花瓣缓缓撒向大海。两人共同走过了58年的人生历程。如今,面对自己深爱的丈夫的骨灰,她怎能不肝肠寸断,悲痛欲绝!

一位以自己的一生书写中华民族崭新历史的伟人,完成了他人生的最后一个篇章。苍天含悲,大海呜咽。怀着无比悲痛的心情,胡锦涛缓缓

第七章 遗爱九州

地将骨灰和花瓣撒入大海。随后，邓小平的子女邓林、邓朴方、邓楠、邓榕、邓质方和孙辈眠子、萌子、羊羊、小弟，悲痛地跪在机舱里，含着热泪，将骨灰和缤纷的花瓣一起，缓缓撒向碧波万顷的大海，完成他们敬爱的父亲、爷爷的遗愿。邓榕哽咽道："爸爸，您回归大海，回归大自然，您的遗愿得到了实现，您安息吧！"跟随邓小平多年的卫士孙勇、张宝忠一身戎装，忠实地守卫在邓小平的骨灰盒旁。其他领导同志与其他亲属肃立默哀。

飞机盘旋，鲜花伴着骨灰，撒向无垠的大海；大海呜咽，寒风卷着浪花，痛悼伟人的离去……

11时50分，专机盘旋着向大海告别。透过舷窗望去，水天一色，波翻浪涌。从那永不停息的涛声中，人们仿佛又听到了震撼过无数人心灵的声音："我荣幸地以中华民族一员的资格，而成为世界公民。我是中国人民的儿子。我深情地爱着我的祖国和人民。"

★ "到香港自己的土地走一走，看一看"与"亲眼看一看中国人民的小康生活"这两个心愿，成了中国改革开放总设计师邓小平的遗愿。与邓小平相伴一生的卓琳替他实现了这心中的梦想

"一世风云，赫赫雄威震。八斗韬才，狠抓拨乱纠偏，神州防震荡。争朝夕，兴废运筹，抒构想，绘宏图，赢得英声远播：总设计师民共仰。

奕奕皇皇，清徽不可泯。广树丰碑五岳小，九垓再誉新功：农户脱贫，商家转轨，收复金瓯固国陲。殷期宝岛回归，谈六条卓见，寄语台湾，例当仍步前踪，雄张两制，尧天舜甸笑开颜。椽笔十车，工联百副，咸颂伟人烈概。肃对九三老，劲节嘉猷，长使寰球申敬仰。

"三番劫难，铮铮浩气横。满腔义愤，怒斥推波助澜，沧海任横流。搅乾坤，是非颠倒，枉奇冤，罹黜罪，惊闻恶谤狂呼：大走资派党同诛。纷纷扰扰，正道岂容污。普沾渥惠四川先，亿人频传胜事：渝宫题字，蓉馆拟名，倡修铁路酬群志。倏报巨星陨落，盼七月良辰，推轮香港，孰料竟成遗愿，浩叹千秋，蜀水巴山悲失色。白花万朵，赤帜半竿，倍增悼者疚怀。痛伤亿一乡亲，葵心泪眼，永教锦里动哀思。"

噩耗传出，神州震惊，世界震撼。邓小平逝世后，海内外舆论出现了各种猜测和议论，党内党外、国内国外都在关注中国的方向与形象；关注中国能否继续坚持由邓小平创立的中国特色社会主义理论，能否继续走由邓小平开创的中国特色社会主义道路；关注在世纪之交的关键时刻，中国共产党人以什么样的面貌跨入 21 世纪。

1997 年 7 月 1 日，香港回归祖国，卓琳代表邓小平出席了回归盛典。当五星红旗在香港升起的历史时刻，卓琳百感交集，泪洒香江。国家主席江泽民特意把卓琳介绍给在场的所有人，并说："历史将会记住，提出'一国两制'创造性构想的邓小平先生。"

对香港此行，卓琳非常重视，很早就作了准备。邓楠说："母亲代表父亲，到香港出席回归庆典，她的使命就是为父亲还愿。那一次的紧张、隆重，超过了她以往任何一次出外访问。妈妈平时很随便，没有什么好衣服，为了到香港，专门做了几套衣服，衣服的款式、颜色，都是我们三姐妹还有孙儿孙女一道为她做'参谋'的。"

第七章 遗爱九州

这年9月,中共十五大召开。十五大明确提出邓小平理论是党的指导思想,并将其在党章中确立下来,明确规定:中国共产党以马克思列宁主义、毛泽东思想、邓小平理论作为自己的行动指南。这是我们党经过近20年改革开放和社会主义现代化建设的成功实践作出的历史性决策。作出这个决策,表明以江泽民为核心的党中央第三代领导集体和全党把邓小平开创的建设中国

◇《南方日报》"香港回归"号外

特色社会主义事业全面推向21世纪的决心和信心,也反映了全国人民的共识和心愿。

旗帜问题本质是党的指导思想问题、精神支柱问题,总是同社会主义的前途命运问题紧密相连。早在党的十三大报告中,就在第一次使用"建设有中国特色的社会主义理论"概念时,也第一次指出马克思主义与中国实践的结合有两次历史性飞跃。党的十四大比较系统地概括了这一理论的主要内容及其贡献,明确提出了"用邓小平同志建设有中国特色社会主义的理论武装全党"的战略任务,从而确立了这一理论在全党的指导地位。

战略任务提出来了,拿什么做教材呢?最好的教材当然是邓小平本人的著作。这样,尽快编辑和出版新一卷《邓小平文选》,成为全党强烈的

◇ 香港回归仪式在这里举行（余玮 摄）

呼声。于是，中共中央决定，编辑和出版《邓小平文选》第3卷。

在此之前，《邓小平文选》已经出过两卷，即1989年出版的《邓小平文选（1938—1965年）》，这是邓小平在我们党的第一代领导集体时期的著作。1983年出版的《邓小平文选（1975—1982年）》，主要是邓小平在十一届三中全会前后到十二大以前的著作，是在党的指导思想上完成拨乱反正和改革开放起步阶段的著作。

从中共中央作出出版《邓小平文选》第3卷的决定开始，中共中央文献编辑委员会就开始了紧张的编辑工作。在编辑过程中，邓小平以89岁高龄亲自指导每一篇文稿的整理加工，并逐篇审定了全部文稿。

《邓小平文选》第3卷以《中国共产党第十二次全国代表大会开幕词》为开卷篇，以1992年1月18日至2月21日《在武昌、深圳、珠海、上海等地的谈话要点》作为全书的结束篇。这本文选的时间跨度为10年。在开卷篇十二大开幕词中，邓小平提出了认识"我国社会主义建设规律"的问题，提出了"走自己的道路，建设有中国特色的社会主义"，形成这 10 年中邓小平全部理论和实践的主题。终卷篇南方谈话，则是这十几年邓小平全部理论实践的总结、展开、发挥、深化，并且形成一定的科学思想体系。

邓小平很注意著作的连贯性，表现为一定的科学思想体系。从开卷到终卷，主题反复出现，内容不断展开，思想不断深化，对规律的认识越来越丰富和深刻。全书思路连贯，一气呵成，有很强的现实针对性。

前后 3 卷，作为一个整体，汇集了邓小平在形成和发展建设有中国特色社会主义理论过程中的最重要最富有独创性的著作，是对马列主义、毛泽东思想的继承和发展，是当代中国的马克思主义的奠基之作。

随着这一理论日益深入人心，党的十五大对此作出进一步的概括和总结，第一次在党的正式文献中使用了"邓小平理论"这一更为醒目、更为简明、更为准确的新提法，强调邓小平理论是"马克思主义在中国发展的新阶段"，确立其在我们党的指导思想的地位，并将其载入党章。江泽民郑重地说："这次大会的灵魂，就是高举邓小平理论的伟大旗帜。十五大无疑将以这一点为标志载入史册。……无论什么困难和风险，都不能动摇……"

党的十五大是在我国改革开放和社会主义现代化建设的关键时刻召开的一次承前启后、继往开来的大会；是高举邓小平理论伟大旗帜，坚定不移地沿着十一届三中全会以来正确路线前进的大会；是动员全党和全国人民团结奋斗，把建设有中国特色社会主义事业全面推向 21 世纪的大会。

1999 年 12 月 20 日，在澳门特别行政区成立庆祝大会上，卓琳深情地说："邓小平的一个愿望，就是在香港回归、澳门回归时能来看看，现在我能够完成他的遗愿，心情十分激动。"

邓小平与 20 世纪同行，走过了波澜壮阔的一生：从山河破碎、风雨如磐的旧中国，到创建一个享有主权、独立和尊严的新中国；从社会主义革命和建设的曲折探索，到开辟改革开放伟业、实现祖国全面振兴，他的沉浮荣辱是如此紧密地和中国人民的命运联系在一起。中国和中国人民因为有了邓小平而自豪。他的业绩、思想、品德、风格，作为一个伟大时代的标志，深深地镌刻在亿万人民心中。

"毛泽东使中国人站起来，邓小平使中国人富起来。"这是中国老百姓至今常说的一句话。的确，没有邓小平，中国人民的小康之路也许还在迷惘中摸索。可以确信，邓小平和他开辟的伟大时代，必将引领中国人民昂首阔步在全面建设小康社会的征程上。

"到香港自己的土地走一走，看一看"与"亲眼看一看中国人民的小康生活"这两个心愿，成了中国改革开放总设计师邓小平的遗愿。与邓小

◇ 香港一景（余玮 摄）

平相伴一生的卓琳替他实现了这心中的梦想。每逢祭日，卓琳都预先买些花瓣，在院子里抛撒，边撒边喊："老爷子——给你撒花了——你听见了没有？"此情此景，无不让人动容。在接受采访时，卓琳说："他去世了，我们全家人都很悲哀，但是这是自然规律，你也没办法。每年他的生日，我们全家人还像他活着一样，大家一块儿给他过生日，纪念他。"她还透露，每到过年过节中央领导同志要么亲自来看望，要么电话问候。

晚年，卓琳在儿女和孙辈们的簇拥下安享幸福时光。每天早饭后，卓琳要听上一会儿京戏，这是她一生的爱好。小时候，她家里有一部老式留声机，还有很多百代公司出版的京剧名家唱片；每天放学后，她都会仔细地听上几遍，从中了解到不少戏曲知识。几十年过去了，如今，老人对京剧的热情依然不减当年。她订了不少戏曲杂志，电视上只要有戏剧节目，她一般是要看的。

生前，卓琳还设法为家乡做点事情。她多次为云南宣威的"希望工程"捐款，并有一次同姐姐浦代英联名致函家乡父母官说："……我们虽然离开家乡数十年，但对家乡人民还是念念不忘，尤其是儿童教育问题是我们最关心的事。我们现已年迈，常以不能为家乡多作贡献而内疚……"她还随信汇款给家乡的"希望工程"以表心意。

一代伟人离我们而去了，但他的音容笑貌仍历历在目，留下的是思想、风范与业绩，他的生活情趣与人格魅力似久存的佳酿弥足浓郁，让人常饮常醉。

附一：晚年邓小平大事记

1976 年

4月，北京发生悼念周恩来总理、拥护邓小平、反对"四人帮"的"天安门事件"，邓小平被撤销一切职务。

10月，中共中央政治局执行党和人民意志，粉碎江青反革命集团。"文化大革命"结束。

1977 年

4月10日，邓小平致信中共中央，提出我们必须世世代代地用准确的完整的毛泽东思想来指导我们全党、全军和全国人民。中共中央批转此信，肯定了邓小平的意见。

5月24日，邓小平同中央两位有关负责人谈话时指出，"两个凡是"（即"凡是毛主席作出的决策，我们都坚决维护；凡是毛主席的指示，我们都始终不渝地遵循"）不符合马克思主义；一定要在党内造成一种空气，尊重知识，尊重人才。

7月，中共十届三中全会通过决议，恢复邓小平原任的党政军领导职务。邓小平在会上讲话指出，要完整地准确地理解毛泽东思想；群众路线和实事求是，是毛泽东倡导的作风中最根本的东西。

8月至9月，邓小平多次召开座谈会，强调不抓科学、教育，四个现代化就没有希望。领导和推动科技和教育战线的拨乱反正。

1978年

3月8日，邓小平当选为第五届全国政治协商会议主席。

3月18日，邓小平在全国科学大会开幕式上讲话，系统地论述科学技术在社会主义现代化建设中的关键性作用。

9月，邓小平率中国党政代表团访问朝鲜。后到东北三省、河北省、天津市视察，反复强调恢复实事求是的思想路线。他提出，社会主义制度优越性的根本表现，就是能够允许社会生产力以旧社会所没有的速度迅速发展，使人民不断增长的物质文化生活需要能够得到满足。

10月10日，邓小平会见德意志联邦共和国新闻代表团。谈话时他提出，中国要实行开放政策，要引进国际上的先进技术、先进装备，作为发展的起点。

10月11日，邓小平在中国工会第九次全国代表大会致辞中提出，实现四个现代化，各个经济战线不仅需要进行技术上的重大改革，而且需要进行制度上组织上的重大改革。

10月22日至29日，邓小平访问日本，出席互换《中日和平友好条约》批准书仪式。

12月13日，邓小平在中共中央工作会议闭幕会上作《解放思想，实事求是，团结一致向前看》讲话。他指出，解放思想是当前一个重大政治问题。不打破思想僵化，不大大解放干部群众的思想，四个现代化就没有希望。民主是解放思想的重要条件，必须使民主制度化、法律化。要研究新情况，解决新问题。强调如果现在再不实行改革，我们的现代化事业和社会主义事业就会被葬送。提出允许一部分地区、一部分人先富裕起来，是带动整个国民经济不断波浪式向前发展的大政策。这个讲话实际上是中共十一届三中全会的主题报告。

12月18日至22日，邓小平出席中共十一届三中全会。三中全会恢复了党的实事求是思想路线，停止使用"以阶级斗争为纲"的口号，作出把工作重点转移到社会主义现代化建设上来的战略决策。会议标志着中国进入了改革开放的新的历史时期。

1979年

1月28日至2月6日，中美正式建立外交关系后邓小平访问美国，这是新中国领导人第一次访美。

3月30日，在中共中央召开的理论工作务虚会上，邓小平提出必须坚持四项基本原则，即坚持社会主义道路，坚持人民民主专政，坚持共产党的领导，坚持马克思列宁主义、毛泽东思想。强调这是实现四个现代化的根本前提。

6月28日，邓小平会见日本公明党第八次访华团。谈话时说，要加强民主就要加强法制。民主和法制两手都不能削弱。

10月4日，邓小平在中共省、自治区、直辖市委员会第一书记座谈会上讲话。提出经济工作是当前最大的政治。今后长期工作的重点都要放在经济工作上面。经济工作要按经济规律办事。利用外资是一个很大的政策。扩大企业自主权，有利于发展生产，必须坚持。

10月19日，邓小平在全国政协、中共中央统战部宴请出席各民主党派和全国工商联代表大会代表时讲话指出，我国新的历史时期的统一战线，已经发展成为全体社会主义劳动者、拥护社会主义的爱国者和拥护祖国统一的爱国者的最广泛的联盟。

11月26日，邓小平会见美国不列颠百科全书出版公司编委会副主席吉布尼和加拿大麦吉尔大学东亚研究所主任林达光等。谈话时提出，社会主义也可以搞市场经济。

12月6日，邓小平会见日本首相大平正芳。谈话中提出，中国20世纪的目标是实现小康。

1980年

1月16日，邓小平在中共中央召集的干部会议上作《目前的形势和任务》报告，强调要把经济建设当作中心，其他一切任务都要服从这个中心，围绕这个中心，决不能干扰它，冲击它。

4月至5月，邓小平多次谈话指出，要充分研究如何搞社会主义建设的问题，强调不要离开现实和超越阶段。社会主义首先要发展生产力。社会主义经济政策对不对，归根到底要看生产力是否发展，人民收入是否增加。

5月31日，邓小平同中央有关负责人谈农村政策问题，强调要因地制宜，实行多种形式的生产责任制。

7月，邓小平到四川、湖北等地视察工作。

8月18日，邓小平在中共中央政治局扩大会议上作《党和国家领导制度的改革》报告时指出，对现行制度存在的官僚主义、家长制作风、权力过分集中、党政不分、特权现象和干部领导职务终身制等弊端，必须进行有计划、有步骤而又坚决彻底的改革。提出要建立退休制度，干部队伍要在坚持社会主义道路和党的领导的前提下年轻化、知识化、专业化。

8月21日、23日，邓小平会见意大利记者奥琳埃娜·法拉奇。在回答提问时说，我们要对毛主席一生的功过作客观评价。我们将肯定毛主席的功绩是第一位的，他的错误是第二位的。

9月，邓小平辞去国务院副总理职务。

1981 年

6月，中共十一届六中全会通过邓小平主持起草的《关于建国以来党的若干历史问题的决议》。决议彻底否定了"文化大革命"，全面评价了毛泽东的历史地位，提出必须坚持和发展毛泽东思想。会议选举邓小平为中央军委主席。

7月2日，邓小平在中共省、自治区、直辖市委员会书记座谈会上讲话提出，老干部第一位的任务是选拔中青年干部。

8月，邓小平视察新疆。

9月19日，邓小平在华北某地检阅军事演习部队，讲话时提出，要建设强大的现代化、正规化的革命军队。

1982 年

4月10日，邓小平在中共中央政治局会议上讲话，提出坚持社会主义道路的四项必要保证：体制改革，建设社会主义精神文明，打击经济犯罪活动，整顿党的作风和党的组织。强调一手坚持对外开放和对内搞活经济的政策，一手坚决打击经济犯罪活动。

5月6日，邓小平会见利比里亚国家元首多伊。谈话时说，我们一方面实行开放政策，一方面仍坚持自力更生为主的方针。

8月21日，邓小平会见联合国秘书长德奎利亚尔。谈话时重申，中国是第三世界的一员。反对霸权主义、维护世界和平是中国对外政策的纲领。

9月1日，邓小平在中国共产党第十二次全国代表大会上致开幕词，提出建设有中国特色的社会主义的主题。

9月12日至13日，中共十二届一中全会召开，选举邓小平为中央政治局常务委员，决定任命他为中央军委主席。

9月13日，在中共中央顾问委员会第一次全体会议上，邓小平当选为中央顾问委员会主任。

9月18日，邓小平陪同朝鲜劳动党中央委员会总书记金日成去四川访问。

9月24日，邓小平会见英国首相撒切尔夫人，阐述中国对香港问题的基本立场，为以后中英两国政府的谈判定了基调。

1983年

1月12日，邓小平同国家计委、国家经委和农业部门负责人谈话时指出，各项工作都要有助于建设有中国特色的社会主义，并强调农业是根本，不要忘掉。

2月，邓小平视察江苏、浙江、上海等地。

6月，在第六届全国人大第一次会议上，邓小平当选为中华人民共和国中央军事委员会主席。

6月26日，邓小平会见美国新泽西州西东大学教授杨力宇。谈话时明确提出中国大陆和台湾和平统一的设想。

7月1日，《邓小平文选（1975—1982年）》出版发行。

7月8日，邓小平同中央几位负责人谈话时提出，要利用外国智力和扩大对外开放。

7月19日,邓小平在北戴河同公安部负责人谈话时指出,必须严厉打击刑事犯罪活动,保护最大多数人的安全。

10月1日,邓小平为景山学校题词:"教育要面向现代化,面向世界,面向未来。"

10月12日,邓小平在中共十二届二中全会上作《党在组织战线和思想战线上的迫切任务》讲话,强调思想战线不能搞精神污染。

1984年

2月,邓小平在视察广东、福建后,肯定建立经济特区的政策是正确的,并建议增加对外开放城市。

4月,中共中央、国务院根据邓小平的意见召开沿海部分城市座谈会,并于5月4日发出《沿海部分城市座谈会纪要》的通知,确定进一步开放14个沿海港口城市。

6月22日、23日,邓小平分别会见香港工商界访京团和香港知名人士钟士元等。在同他们谈话时指出,用"一个国家,两种制度"的办法来解决香港和台湾问题,是全国人民代表大会通过的政策,不会变。

6月30日,邓小平会见中日民间人士会议日方委员会代表团。谈话时指出,社会主义阶段的最根本任务就是发展生产力。

10月1日,邓小平在中华人民共和国成立35周年庆祝典礼上检阅部队并讲话。

10月20日,中共十二届三中全会通过《中共中央关于经济体制改革的决定》。

10月22日,邓小平在中共中央顾问委员会第三次全体会议上讲话。在谈到台湾问题时指出,我们坚持谋求用和平的方式解决台湾问题,但是始终没有放弃非和平方式的可能性，我们不能作排除使用武力的承诺，这是一种战略考虑。

10月，邓小平多次谈话指出，中国的发展离不开世界；对内搞活经济、对外开放是根本政策；对内搞活经济，首先从农村着手。中国社会是不是安定，经济能不能发展，首先要看农村能不能发展，农民生活是不是好起来。现在改革由农村转入城市，改革包括工业、商业、服务业，还包括科教、文化等领域，是全面改革。

12月19日，邓小平出席中英两国政府《关于香港问题的联合声明》的签字仪式。

1985年

1月19日，邓小平会见香港核电投资有限公司代表团。谈话时说，中国的对外开放、吸引外资的政策，是一项长期持久的政策。我们的开放政策不会导致资本主义。

3月4日，邓小平会见日本商工会议所访华团。谈话时指出，和平和发展是当代世界的两大主题。

3月7日，邓小平在全国科技工作会议上作《改革科技体制是为了解放生产力》讲话。随后作即席讲话，强调要教育全国人民做到有理想、有道德、有文化、有纪律。

3月28日，邓小平会见日本自由民主党副总裁二阶堂进。谈话时指出，改革是中国的第二次革命。

4月15日，邓小平会见坦桑尼亚联合共和国副总统姆维尼。谈话时说，我们的经验教训最重要的一条，就是要搞清楚什么是社会主义，如何建设社会主义。

5月19日，邓小平在全国教育工作会议上讲话指出，各级党和政府要把教育工作认真抓起来。强调一个地区，一个部门，如果只抓经济，不抓教育，那里的工作重点就是没有转移好或者说转移得不完全。

6月4日，邓小平在中央军委扩大会议上宣布，中国政府决定裁减军队员额100万，并阐述了中共十一届三中全会以后对国际形势判断和对外政策的两个重要转变。

7月11日，邓小平在听取中央负责人汇报当前经济情况时指出，没有改革就没有今后的持续发展。要抓住时机，推进改革。

8月28日，邓小平会见津巴布韦非洲民族联盟主席、政府总理穆加贝。谈话时指出，改革是中国发展生产力的必由之路。

9月23日，邓小平在中国共产党全国代表会议上讲话，强调改革中要始终坚持公有制占主体和共同富裕这两条社会主义的根本原则，要加强精神文明建设和干部理论学习。

1986年

1月17日，邓小平在中共中央政治局常委会上讲话，强调搞四个现代化一定要有两手，即一手抓建设，一手抓法制。指出，不能不讲专政，这个专政可以保证我们的社会主义现代化建设顺利进行，有力地对付那些破坏建设的人和事。

1月至2月，邓小平到广西、四川等地视察工作。

3月5日，邓小平对四位科学家提出的关于跟踪世界高技术发展的建议批示："这个建议很重要，不可拖延。"11月，中共中央、国务院批准《高技术研究发展计划纲要》，简称"八六三"计划。"八六三"指1986年3月。

3月28日，邓小平会见新西兰总理朗伊。谈话时说，我们现在搞两个文明建设，一是物质文明，一是精神文明。实行开放政策必然会带来一些坏的东西，我们依靠人民的力量，用法律和教育这两个手段来解决这个问题。

4月19日，邓小平会见香港知名人士包玉刚、王宽诚、霍英东、李兆基等。谈话时说，教育是一个民族最根本的事业。

8月，邓小平视察天津市。

9月2日，邓小平接受美国哥伦比亚广播公司《六十分钟》节目记者迈克·华莱士电视采访，就中苏、中美关系问题，台湾问题，改革和现代化建设问题等回答了记者的提问。

9月28日，邓小平在中共十二届六中全会讨论《关于社会主义精神文明建设指导方针的决议》草案时讲话指出，我们搞的四个现代化是社会主义的四个现代化，搞自由化就是要把我们引导到资本主义道路上去，就会破坏我们安定团结的政治局面。

9月至11月，邓小平多次谈话阐述政治体制改革要与经济体制改革相适应，要向着三个目标进行：一是始终保持党和国家的活力，主要是指领导层干部的年轻化；二是克服官僚主义，提高工作效率；三是调动基层工人、农民、知识分子的积极性。

12月19日，邓小平在听取中央几位负责人汇报当前经济情况和明年改革设想时指出，企业改革，主要是解决搞活国营大中型企业的问题，金融改革的步子要迈大一些。

1987年

1月至3月，邓小平针对1986年底一些高等院校少数学生闹事，多次谈话指出,要加强四项基本原则教育,旗帜鲜明地反对资产阶级自由化;要有领导有秩序地进行社会主义建设。

2月6日,邓小平同中共中央几位负责人谈话时指出,计划和市场都是发展生产力的方法,只要对发展生产力有好处就可以利用。

4月13日,邓小平出席中葡两国政府关于澳门问题联合声明的签字仪式。

4月16日,邓小平会见香港特别行政区基本法起草委员会委员并讲话,阐述按"一国两制"方针解决统一问题后,对香港、澳门、台湾政策要真正能做到50年不变,50年以后也不变,就要保证大陆社会主义制度不变。

4月30日,邓小平会见西班牙工人社会党副总书记、政府副首相格拉。谈话时系统阐述中国经济发展分三步走的战略目标。第一步,在20世纪80年代人均国民生产总值翻一番,达到500美元,解决温饱问题。第二步,到20世纪末再翻一番,达到人均1000美元,实现小康。第三步,在21世纪用30年到50年再翻两番,实现人均4000美元,达到中等发达国家的水平。

6月12日,邓小平会见南斯拉夫共产主义者联盟中央主席团委员科罗舍茨。谈话时提出,中国要加快改革开放的步伐。在谈到党与党之间要建立新型关系时说,任何大党、中党、小党,都要相互尊重对方的选择和经验,对别的党、别的国家的事情不应随便指手画脚。

7月4日,邓小平会见孟加拉国总统艾尔沙德。谈话时指出,中国的方针政策有两个基本点,一是实行改革开放,二是坚持四项基本原则。这两个基本点是相互依存的。

8月29日,邓小平会见意大利共产党领导人约蒂和赞盖里。谈话时指出，中国处在社会主义初级阶段，一切都要从这个实际出发，根据这个实际来制订规划。

10月13日，邓小平会见匈牙利社会主义工人党总书记卡达尔。谈话时说，整个社会主义历史阶段的中心任务是发展生产力。贫穷不是社会主义，发展太慢也不是社会主义。

11月，根据中共十三届一中全会决定，邓小平担任中央军委主席。

1988年

1月23日，邓小平在一份关于加快沿海地区对外开放和经济发展的报告中批示："完全赞成。特别是放胆地干，加速步伐，千万不要贻误时机。"

5月25日，邓小平会见捷克斯洛伐克共产党中央总书记雅克什。谈话时指出，我们现在要进一步改革，进一步开放。我们的思想要更解放一些，改革开放的步子要更快一些。改革开放要贯穿中国整个发展过程。中国解决所有问题的关键是要靠自己的发展。

9月5日，邓小平会见捷克斯洛伐克总统胡萨克。谈话时提出，科学技术是第一生产力。

9月12日，邓小平在听取关于价格和工资改革初步方案汇报时指出，要注意教育和科学技术，千方百计把教育问题解决好，这是一个战略方针问题；改革要成功，就必须有领导有秩序地进行。中央要有权威。要在中央统一领导下深化改革。

10月24日，邓小平视察北京正负电子对撞机工程时强调，中国必须在世界高科技领域占有一席之地。

11月2日，邓小平在祝贺广西壮族自治区成立30周年时题词："加速现代化建设，促进各民族共同繁荣。"

12月21日，邓小平会见印度总理拉吉夫·甘地。谈话时提出，要以和平共处五项原则为准则建立国际政治新秩序和国际经济新秩序；应当把发展问题提到全人类的高度来认识。

1989年

2月26日，邓小平会见美国总统布什。谈话时指出，中国的问题，压倒一切的是需要稳定。离开国家的稳定就谈不上改革开放和搞经济建设。

3月4日，邓小平同中共中央负责人谈话，指出中国不允许乱。十年来最大的失误是在教育方面，对青年的政治思想教育抓得不够，教育发展不够。

4月，针对北京发生的动乱，邓小平两次发表谈话，对中共中央政治局常委会关于平息动乱、稳定局势的决定，表示完全赞同和支持。主张旗帜鲜明地反对动乱。

5月16日，邓小平会见苏联最高苏维埃主席团主席、苏共中央总书记戈尔巴乔夫，宣布中苏关系实现正常化。

5月至6月，邓小平在平息动乱前后提出，中国共产党要组成一个实行改革的有希望的第三代领导集体。新的领导集体要以江泽民为核心。在谈到当务之急时强调，要在更大胆地改革开放和惩治腐败方面做几件使人民满意的事情，常委会要聚精会神地抓党的建设。

6月9日，邓小平接见首都戒严部队军以上干部，并发表重要讲话，指出这次事件爆发出来，促使我们冷静地考虑过去和未来，党的"一个中心、两个基本点"的基本路线、十一届三中全会以来制定的一系列方针、政策，包括改革开放、"三部曲"发展战略目标，都没有错。今后要继续坚定不移地照样干下去。

6月，中共召开十三届四中全会，选举江泽民为中央委员会总书记。

8月，《邓小平文选（1938—1965年）》出版发行。

9月4日，邓小平同中共中央几位负责人谈话时指出，中国肯定要沿着自己选择的社会主义道路走到底，谁也压不垮我们。对国际局势我们要冷静观察，稳住阵脚，沉着应付。

11月，中共十三届五中全会同意邓小平辞去中共中央军委主席职务的请求。

11月20日，邓小平会见编写第二野战军战史的老同志，畅述第二野战军的光辉战斗历程。

12月1日，邓小平会见以樱内义雄为团长的日本国际贸易促进协会访华团主要成员。谈话时指出，国家的主权和安全要始终放在第一位。

1990年

2月17日，邓小平会见出席香港特别行政区基本法起草委员会第九次全体会议的委员。

3月3日，邓小平同中共中央几位负责人谈话时指出，中国能不能顶住霸权主义、强权政治的压力，坚持社会主义制度，关键就看能不能争得较快的增长速度，实现我们的发展战略。

3月，第七届全国人大第三次会议接受邓小平辞去中华人民共和国中央军事委员会主席职务。

1991年

1月至2月，邓小平视察上海。同上海市负责人谈话时提出，抓紧开发浦东，不要动摇，一直到建成；希望上海人民思想更解放一点，胆子更大一点，步子更快一点。

8月20日，邓小平同中共中央几位负责人谈话时指出，坚持改革开放是决定中国命运的一招。

1992 年

1月至2月，邓小平到武昌、深圳、珠海、上海等地视察，发表重要谈话，分析了国际国内形势，总结了十一届三中全会以来党的基本实践和基本经验，明确回答了经常困扰和束缚人们思想的许多重大认识问题。指出，计划和市场都是经济手段，不是社会主义与资本主义的本质区别。社会主义的本质是解放生产力，发展生产力，消灭剥削，消除两极分化，最终达到共同富裕。提出判断是非的标准，主要看是否有利于发展社会主义社会的生产力，是否有利于增强社会主义国家的综合国力，是否有利于提高人民的生活水平。强调要抓住机遇，大胆改革，加快发展，坚持党的基本路线一百年不动摇。

10月，中国共产党召开第十四次全国代表大会。会议确定经济体制改革的目标是建立社会主义市场经济体制，提出用邓小平建设有中国特色社会主义理论武装全党的战略任务。邓小平会见了出席十四大的全体代表。

1993 年

11月2日，《邓小平文选》第三卷出版发行。中共中央举行学习《邓小平文选》第三卷报告会，江泽民发表重要讲话。

1994 年

11月2日，经修订增补的《邓小平文选（1938—1965年）》《邓小平文选（1975—1982年）》，改称《邓小平文选》第一卷、第二卷出版发行。

1997 年

2月19日，邓小平在北京逝世，享年93岁。

附二：主要参考文献

1. 邓小平:《邓小平文选》（第二卷），人民出版社，1994年10月第2版
2. 邓小平:《邓小平文选》（第三卷），人民出版社，1993年10月第1版
3. 冷溶、汪作玲:《邓小平年谱》（1975—1997），中央文献出版社，2004年7月第1版
4. 毛毛:《我的父亲邓小平》，中央文献出版社，1993年8月第1版
5. 毛毛:《我的父亲邓小平："文革"岁月》，中央文献出版社，2000年10月第2版
6. 邓林:《邓小平——女儿心中的父亲》，中央文献出版社，1998年2月第1版
7. 凤凰卫视:《永远的小平》（1—8集），中央文献研究室，2002年2月
8. 满妹:《思念依然无尽——回忆父亲胡耀邦》，北京出版社，2005年11月第1版
9. 余玮:《世纪小平》，人民出版社，2004年8月第1版
10. 周兴志:《改革开放的总设计师邓小平》，中国少年儿童出版社，1999年8月第1版
11. 武市红、高屹:《邓小平与共和国重大历史事件》，人民出版社，2000年5月第1版

12. 叶永烈：《1978——中国命运大转折》，新疆人民出版社，2000 年 10 月第 1 版

13. 余玮、吴志菲：《红舞台下的凡人邓小平》，人民出版社，2004 年 7 月第 1 版

14. 刘金田：《邓小平的历程》，解放军文艺出版社，2001 年 2 月第 2 版

15. 刘金田：《走出国门的邓小平》，河北人民出版社，2001 年 9 月第 1 版

16. 余玮：《魅力陈云》，中共党史出版社，2005 年 6 月第 1 版

17. 青野、方雷：《邓小平在 1976》，春风文艺出版社，1993 年 3 月第 1 版

18. 王红续等：《邓小平与香港》，当代世界出版社，1997 年 5 月第 1 版

19. 吴志菲、余玮：《触摸红墙——走近伟人身边》，中共党史出版社，2006 年 8 月第 1 版

20. 杨绍明：《永恒的瞬间——世纪伟人邓小平》，上海教育出版社，1997 年 8 月第 1 版

21. 余玮、吴志菲：《红色之恋》，中国文史出版社，2006 年 1 月第 1 版

22. 龙平平：《邓小平与他的事业》，福建教育出版社，1997 年 11 月第 1 版

23. 童怀平、李成关：《邓小平八次南巡纪实》，解放军文艺出版社，2002 年 4 月第 1 版

24. 刘金田、张爱茹：《邓小平视察纪实 1957—1994》，江苏教育出版社，2002 年 12 月第 1 版

25. 凌志军：《变化：1990—2002 年中国实录》，中国社会科学出版社，2003 年 1 月出版